特殊教育

教育理论与实践研究前沿

音乐训练对发展性
阅读障碍儿童的影响

李文辉／著

·国家社会科学基金教育学青年课题
『音乐训练促进发展性阅读障碍儿童阅读能力的追踪干预研究』（CHA190271）的研究成果

知识产权出版社
全国百佳图书出版单位
——北京——

图书在版编目（CIP）数据

音乐训练对发展性阅读障碍儿童的影响 / 李文辉著 . —北京：知识产权出版社，2023.8

ISBN 978-7-5130-8333-1

Ⅰ.①音… Ⅱ.①李… Ⅲ.①音乐教育—影响—儿童—阅读—学习障碍—研究 Ⅳ.① G442

中国国家版本馆 CIP 数据核字（2023）第 096834 号

责任编辑：王颖超   责任校对：谷 洋
封面设计：杨杨工作室·张冀   责任印制：孙婷婷

音乐训练对发展性阅读障碍儿童的影响

李文辉　著

出版发行：	知识产权出版社 有限责任公司	网　址：	http://www.ipph.cn
社　址：	北京市海淀区气象路 50 号院	邮　编：	100081
责编电话：	010-82000860 转 8655	责编邮箱：	wangyingchao@cnipr.com
发行电话：	010-82000860 转 8101/8102	发行传真：	010-82000893/82005070/82000270
印　刷：	北京建宏印刷有限公司	经　销：	新华书店、各大网上书店及相关专业书店
开　本：	880mm×1230mm　1/32	印　张：	10.125
版　次：	2023 年 8 月第 1 版	印　次：	2023 年 8 月第 1 次印刷
字　数：	220 千字	定　价：	59.00 元
ISBN 978-7-5130-8333-1			

序

李文辉博士是我和语言认知心理学家刘颖教授合作培养的博士生，其博士论文是关于语言文字认知发展研究的。毕业后他继续在语言心理领域耕耘，不觉又快十年过去了。这期间他在该领域先后获批了教育部人文社科项目和全国教育科学规划项目。《音乐训练对发展性阅读障碍儿童的影响》源于他十余年来的研究总结提炼。

在这个信息爆炸的年代，高效阅读能力日益重要，这已成为当今语文教学的共识，在各级各类考试中语文阅读分数占比也越来越高。然而，现实生活中，有这样一部分儿童群体，他们智力正常，有足够的教育条件和学习动机，但依然表现出阅读困难，这部分人群被认为存在发展性阅读障碍。以往研究统计发现，我国学龄儿童中存在发展性阅读障碍的比例为4%~8%。对于我国这样一个人口大国来讲，发展性阅读障碍儿童是一个很庞大的群体。这类儿童面临的困难，令儿童本人、家长和教师十分苦恼。

本书在有关音乐对普通儿童阅读的影响以及对发展性阅读障碍儿童的阅读与认知的特点研究基础上，创造性开展了音乐训练对发展性阅读障碍儿童阅读的促进研究，实现了基础研究和教育实践、心理研究与教育研究、音乐与阅读等多层次、多角度的交叉融合。这对于相关领域教育实践者和基础研究者应该都会有所裨益。

我也很高兴看到李文辉博士能够践行可持续健康发展理念，以问题为中心，以满足国家与社会需要为己任，坚持不懈，做出了成绩，做出了特色。

是为序，以共勉。

蒋重清

2023 年元旦于大连

目　录

第一章　音乐对普通儿童阅读的影响 …………………………………… 1

一、音乐训练对 5—6 岁儿童语音意识的影响 ……………… 1

二、儿童语音加工中莫扎特效应的实验研究 ………………… 12

三、音乐对儿童空间工作记忆影响的实验研究 ……………… 23

四、背景音乐影响小学生阅读理解的眼动研究 ……………… 38

第二章　发展性阅读障碍儿童的阅读与认知的特点 …………… 60

一、发展性阅读障碍儿童对手写字迹的加工 ………………… 60

二、发展性阅读障碍儿童言语工作记忆的特点 ……………… 81

三、发展性阅读障碍儿童定向遗忘的特点 …………………… 93

四、发展性阅读障碍儿童错误意识的眼动研究 ……………… 107

五、发展性阅读障碍儿童书写产生的眼动研究 ……………… 122

第三章　音乐训练促进发展性阅读障碍儿童阅读的理论分析 … 141

一、节奏性音乐对语言加工影响的 PRISM 模型 …………… 141

二、音乐训练与语音加工关系的元分析研究 ………………… 153

第四章　音乐训练促进发展性阅读障碍儿童阅读的行为研究 … 184

一、音乐训练对发展性阅读障碍儿童抑制控制与阅读能力的影响 … 184

二、音乐训练对发展性阅读障碍儿童干扰控制与语文成绩的影响 … 208

第五章　音乐训练促进发展性阅读障碍儿童阅读的眼动研究 … 230

一、音乐训练对阅读障碍儿童在高限制语境中汉字语音加工的影响 … 230

二、音乐训练对阅读障碍儿童在低限制语境中汉字语音加工的影响 … 266

附　录 … 298

参考文献 … 306

后　记 … 314

第一章　音乐对普通儿童阅读的影响

一、音乐训练对5—6岁儿童语音意识的影响

长期以来，语言学家、心理学家和教育学家对语言的发展与加工都十分重视。儿童言语发展的一项重要能力就是掌握听说读写。[1] 在儿童言语发展中，语音意识最早起到至关重要的作用。语音意识是指个体对口语中声音结构的意识及运用，它由音节、押韵、首音–韵脚、音位等成分组成；语音意识涉及语音分析（把词或音节分割成更小的言语成分的能力）与综合（把更小的言语成分混合成音节或词的能力）两种能力。[2] 通过了解并认知一些语音表象，从而起到提高儿童听说读写四种技能的作用。语音意识能力能够帮助儿童掌握单词本身的音节结构和音位关系、词与词之间的音节结构、句子与单词的关系以及音形对应关系。近年来一些实证研究已证明了语音意识对

---

[1]　李虹，饶夏薇，董琼，等.语音意识、语素意识和快速命名在儿童言语发展中的作用［J］.心理发展与教育，2011，27（2）：158.

[2]　徐芬.儿童汉语和英语语音意识的发展特点及其相互关系［D］.杭州：浙江大学，2002.

儿童言语学习的重要性。李虹等以普通儿童为被试进行研究发现，语音意识不仅能够影响儿童的口语词汇，而且对儿童识别汉字的成绩具有重要的预测作用。❶语音意识的作用不仅体现在汉语语言中，更体现在英语语言中。雷切尔（Rachel）等在一项关于语音意识与英语阅读的研究中表明，语音意识不仅能显著预测儿童英文词汇识别能力的发展，并且语音意识在某种程度上可以预测儿童以后的阅读能力及阅读理解能力的发展情况。❷大量研究表明，语音意识是影响儿童词汇量以及阅读的重要指标。语音意识发展存在缺陷往往会在一定程度上影响阅读能力的发展。

研究表明，语音意识受非语言和语言两个因素的影响。其中，非语言因素主要指智力、性别、记忆力和测试任务等，语言因素主要包括口语、二语习得、掌握字母知识的情况和语音类型等。近年来，有研究者开始注意到音乐对语音意识能力的促进作用并进行了相关研究。音乐和言语在某种程度上具有相通性，因为音乐和言语是两个最重要的基于声音的活动，并且言语和音乐在神经学上有一定基础，都是伴随着时间进程慢慢展开的声音序列。亚历山大（Alesander）等认为，言语和音乐的主要特点都是有系统的音高变化。音乐中的音高变化主要是传达"创作的情感意义"，言语中的音高变化则是为了表达

---

❶ 李虹，饶夏溦，董琼，等 . 语音意识、语素音识和快速命名在儿童言语发展中的作用 [J]. 心理发展与教育，2011，27（2）：158–163.

❷ RACHEL S D, ANNE-FRANCOISE D C. The role of phonological awareness and letter–sound knowledge in the reading development of children with intellectual disabilities [J]. Research in Developmental Disabilities, 2015, 41–42 : 1–12.

"某些重要的信息"。❶ 安瓦里（Anvari）等指出，言语和音乐活动的进行均需要听觉器官的参与。言语和唱歌等产生音乐的行为使用的发音器官都是相同的。❷ 此外，言语和音乐学习的过程是基本相似的。言语学习的最重要途径是学习其基本成分即音位、音节和单词的复杂性。音乐如同言语一样，其旋律与和声构成等级关系。所以音乐的学习同样也是循序渐进的。舍恩（Schön）等指出，当乐手演奏音乐或参与一项有节奏的音乐活动时，大脑中对言语能力重要的右脑区域非常活跃，即他们在演奏或思考音乐时会使用对语音意识重要的右脑。这表明从事音乐活动时和在语音加工过程中所使用的脑区域是相同的。❸ 安瓦里等提出，音的合成和分割等一些用于语音加工的能力，实际上与对音乐感知的重要技能（如节奏、旋律与和声分辨）相同。因此，这些能力相关性显示了音乐技能和语音意识之间的可能联系。❹

儿童和音乐是天生的合作者，因为有了表征事物的新能力，儿童喜欢聆听不同的声音并辨别发出这些声音的事物。蒙

---

❶ ALESANDER J A, WONG P C M, BRADLOW A R. Lexical tone perception in musicians and non-musicians［C］// Ninth european conference on speech communication and technology，2005.

❷ ANVARI S H, TRAINOR L J, WOODSIDE J, et al. Relations among musical skills，phonological processing，and early reading ability in preschool children［J］. Journal of Experimental Child Psychology，2002，83（2）：111–130.

❸ SCHÖN D，MAGNE C，BESSON M. The music of speech：music training facilitates pitch processing in both music and language［J］. Psychophysiology，2004，41（3）：341–349.

❹ ANVARI S H, TRAINOR L J, WOODSIDE J, et al. Relations among musical skills，phonological processing，and early reading ability in preschool children［J］. Journal of Experimental Child Psychology，2002，83（2）：111–130.

塔古（Montague）通过音位删除、音位合成任务测试二、三年级小学生的语音意识，并测试他们的音乐技能，发现孩子们的语音意识和节奏技能之间有显著的相关性。❶莫里茨（Moritz）在一项研究中不仅考察了语音意识和音乐训练之间的相关性，而且还探究了音乐训练是否会影响语音意识。该研究对美国幼儿园的两组 5 岁儿童进行了测试。一组幼儿在学校中每周进行 225 分钟的音乐教学，每天 45 分钟。另一组儿童在学校中只进行每周一次 35 分钟的音乐教学。结果发现，儿童的跟拍能力与语音意识有显著的相关性。接受大量音乐教学的儿童在一些语音意识任务中的成绩有较大的进步，并且比接受少量音乐教学的儿童更能够完成更有难度的语音意识任务。因此，他认为这一研究结果证明了音乐训练对语音意识提升的显著效果。❷随着研究的推进，这一结论被更多的研究证实。有研究显示，与未受过音乐训练的儿童相比，受过音乐训练的儿童在语音意识任务中表现更好。❸德格（Degé）等还比较了语音和音乐训练在语音意识的发展上是否存在差异，将 41 名 5 — 6 岁的儿童随机分配到音乐、语音或运动训练 3 个小组。经过 20 周的训练后，接受音乐和语音训练的儿童在语音意识测验上的成绩

❶ MONTAGUE K J. Music and reading：evidence for shared cognitive processes and implications for theory，diagnosis and treatment of dyslexial［D］. Unpublished M.A. Thesis：Tufis University，2002.

❷ MORITZ C E. Relationships between phonological awareness and musical rhythm subskills in kindergarten children and comparison of subskills in two schools with different amounts of music instruction［D］. Boston：Tufts University，2007.

❸ ESCALDA J，LEMOS S M A，FRANCA C C. Auditory processing and phonological awareness skills of five-year-old children with and without musical experience［J］. Jornal da Sociedade Brasileira de Fonoaudiologia，2011，23（3）：258-263.

都明显提高，而接受运动训练儿童的成绩没有提高。同时，音乐训练组与语音训练组的分数不存在差异。该研究结果表明，和语音训练一样，音乐训练也可以促进语音知觉能力。[1] 有研究者认为，早期较长时间的音乐训练将逐渐改变皮层下听觉功能，而且这种变化可能会持续一生。

但也有一些研究有不一致的结果。有部分研究没有发现音乐训练对 4—6 岁儿童小单元音素意识 [2] 和 4—5 岁儿童声调探测能力的影响 [3]。除此之外，有些纵向研究没有发现音乐训练对儿童语音意识的任何促进作用。从上述总结可以看出，音乐训练对语音意识的影响效果不一致。国内相关研究考察汉语儿童语音意识和音乐训练的相关性的研究相对较少。因此，本研究探究音乐训练是否对汉语语音意识产生影响，不仅可以丰富人们对音乐和语言关系的了解，还可以为促进儿童汉语语音发展提供新的办法与指导。

（一）研究被试

为保证实验组与对比控制组被试的同质性，研究被试全部

[1] DEGÉ F, SCHWARZER G. The effect of a music program on phonological awareness in preschoolers [J]. Frontiers in Psychology, 2011, 2: 124.

[2] PATSCHEKE H, DEGÉ F, SCHWARZER G. The effects of training in music and phonological skills on phonological awareness in 4- to 6-year-old children of immigrant families [J]. Front Psychol, 2016, 7: 1647; PATSCHEKE H, DEGÉ F, SCHWARZER G. The effects of training in rhythm and pitch on phonological awareness in four- to six-year-old children [J]. Psychol Music, 2018, 47 (3): 376-391.

[3] 姚尧, 陈晓湘. 音乐训练对 4—5 岁幼儿普通话声调范畴感知能力的影响 [J]. 心理学报, 2020, 52 (4): 456-468.

来自沈阳市一所幼儿园中 5 — 6 岁儿童，共 40 名，并且经主班教师确认无明显特殊儿童。抽取其中受过音乐训练（学过乐器超过半年，平均学习音乐时间为 1.1 年）的 20 名儿童作为实验组，平均年龄 5.97 岁，男生 9 名，女生 11 名。未受过音乐训练（未专门学过乐器与合唱等）的 20 名儿童作为对比控制组，平均年龄 6 岁，其中男生 14 名，女生 6 名。❶

（二）实验程序

选用的测试工具为刘慧敏 2010 年编制的《语音意识和文字意识评估测试》❷，语音意识测试部分的 α 系数为 0.81。语音意识测试由声母、韵母和声调 3 类任务组成，均以听觉形式呈现。分别对每个幼儿进行测验。每道题若幼儿答对可得 1 分，若答错不得分。语音意识测试一共 30 道题，共计 30 分。对幼儿的声母意识检测，举例如下：指导教师读四个字"妈、马、发、骂"，要求幼儿说出最不一样的发音，正确回答是"发"。

文字意识测试部分的 α 系数为 0.83。文字意识测试包括正确的书写判断能力和找出含相同部分的字两方面任务，均以视觉形式呈现。分别对每个幼儿进行测验。每道题若幼儿答对可得 1 分，若答错不得分。文字意识测试一共 20 道题，共计 20 分。对找出含相同部分的字的检测，举例如下：指导教师将测试题目放大，把"阳、日、明、春"这四个字作为一组，放

---

❶ 本书中所有研究均通过沈阳师范大学伦理委员会审核，所有参与实验的儿童的家长均知情并同意。

❷ 刘慧敏. 幼儿语音意识与早期阅读能力的相关性研究［D］. 长春：东北师范大学，2010.

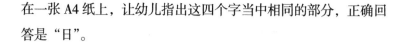

在一张 A4 纸上，让幼儿指出这四个字当中相同的部分，正确回答是"日"。

（三）数据处理

测试得分采用 SPSS 16.0 软件对数据进行 t 检验分析。检验水准 $\alpha = 0.05$。

（四）研究结果

1.语音意识各部分得分情况

对语音意识总分、声母区分得分、韵母区分得分和声调区分得分进行比较，发现实验组和对比控制组得分差异均有统计学意义（$P < 0.05$）（见表 1–1）。

2.文字意识各部分得分情况

对文字意识总分、正确书写判断得分和找出相同部分得分进行比较，发现实验组和对比控制组得分差异均无统计学意义（$P > 0.05$）（见表 1–1）。

（五）讨论

1.音乐训练对 5—6 岁儿童语音意识存在促进作用

本研究中 5—6 岁儿童语音意识得分与以往研究的结果基本一致，说明本研究具有较好的信度和效度。本研究中，在声母区分得分、韵母区分得分、声调区分得分及语音意识总分上，实验组和对比控制组得分差异有统计学意义，且实验组比对比控制组得分高（见表 1–1）。该结果说明，接受过音乐训练的儿童比未接受过音乐训练的儿童语音意识发展水平更好，进而说明音乐训练能促进儿童的语音意识的发展。这也与以往拼音文字的研究 ❶ 结果相一致。

表 1-1　语音意识和文字意识各部分得分统计结果（$\bar{x} \pm SD$）

	测　试	实验组	对比控制组	t	P
语音意识	声母区分得分	9.6 ± 1.11	7.0 ± 0.98	-5.12	<0.001
	韵母区分得分	4.15 ± 0.48	3.5 ± 0.44	-2.1	<0.05
	声调区分得分	8.55 ± 1.61	7.5 ± 1.64	-2.05	<0.05
	语音意识总分	22.3 ± 3.26	18.0 ± 3.08	-4.29	<0.001
文字意识	正确书写判断得分	10 ± 0.01	0.75 ± 0.9	-1.0	0.32
	找出相同部分得分	9.25 ± 0.64	9.1 ± 0.92	-0.6	0.55
	文字意识总分	19.25 ± 0.6	18.85 ± 1.8	-0.94	0.35

接受过音乐训练的儿童，在区分声母、韵母和声调方面较未接受过音乐训练的儿童有优势，这是因为他们的听觉得到强化，因而对声音的变化敏感度较强。音乐训练包括大脑参与，例如大脑的多个部分听觉皮层、视觉皮层和运动皮层等，所以长期的音乐训练可以使大脑改变相关区域的结构和功能。音乐训练可能通过影响语音加工的神经网络，进一步促进儿童的语音编码，其中节奏训练主要促进辅音、韵脚和音节的识别和编码，音高训练主要促进元音、韵脚和音节的识别和编码。音乐训练提高了儿童基于元音差异的词汇辨别能力。节奏和音高训

❶ STRAIT D L, HOMICKEL J, KRAUS N. Subcortical processing of speech regularities underlies reading and music aptitude in children［J］. Behavioral and Brain Functions, 2011, 7（1）: 1-11.

练共同促进音节、韵脚、音素的识别，有助于音节计数、分割、合成，押韵探测和命名，以及音素的探测、分割、合成的认知加工过程。音乐与语言加工的神经机制又有一定的重合，共同使用着大脑的一些区域。其中也包括听觉皮层，因此听觉得到的发展尤为明显。凯尔奇（Koelsch）等采用事件相关电位技术（Event Related Potentials，ERP）考察了音乐训练对听觉加工能力的影响，发现小提琴演奏家对大调和弦中穿插的不和谐和弦的觉察会引起明显的失匹配负波（Mis-Match Negativity，MMN），而且这种效应不管是在注意条件下还是在非注意条件下都会发生，但是在非音乐家被试中则没有出现明显的 MMN 效应。MMN 反映前注意阶段的信息加工，因此研究结果说明了音乐家比非音乐家具有更强的自动化听觉加工能力。❶尽管本研究中没有验证非注意条件下经过音乐训练的儿童是否存在听觉加工优势，但是其在注意条件下也已经表现出像音乐家一样的听觉加工优势。

2. 音乐训练对 5 — 6 岁儿童文字意识无促进作用

与语音意识相对应的文字意识在实验组和对比控制组中没有明显的差异。在正确书写判断得分、找出相同部分得分和文字意识总分上，实验组和对比控制组得分差异均无统计学意义。儿童文字意识指以汉语为母语的学前儿童，在接受正式识字教学指导之前，通过与生活中环境文字的接触获得的关于汉字基本的文字意识，包括汉字的视觉形态以及早期的正字法规

❶ KOELSCH S, SCHROGER E, TERVANIEMI M. Superior pre-attentive auditory processing in musicians [J]. Neuroreport, 1999, 10（6）: 1309-1313.

则方面的知识。尽管音乐训练会促进儿童听觉皮层、视觉皮层和运动皮层等的发育，但是音乐训练更多地是影响儿童的声音辨别能力和手眼协调能力，对于汉字结构的视觉加工影响并不显著。

（六）教育建议

本研究也表明音乐训练对汉语语音意识的发展有促进作用，那么幼儿园教育与家庭教育应该利用两者的关系，在语言学习中，尤其是与音乐训练存在密切关系的语音学习中利用两者的共性，使儿童语音意识发展事半功倍。因此，在学前教育阶段应该启发儿童学习音乐的兴趣，鼓励儿童适当练习某种感兴趣的乐器。这就要求儿童家长与幼儿教师认识到音乐学习和乐器练习对儿童大脑发育及肢体动作协调能力发展具有积极促进作用，走出将音乐学习视为单纯乐器训练的误区，利用儿童喜欢的方式对其进行音乐启蒙。

节奏感的培养对儿童的语音意识提升具有重要作用。在音乐训练中，幼儿教师应该通过正确的方法对儿童的节奏感进行培养。在节奏训练中，幼儿教师可以结合语言与动作节奏来培养儿童的节奏感。例如，可以利用儿童喜欢顺口的音律这一特点，运用丰富的语言节奏来编排一些顺口的儿歌，从而让儿童愿意反复朗诵；或者让儿童跟着教师打的节拍，将儿歌念出来；也可以通过动作来训练和培养儿童的节奏感，让儿童能够通过肢体语言将自身对节奏的感受表达出来。不论采用哪种方式进行音乐训练，需要注意的是，音乐启蒙必须是儿童喜闻乐见的形式，比如唱儿歌、拍手做律动、跟着音乐做游戏、讲故事等。

与此同时，在幼儿园的课程设置上可适当安排一些音乐内容较为系统的学习，有条件的幼儿园可开设适合幼儿阶段的乐器演奏课程。将音乐训练贯穿儿童的一日生活中，在儿童上厕所后洗手时、上课时、进餐时、午睡前、起床整理时等时间里用音乐提示练习。可以通过儿歌、律动手指操、简单的小律动等有意识地对儿童进行一日常规活动的提醒和督促，也可以把音乐训练的机会放在课程间歇。例如，一项活动结束后教师计划进行下一项活动时，儿童还处于上一项活动中，因此，教师可以用一些音乐活动游戏来吸引儿童的注意力，如教师拍固定的节奏，儿童同样用节奏回应；教师弹一段儿童熟悉的音乐，儿童用唱歌的方式回应……

家园共育的作用不可忽视。作为家庭部分，家长应该了解音乐训练的好处，重视儿童的音乐训练，与幼儿园合力培养儿童的语音意识。家长应该配合幼儿园的音乐课程，在家庭生活中为儿童提供音乐欣赏与学习的机会。家长可以通过在家与儿童一起做律动游戏、拍打杯子等物品产生节奏等方式对儿童进行音乐训练。

此外，音乐训练对儿童的文字意识没有起到积极作用。那么，在实践中想要提高文字意识，采用分享阅读被认为是提高儿童文字意识非常有效而且被普遍使用的方法，因为在这种阅读中儿童能够与文字进行更多的接触，正是这种密切的接触促进了儿童文字意识的发展。家长和幼儿教师在阅读中不能只讲故事，要有意识地引导儿童关注故事中的文字，从而引起他们的文字意识。除了引导儿童关注文字以外，另一个影响儿童文字意识发展的因素是儿童的年龄特点。要根据儿童文字意识发展的年龄特点进行针对性的教育和指导。因此幼儿教师和家长要结合儿童文字意识发展的心理和年龄特点，选择合适的图画书，有选择、有目的地对儿童进行阅读指导。

二、儿童语音加工中莫扎特效应的实验研究

语言是音义的结合体，是人类特有的一套符号系统。一个人若需建立语言音与义的结合，首先得进行语音加工，从这个意义上可以认为，语音加工是语言认知加工的前提与核心。[1] 语音加工包括语音意识、语音解码和语音记忆。其中，语音意识是人们对语言的感知能力，也是人类在语言发展过程中的一种元认知能力，更是词汇学习及阅读能力发展的核心要素。[2] 李虹等以普通儿童为被试的研究发现，语音意识不但是解释儿童口语词汇的重要变量，而且对儿童汉字识别成绩具有独立的预测作用。[3]

此外，语音意识可以帮助儿童准确、流利地识别单词，也

❶ 祁志强，彭聃龄.语音加工的脑机制研究：现状、困惑及展望［J］.北京师范大学学报（社会科学版），2010（4）：40-47.
❷ 吴寒，张林军，舒华.音乐经验对言语加工能力的促进作用［J］.心理与行为研究，2012（4）：284-288.
❸ 李虹，饶夏，董琼，等.语音意识、语素意识和快速命名在儿童言语发展中的作用［J］.心理发展与教育，2011（2）：158-163.

可以帮助他们通过语音知识来解码不熟悉的单词。语音意识在阅读中起着重要的作用，它不仅有助于提高儿童对单词的认识，而且有助于儿童理解句子和文本。当儿童的识字能力达到一定的自动化水平和速度时，儿童对识字过程的关注和精力要多于对识字过程的认知，他们可以把注意力集中在阅读过程中更高层次的文本上，从而提高对文本阅读的理解力。

此外，关于阅读障碍的研究发现，阅读障碍者往往伴随语音意识的缺失或者语音意识能力的低下，从而从侧面佐证了语音意识对阅读发展的重要性。经过大量科学家的研究证明，语音加工技能的获得是影响阅读障碍儿童阅读发展的重要因素之一。斯坦诺维奇（Stanovich）提出了关于语音加工技能和阅读理解二者关系的语音缺陷说，提出儿童在语音加工过程中存在的缺陷和障碍将会导致他们在未来的学习中出现词汇上的认知困难，从而有极大可能影响和阻碍儿童阅读理解能力的正常发展。[1] 同样，雷切尔等的一项关于语音意识与英语阅读的研究表明，语音意识不仅能显著地预测英语词汇识别能力的发展，而且语音意识在一定程度上可以预测儿童日后阅读能力及阅读理解的发展状况。[2] 由上述研究可以看出，语音加工对儿童发展有着极为重要的影响。

[1] STANOVICH K E. Explaining the differences between the dyslexic and the garden-variety poor reader: the phonological-core variable-difference model [J]. Journal of Learning Disabilities, 1988（21）: 590-604.

[2] RACHEL S D, ANNE-FRANCOISE D C. The role of phonological awareness and letter-sound knowledge in the reading development of children with intellectual disabilities [J]. Research in Developmental Disabilities, 2015（41-42）: 1-12.

与语音相同，音乐也属于人类特有的声音范畴，两者之间的关系一直是诸多心理学家和教育学家的研究热点。劳舍尔（Rauscher）等提出，音乐和空间推理之间可能存在某种直接的联系。为此，他们通过进行相关的实验，发现听莫扎特音乐的组别比没有听音乐组别的测验成绩有明显提高，并且这种提高可以持续 10 分钟左右。[1] 该结果被称为"莫扎特效应"。莫扎特效应提出之后，鼓舞了一大批研究者探究音乐与语言之间的关系。莫扎特效应是指聆听音乐能短暂地促进被试的认知加工水平提高的现象。然而，在莫扎特效应提出伊始，许多研究者便为是否存在莫扎特效应争论不断。一部分研究者认为，音乐训练确实有助于被试认知加工能力的发展。如弗加德（Forgeard）等以经过音乐训练的普通儿童、未经过音乐训练的普通儿童以及阅读障碍者为被试，结果表明，音乐识别能力能有效地预测语音与阅读能力，而且该预测能力在音乐训练组中尤为突出。[2] 由此可知，音乐训练有助于儿童语音能力及语言能力的发展，并且能够提高阅读障碍儿童的音乐知觉能力，从而纠正阅读障碍儿童的语言缺陷。

不仅是语音意识，也有研究发现音乐训练还能有助于阅读能力的提高。陈丹等采用眼动技术探究音乐对阅读即时加工过程的影响，发现相较于无音乐条件，先导音乐促进了阅读效率

[1] RAUSCHER F H, SHAW G L, KY C N. Music and spatial task performance [J]. Nature, 1993（365）: 611.

[2] FORGEARD M, SCHLAUG G, NORTON A, et al. The relation between music and phonological processing in normal-reading children and children with dyslexi [J]. Music Perception, 2008（4）: 383-390.

的提高，并且改变了被试阅读过程中的眼动模式。[1] 除了支持莫扎特效应存在的研究外，也有一部分研究者认为莫扎特效应并不存在，即认为音乐并不能促进被试的语言或其他认知加工能力的提升。如赫尔姆博尔德（Helmbold）等研究发现，有音乐经验的成人与无音乐经验的成人之间语音意识、言语记忆并无明显差别，即音乐经验对语音意识没有明显的促进作用。[2] 皮耶希尼（Pietschnig）等使用元分析方法对已有相关研究的数据进行分析，结果表明，莫扎特效应基本不存在，[3] 这意味着音乐训练对语音意识并无促进作用。由上可知，语音加工对于儿童发展有着重要意义，但是在语音加工中是否存在莫扎特效应（音乐促进语音加工能力）一直存有争论。

因此，本研究采用实验方法，具体探究语音加工是否存在莫扎特效应。由于以往研究对象多关注小学生、青少年、成人被试，较少关注处于语言发展关键时期的学前儿童，本研究选择 5—6 岁儿童为研究对象，拓展以往研究结果，并根据实验结果对儿童汉语语言学习提供相应的教育建议。

（一）研究被试

在沈阳市一所幼儿园内选取 60 名未受过专门音乐训练的

[1] 陈丹，隋雪，王小东，等 . 音乐对大学生阅读影响的眼动研究 [J] . 心理科学，2008（2）：385–388.

[2] HELMBOLD R T，ALTENMULLER E. Differences in primary mental abilities between musicians and nonmuscicians [J] . Journal of Individua Differences，2005（26）：74–85.

[3] PIETSCHNIG J，VORACEK M，FORMANN A K. Mozart effect—Shmozart effect：a meta–analysis [J] . Intelligence，2010，38（3）：314–323.

5—6 岁儿童参与实验，随机将儿童分配到音乐欣赏组和安静休息组，每组各 30 人。由于有 5 名儿童实验任务正确率低于 50%，最终只统计 55 名儿童数据。音乐欣赏组共 27 人，其中男生 15 人，女生 12 人，平均年龄 5.42 岁；安静休息组共 28 人，其中男生 15 人，女生 13 人，平均年龄 5.33 岁。

（二）实验材料

音乐欣赏选择的音乐为莫扎特的《D 大调双钢琴奏鸣曲》。声音辨别任务中语音选择 16 个单字的读音，重复 3 次，共 48 次；音乐选择单独的钢琴音的 7 个标准音，为与语音匹配共呈现 48 次。每个声音采用 cool edit pro 2.1 软件进行编辑，时长 1000 ms。

（三）实验程序

实验分为两部分进行。第一部分为实验准备阶段。音乐欣赏组的儿童听 5 分钟莫扎特的《D 大调双钢琴奏鸣曲》，安静休息组则要求在座位上休息 5 分钟。第二部分为实验执行阶段。要求所有儿童在电脑前完成声音辨别任务，即听的是哪种声音，人声按 "1" 或 "2"，音乐按 "2" 或 "1"（被试间进行按键平衡），同时记录被试的反应时和正确率。实验程序由 E-prime 1.0 呈现，具体见图 1-1。

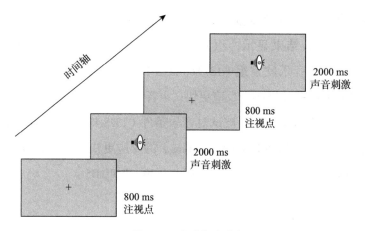

图 1-1　实验程序流程

（四）数据处理

用 SPSS 16.0 软件对正确率和正确的反应时进行重复测量方差分析。

（五）研究结果

对正确率进行 2（组别：音乐欣赏组、安静休息组）× 2（声音刺激：音乐、语音）两因素重复测量方差分析。实验结果显示，组别主效应不显著 $[F(1, 53) = 3.95, P > 0.05]$，音乐欣赏组（$0.90 \pm 0.01$）与安静休息组（$0.91 \pm 0.01$）无差异；声音刺激主效应显著 $[F(1, 53) = 5.67, P < 0.05]$，被试对音乐条件（$0.89 \pm 0.01$）比语音条件（$0.92 \pm 0.01$）的正确率更低；声音刺激与处理交互作用不显著 $[F(1, 53) = 0.24, P > 0.05]$。对正确反应时进行 2（组别：音乐欣赏组、安静休息组）×2（声音刺激：音乐、语音）两因素重复测量方差分析。实验结果显示，组别主效应显著 $[F(1, 53) = 4.80$, $P < 0.05]$，音乐欣赏组（1279.68 ms ± 47.02 ms）比安静休息组（1423.98 ms ± 46.17 ms）反应更快；声音刺激主效应显著 $[F(1, 53) = 10.63$, $P < 0.01]$，被试对音乐条件（1328.48 ms ± 34.46 ms）比语音条件（1375.19 ms ± 32.96 ms）的反应更快；声音刺激与处理交互作用不显著 $[F(1, 53) = 0.39$, $P > 0.05]$。

（六）讨论

1. 音乐训练能够促进语音加工

本研究以 5—6 岁儿童为研究对象，通过比较音乐欣赏组与安静休息组被试在音乐刺激辨别与语音刺激辨别的差异，深入探讨语音加工的莫扎特效应。由实验结果可知，音乐欣赏组与安静休息组之间在声音辨别上存在显著差异，即出现了语音加工的莫扎特效应。音乐欣赏可以提高语音辨别能力，说明一定的音乐训练有助于语音加工能力的发展。这可能是由于音乐知觉与语音知觉有着相似的认知加工过程。依据凯尔奇于 2011年提出的音乐知觉加工模型，音乐知觉加工过程包含声音特征的提取阶段、格式塔形成阶段、音程分析阶段以及音乐结构分析阶段。❶ 语言知觉加工过程大致也可分为四个阶段，分别是声音特征提取阶段、语音分析阶段、词语分析阶段以及句子分

---

❶ KOELSCH S. Toward a neural basis of music perception– a review and updated model [J]. Frontiers in Psychology, 2011（12）：578– 584.

析阶段。❶ 由此可知，音乐知觉加工与语言知觉加工二者均采用层级分析形式，并且有着相类似的低层级加工，如声音特征提取阶段。因此，音乐感知与语音意识可能共享声音特征提取阶段，这与共享声音类别学习假说相一致。此外，赖寒等关于音乐与语音的元分析研究也为这一结论提供了认知神经基础。该研究结果表明，音乐与语音在低层级加工时有着共同的神经基础，如颞上回、颞中回、脑岛和额下回等脑区。❷ 这说明音乐知觉与语音知觉不仅存在相似的认知过程，并且两者的脑区在低层级加工水平发生重叠。由此可知，良好的音乐训练有助于语音意识的发展及语言加工能力的发展。

2. 儿童对语音信息加工程度更深

由实验结果可知，在反应时上，儿童对音乐刺激比语音刺激的反应时更快；在正确率上，儿童对音乐刺激比语音刺激的正确率更低。这一结果说明，儿童对语音信息和音乐信息的加工侧重并不相同。儿童对于音乐信息注重速度而忽略效果，与之相反，儿童对语音信息则更注重效果而忽略速度。之所以出现这两种不同的反应模式，可能是由于儿童对两类声音信息的加工深度不同。本实验采用的音乐刺激是每秒钟振动 440 次的 a 音，即国际通用的标准音高。其包含音乐的基本声音特征，如响度、音色等，但是不包含音乐所指向的概念、图像、经验等外在意义。儿童对标准音的加工仅涉及声音特征的提取，并

---

❶ FRIEDERICI A D. Towards a neural basis of auditory sentence processing [J]. Trends in Cognitive Sciences，2002（2）：78– 84.

❷ 赖寒，徐苗，宋宜颖，等 . 音乐和语言神经基础的重合与分离：基于脑成像研究元分析的比较 [J]. 心理学报，2014（3）：285– 297.

没有到达更深层次的音乐加工水平。因此，儿童对音乐刺激的反应不需要消耗更多的时间，反应时较快。此外，由于没有受过系统的音乐训练，儿童对标准音的辨别能力有限，尽管反应时较快，但是正确率并不高。与音乐刺激一样，儿童对语音刺激（单字读音）的加工也涉及声音特征的提取，如声高、声调等。但是汉语作为一种声调语言，在词汇的语音构成上存在独特的特点。汉字的语义信息既负载在音段信息（如元音、辅音）上，也负载在超音段信息（如声调）上。因此，语音刺激不仅引发儿童对声音特征的提取，而且涉及单字的语义加工等高层级加工过程。对语音信息更深程度的加工则导致儿童出现反应较慢，但是正确率较高的现象。该结果也同时说明，儿童在此阶段对语音信息的加工还并不完全熟练，未达到自动化的水平。

（七）教育建议

1. 重视儿童语音加工的培养

本研究结果表明，儿童在学前教育阶段对语音信息的加工还不完全熟练，未达到自动化的水平。并且，学前教育阶段是形成口语能力的关键时期，也是语音意识发展的重要时期。因此，在学前教育阶段应该重视儿童语音加工及语言能力的培养。由于学前教育阶段的语音学习方式主要是模仿，因此，幼儿教师与家长的正确示范起到重要的作用。并且，当孩子出现语音错误时，幼儿教师与家长应当及时予以纠正。在幼儿园教学与家庭教育中，幼儿教师与家长可以采取多种有效手段促进儿童语音能力的发展，如开展游戏教学活动、亲子阅读等。幼儿教师与家长也可以有意识地对儿童进行音乐训练，从而促进儿童语音加工能力的发展。

2.激发儿童学习音乐的兴趣

音乐训练，尤其是乐器的学习需要大脑的参与，如听觉区、视觉区和运动区等多个部分。因此，长期的音乐训练可以使大脑改变相关区域的结构和功能，进而提高儿童的声音辨别能力和手眼协调能力。本研究结果也表明，儿童语音加工会受到音乐经验的影响，即出现了语音加工中的莫扎特效应。因此，在学前教育阶段应该激发儿童学习音乐的兴趣。兴趣是儿童学习音乐的原动力，能提高儿童音乐训练的效率、专注力以及持久性。激发并且鼓励儿童学习乐器的兴趣是幼儿教师和家长的共同责任。音乐训练兴趣的激发是其他能力发展和提升的准备与基础。这就要求家长与幼儿教师认识到音乐训练不是单纯乐器训练，而是会对儿童大脑发育等起到积极促进作用的一种方式，家长与幼儿教师应利用儿童喜欢的方式对其进行音乐启蒙。在进行音乐启蒙的时候，不能机械化地强调训练，也可以通过其他各种不同的音乐形式进行引导，例如幼儿园常见的拍手、讲故事、做游戏等都是儿童比较喜欢的游戏形式，幼儿教师可以在此基础上多加一些旋律性的节奏，潜移默化地激发儿童对音乐的兴趣。

与此同时，在幼儿园的课程设置上可适当安排一些音乐内容较为系统的学习，有条件的幼儿园可开设适合学前教育阶段的乐器演奏课程。家长应该积极配合幼儿园的音乐课程，同时在家庭中为儿童创造一个感受学习音乐的氛围。此外，家长和儿童一起阅读，既可以增加亲密的家庭时光，也可以丰富儿童的阅读。阅读后，可以在幼儿园举行分享阅读的活动。分享阅读被认为是提高儿童文字意识非常有效而且被普遍使用的方法，儿童在家中与父母共同进行的阅读，可以由每个儿童在幼儿园内再一次分享给其他儿童，这种分享阅读可以加深儿童对于阅读的印象，也正是这种密切的接触阅读，可以促进儿童文字意识的发展。

3. 增强语言与音乐的融合

本研究表明，音乐欣赏对语音加工存在促进作用。由于音乐与语言在组织结构和功能上存在一定的相似性，因此两者可以在一定程度上进行互补。更重要的是，幼儿教师与家长要好好地利用两者的关系，尤其是在与音乐存在密切关系的语音学习中利用两者的共性，使儿童语言学习事半功倍。语言的学习并不仅是语音这一个部分，它还包括文字意识等其他部分。尽管音乐经验可以提高语音意识的加工，但是它并不是提高儿童语音加工的唯一有效途径。在学习语音加工时，还应该引导儿童有效地学习拼读，使其掌握声母、韵母和声调的组合规则，以进一步提高语音辨别能力，并逐渐形成运用和操纵语音各个部分的能力。例如在朗读绘本的时候，除了可以让儿童将注意力都放在绘本的图画之外，还可以让儿童自己将绘本上的故事叙述出来，并且可以尝试性地让儿童看绘本中的文字进行讲述。幼儿教师鼓励性的语言对于儿童大胆开口是一种很强大的动力，但是教师也要注意方式、方法，在意识到孩子语言表达出现错误的时候，可以及时地用合理的语言指正出来，以免形成习惯。

4.合理培养儿童对语言和音乐的爱好

本研究表明儿童没有受过系统的音乐训练，因此对标准音的辨别能力有限，尽管反应时较快，但是正确率并不高。对语音信息更深程度的加工则导致儿童对语言出现反应较慢，对语言信息的加工并不熟练，但是正确率较高的现象。家长和幼儿教师应该有针对性地对儿童的语言加工技能进行训练，对于音乐训练应该将重点放在正确率上，可以科学采用专业的训练方式，让儿童对于音乐的一些基本的音感有所了解，形成与语言同样的感知力。由于儿童日常生活中接触比较多的是语言信息，所以相对于音乐对语言有更深的理解，可以从速度方面多加训练，采用一些比较具有趣味性的活动，例如看图猜字和词语接龙，通过这些具有紧张竞争性的活动，调动儿童兴趣，也会让儿童更加熟练掌握语言信息。因此对于不同方面的训练，采用训练方式的侧重点也应该有所不同。

三、音乐对儿童空间工作记忆影响的实验研究

音乐训练对人的生理发展有着重要影响。以往研究中，研究者借助多种脑成像技术对音乐训练与大脑可塑性的关系进行了实验，发现音乐训练与脑功能性神经的激活、脑前额叶的执行功能都有潜在的联系。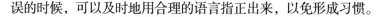长期的音乐训练不仅能够提升大脑

---

❶ 韩明鲲，吕静.音乐训练对改善儿童前额叶执行功能的作用［J］.中国健康心理学杂志，2013（4）：542-545.

对音乐刺激的敏感性、缩短反应时间，还能改变大脑的功能与结构。弗朗索瓦（Francois）和舍恩的研究发现，在行为实验中音乐家被试组在音乐材料选择敏感性与反应时的成绩均优于非音乐家被试组。❶ 还有研究指出，早期的音乐训练经历能够促使正处于神经系统发育关键期的儿童，其运动皮层的组织结构发生显著变化。❷

音乐训练对人的认知发展有着重要影响。大量研究通过测验、实验、问卷等方法证实了音乐训练可以提升人的认知能力。并且自从《自然》(Nature) 杂志在 1993 年报告了莫扎特效应 ❸，越来越多的学者对音乐训练产生了浓厚的兴趣，也开始将音乐与个体发展联系起来。此外，越来越多的家长更加倾向于在课外时间让孩子接受有关音乐方面的教育，音乐训练不仅仅包括声乐方面，乐器训练目前也引起了家长的关注，这种具有一定系统性、长时间的学习过程，涉及广泛脑区以及一系列的高级认知加工的参与。林恩（Lynn）等的研究表明，许多家长认为，参加一些课余时间的合唱团、钢琴培训班这种有关音乐训练的学习可以在一定程度上提高孩子的认知能力，让孩子变得更加聪明机智。❹

---

❶ FRANCOIS C, SCHÖN D. Musical expertise boosts implicit learning of both musical and linguistic structures [J]. Cerebral Cortex, 2011 (10): 2357–2365.

❷ HYDE K L, ERCH J L, NORTON A, et al. The effects of musical training on structural brain development: a longitudinal study [J]. New York Academy of Sciences, 2009 (69): 182–186.

❸ RAUSCHER F H, SHAW G L, KY C N. Music and spatial task performance [J]. Nature, 1993 (365): 611.

❹ LYNN R, WILSON R G, GAULT A. Simple musical tests as measures of Spearman's g [J]. Personality and Individual Differences, 1989 (1): 25–28.

音乐训练不仅对成人或者青少年的认知功能有影响，而且对儿童的感知觉、言语、思维、社会性等方面也产生了重要影响。赵爽通过研究发现，奥尔夫音乐教学法注重对儿童思维的开发，通过音乐训练可使儿童的形象思维、抽象思维以及创造性思维得到进一步提升。[1] 李文辉等的研究表明音乐训练能促进儿童的语音意识发展。[2] 王杭等通过对国内外大量实验研究的整理归纳，分析得出音乐训练与个体的语言知觉能力、空间视觉化能力都存在正相关，音乐训练可在一定程度上提升认知能力。[3] 此外，还有研究指出音乐训练对人的注意力、想象力、智力等方面的开发有重要影响。由此可见，音乐训练可以提升人的多种认知能力，其中就包含记忆力。朱丹通过实验研究发现音乐训练能够对儿童的语言工作记忆、情绪工作记忆以及数字工作记忆效能产生影响。[4] 李美善采用韦氏量表对 11—12 岁的儿童进行测量，结果显示接受过音乐训练的儿童在工作记忆、总智商两项指数上都显著高于未接受过音乐训练的儿童，说明音乐训练对儿童工作记忆能力有正向积极影响。[5]

不仅长时间的音乐训练会对记忆产生影响，即时音乐、先

---

❶ 赵爽.奥尔夫音乐教学法对学龄前儿童思维开发之研究［D］.济南：山东大学，2014.

❷ 李文辉，索长清，但菲，等.音乐训练对 5—6 岁幼儿语音意识的影响［J］.中国儿童保健杂志，2016（6）：668-669，672.

❸ 王杭，江俊，蒋存梅.音乐训练对认知能力的影响［J］.心理科学进展，2015（3）：419-429.

❹ 朱丹.音乐影响儿童工作记忆的心理学实验研究［D］.杭州：杭州师范大学，2011.

❺ 李美善.音乐训练对儿童工作记忆影响的研究［D］.长春：东北师范大学，2015.

导音乐、背景音乐等短时间的音乐也能够促进记忆的提升。大量研究者对音乐是否会对记忆产生影响进行了探讨，雷敏采用n-back 实验范式对高中生进行实验，结果显示在高记忆负荷任务下，不同背景音乐对工作记忆任务的正确率的影响有显著差异，快节奏低音量和慢节奏高音量的背景音乐能够有效提高人们工作记忆的正确率。❶ 杨青等研究发现，背景音乐节奏的快慢对儿童的工作记忆呈现显著影响，快节奏的背景音乐更有助于儿童工作记忆的提高。❷ 孙长安等同样采用 n-back 实验范式，以肖邦音乐作为刺激材料，对 30 名在校大学生进行 ERP实验，结果显示肖邦音乐可以有效促进工作记忆的提高。❸

　　1960 年米勒（Miller）等在《计划和行为的结构》一书中首次提出"工作记忆"的概念。❹ 传统观点认为工作记忆是一个容量有限的记忆系统，负责讯息的暂时储存与处理。但近年来研究发现，个体的工作记忆水平可以通过工作记忆训练获得提升。研究者从不同的角度证明了工作记忆对于人的智力、推理、创造力、问题解决等高级认知活动都存在显著作用。彭君等通过实验对 4—5 岁儿童进行工作记忆训练，实验结果表明n-back 工作记忆训练可以提高儿童的流体智力成绩并且这种

❶ 雷敏. 背景音乐对工作记忆的影响［D］. 郑州：郑州大学，2016.

❷ 杨青，谢悦悦. 背景音乐对幼儿工作记忆及任务转换的影响［J］. 学前教育研究，2017（4）：48—55.

❸ 孙长安，韦洪涛，岳丽娟. 音乐对工作记忆影响及机制的 ERP 研究［J］. 心理与行为研究，2013（2）：195—199.

❹ MILLER G A, GALANTER E, PRIBRAM K H. Plans and the structure of behaviour［M］. New York：Henry Holt, 1960.

训练效果具有长期的稳定性。[1]赵鑫等研究发现工作记忆水平可以通过工作记忆训练提高，通过训练，个体的阅读能力、智力水平等都可得到提升。工作记忆训练还对多动症儿童、酒精谱系障碍儿童临床症状的缓解有一定的作用。[2]空间工作记忆属于工作记忆模型中的一个次级系统，在个体的讯息处理过程中，负责维持与操控视觉和空间的资讯。

综上所述，音乐对人的生理、认知能力发展有着至关重要的作用；工作记忆可通过专门的工作记忆训练抑或音乐得到提高；空间工作记忆属于工作记忆的次系统，对于记忆能力的发展至关重要。以往研究中，研究对象主要集中于成年人或初、高中生。如果能在学前教育阶段就觉察到其在空间工作记忆水平上的个别差异，将会提早帮助工作记忆水平不佳的儿童，运用合理的辅导策略，协助儿童在未来道路上走得更为顺畅。所以，为进一步拓宽此领域的研究成果，本研究选取幼儿园大班儿童，通过实验探究音乐是否能够提高5—6岁儿童的空间工作记忆水平。

（一）研究被试

本研究在沈阳市某公立幼儿园中随机抽取42名5—6岁儿童参与实验，将其随机分配到音乐欣赏组和安静休息组，每组各21人。由于1人未完成实验，最终只统计41名儿童的数

---

[1] 彭君，莫雷，黄平，等.工作记忆训练提升幼儿流体智力表现［J］.心理学报，2014（10）：1498–1508.

[2] 赵鑫，周仁来.工作记忆训练：一个很有价值的研究方向［J］.心理科学进展，2010（5）：711–717.

据。音乐欣赏组 20 人，其中男生 10 人，女生 10 人，平均年龄 5.3 岁；安静休息组 21 人，其中男生 11 人，女生 10 人，平均年龄 5.35 岁。所有儿童均视力正常，智力发展正常，无躯体及精神疾病。

（二）实验材料

本实验为单因素被试间实验设计，自变量为有无音乐（音乐欣赏、安静休息），因变量为空间工作记忆任务的正确率。实验中使用的音乐材料为莫扎特《D 大调双钢琴奏鸣曲》。

（三）实验程序

实验分为两部分进行。第一部分为实验准备阶段，音乐欣赏组的儿童听 5 分钟莫扎特《D 大调双钢琴奏鸣曲》，安静休息组则要求在座位上休息 5 分钟。第二部分为实验执行阶段，要求所有儿童坐在笔记本电脑（屏幕 15.6 英寸，分辨率 1920×1080）前完成空间工作记忆任务。实验程序采用 E-prime 2.0 编制和呈现。

实验开始前由主试向儿童讲解实验方法，儿童了解实验进程后，先进行练习实验。练习实验开始时（刺激呈现阶段）首先呈现注视点，呈现时间无限，被试按键后开始实验。接着呈现 5×5 白色方格，随后 3 个方格依次变绿，每个方格变绿的持续时间为 1000 ms。随后进入反应阶段，首先呈现 500 ms 的注视点，之后呈现与之前界面相同的 5×5 白色方格，呈现时间无限，被试需要用鼠标在方格阵列中依之前呈现的顺序点击正确的方格位置（点击过的方格变绿）。从刺激呈现阶段开始至反应阶段的反馈界面止为一个实验试次，实验序列循环3次进行。待儿童理解并完成练习实验进程后进入正式实验。实验结束后记录每个儿童所能达到水平的最大值、最小值和平均值。实验程序如图1-2所示。

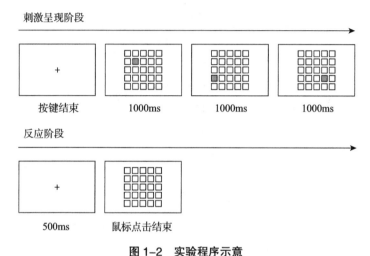

图1-2 实验程序示意

（四）数据处理

用SPSS 19.0 软件对儿童空间工作记忆容量、正确率和反应时进行独立样本t检验分析。

（五）研究结果

1. 儿童空间工作记忆容量结果

对本研究中儿童空间工作记忆容量进行独立样本t检验分

析。结果显示，音乐欣赏组与安静休息组儿童的空间工作记忆容量在最大值（$P = 0.02$）与平均值（$P = 0.03$）上存在显著性差异，在最小值（$P = 0.17$）上的差异未达到显著水平。具体数据结果见表1–2。

表1–2　儿童空间工作记忆容量水平差异

水平	组别	$M \pm SD$	t	df	P
最小值	音乐欣赏组	1.24 ± 0.14	1.4	39	0.17
	安静休息组	0.95 ± 0.15			
最大值	音乐欣赏组	2.86 ± 0.08	3.29	39	0.02
	安静休息组	2.45 ± 0.15			
平均值	音乐欣赏组	1.98 ± 0.08	2.28	39	0.03
	安静休息组	1.64 ± 0.13			

2. 儿童空间工作记忆正确率结果

对本研究中儿童空间工作记忆的正确率进行独立样本t检验分析。结果显示，音乐欣赏组（62.62 % ± 13.69 %）比安静休息组（51.88 % ± 18.72%）的正确率更高（$t = 2.1$，$df = 39$，$P < 0.05$）。具体见图1–3。

3. 儿童空间工作记忆反应时结果

对本研究中儿童空间工作记忆的反应时进行独立样本t检验分析。结果显示，音乐欣赏组（6331.32 ms ± 1473.73 ms）比安静休息组（7956.75 ms ± 2757.01 ms）的反应更快（$t = 2.4$，$df = 39$，$P < 0.05$）。具体见图1–4。

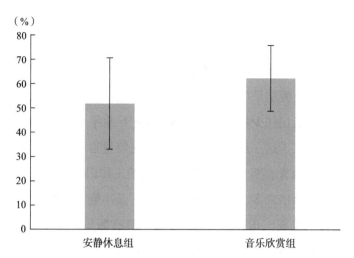

图 1-3　儿童空间工作记忆任务正确率结果

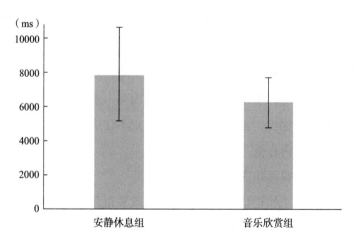

图 1-4　儿童空间工作记忆任务反应时结果

（六）讨论

1. 儿童空间工作记忆水平有限

根据实验结果可知，儿童空间工作记忆容量均值较低，说明幼儿只能记住少量讯息，空间工作记忆水平十分有限。国外研究也证实了这一点，儿童的工作记忆容量很小，但随着年龄的增长，到青春期会稳定增加，成人的工作记忆容量相当于4岁儿童的两倍之多。从结果的最大值、最小值与平均值的比较中也可以发现，儿童的空间工作记忆具有明显的个体差异性。大量研究也显示，空间工作记忆水平较高的儿童，其摄入的图片、文字、语音等讯息量较为丰富，不仅可以促进学习知识的获取，长此以往，有效知识得到积累，其长时记忆亦会得到充分强化，从而建立起良性的记忆系统循环。反之，若在空间工作记忆水平低的情况下，则很可能接受信息少，注意力难以维持较长时间，造成学习的自我效能感下降，最终导致学习成效的低落。如此，工作记忆就如同电脑内存一般，日常生活中儿童看似糊里糊涂，常常记不住故事、记不住成语等，这些都是工作记忆"内存低"的体现。

2. 音乐提高儿童空间工作记忆容量

在空间工作记忆的容量上，音乐欣赏组儿童的空间工作记忆容量水平显著大于安静休息组儿童，具体表现为音乐欣赏组儿童的工作记忆容量在平均值、最大值上均显著高于安静休息组儿童。究其原因，一方面，音乐欣赏对大脑内部区块构成了刺激反应，活跃了大脑细胞，使得发育中的大脑结构和功能产生变化，其可塑性和延展性得到提升。另一方面，音乐之所以能够扩大儿童空间工作记忆的广度，与工作记忆系统中的视觉空间模板密不可分。视觉空间模板的主要功能是处理时间信息或空间信息，对视空材料进行存贮、保持和控制。本实验中儿童需要记住的就是闪现小方格的顺序、位置等空间信息，刺激以视觉空间模式呈现，所以儿童依赖于使用视觉刺激的反应特性来存储信息，反映出这一时期儿童视觉编码模板较其他两个系统的发展更具有优先性。贾瑟克（Gathercole）在其实验结果中也发现，儿童的工作记忆在4岁左右开始显露，但儿童仍主要依靠使用视觉空间模板存储讯息。直至11岁以后，儿童才可以像成年人一样灵活使用所有复杂的工作记忆系统。❶ 由此可见，尽管儿童空间工作记忆水平有限，但是音乐能对儿童空间工作记忆容量的提升起到积极的促进作用。

3. 音乐提高儿童空间工作记忆效率

音乐不但扩大了儿童空间工作记忆的广度，还使空间工作记忆效率得到提高。实验结果显示，音乐欣赏组儿童在工作记忆的正确率上显著高于安静休息组儿童；在反应时间上，音乐欣赏组儿童比安静休息组儿童反应速度更快，证实了音乐能够提高儿童的空间工作记忆的效率水平。这与我国学者的研究结论相一致，孙长安等使用ERP技术对大学生被试进行实验后也发现，音乐条件下被试工作记忆正确率显著高于无音乐条

❶ GATHERCOLE S E. Working memory and learning during the school years [J]. Proceedings of the British Academy, 2004 (125): 365–380.

件。❶ 由于记忆、逻辑等认知活动主要在大脑左半球进行，而音乐欣赏、空间知识等艺术活动多在大脑右半球进行，在正常状态下，右半球加工区不易被激活。但是，音乐可刺激大脑右半球的觉醒状态，使得大脑左、右半球协同运动，大脑进入最佳活跃状态，加速了认知任务的加工过程，记忆、思维等能力随之加强，从而提高了空间工作记忆的效率水平。因此，本次实验前听莫扎特《D大调双钢琴奏鸣曲》，也可能是由于音乐激活了儿童大脑右半球的觉醒状态，促进其认知加工过程，进而有效提升了儿童空间工作记忆的加工效率。

（七）教育建议

1. 运用多元化感官输入，扩充记忆水平

工作记忆就像一个工作平台，支持着日常的认知活动，储存心智活动中的重要讯息。在儿童阶段，工作记忆系统尚未发展完善，空间工作记忆水平有限，对于烦琐、复杂的事情尚不能全部纳入平台中，而工作记忆又在儿童的学习活动中扮演着极为重要的角色。所以，对于工作记忆容量正处于发展期的儿童来说，在完成复杂任务时，思维很容易"掉线"，难以集中注意力。假设班级中教师正在进行故事分享，儿童就必须暂时将教师分享故事中的人物、时间、地点、情节等重要讯息放入工作记忆中。等待通篇故事结束，开始谈论发言时，儿童才针对教师的问题将暂存在工作记忆中的讯息提取出来，并且

---

❶ 孙长安，韦洪涛，岳丽娟. 音乐对工作记忆影响及机制的 ERP 研究 ［J］. 心理与行为研究，2013（2）：195-199.

结合自身经验使用言语表达，即是工作记忆的使用。所以在日常活动中，幼儿教师应注意要以贴近儿童日常生活的实物作为起点，尽量选择色彩鲜明、形象生动的材料，充分利用视觉空间模板的优势，例如制作记忆卡片、制作图画书或直接用肉眼去观察等多元方式引起儿童共鸣，以此作为感官输入的重要媒介，激发儿童的空间工作记忆，加快大脑左、右半球的运作与思考，提升儿童对学习知识、参与活动的热情。幼儿教师还可以将记忆策略自然地融入课程当中，如利用分类记忆、协同记忆、记忆游戏、邀请儿童进行亲身体验等多种方式，在识记过程中既听又看，提高视觉空间模板与语音回路系统的结合率，充分调动儿童的多种感官，帮助儿童记得既完整又牢固。

2. 创设积极化音乐氛围，陶冶音乐情趣

我国著名教育家陈鹤琴先生曾说："怎样的环境，就得到怎样的刺激，得到怎样的印象。"❶ 从胎教时期开始，家长就选择听舒缓、柔美的音乐，待孩子降生后，继续保持这一习惯，会让音乐对儿童产生潜移默化的影响，促进其积极心理品质的发展。学前教育阶段是儿童感受音乐、学习音乐的关键期，家长和幼儿教师应努力为儿童营造积极的音乐氛围，创设多样化的音乐环境。首先，可以为儿童选择贴近生活、情感鲜明的动听旋律，也可以让儿童自行选择喜爱的音乐，给予儿童丰富的音乐体验，促进儿童与同伴或成人间的互动与交流。其次，在不同时间段播放音乐可以作为对儿童不同行为的提示。例如，在儿童睡前播放一段柔美的音乐，营造入睡氛围，长此以往形

---

❶ 陈鹤琴.陈鹤琴教育箴言［M］.上海：华东师范大学出版社，2013：42.

成习惯，当儿童听到这个音乐响起时，就知道睡觉的时间到了，自觉准备入睡。最后，还可增加音乐教育的形式和内容，培养儿童的音乐兴趣，让儿童通过听、唱、歌伴舞、敲打节奏等多种形式直接感受音乐的魅力，在愉悦的氛围下也可以促进人际关系的和谐发展。有调查显示，目前大部分家长已经会介入家庭音乐教育中，但对于儿童音乐教育问题，物质投入比重大，家长自身参与家庭音乐教育的意识薄弱，缺乏为孩子创设良好音乐环境的积极性。❶ 因此，必须对音乐环境的塑造重新重视起来，增加对儿童音乐时间与精力的投入，在营造丰富音乐氛围的前提下，培养儿童对音乐的兴趣；也可以让儿童尝试学习一种乐器，切身通过听、唱、弹等多种方式直接感受音乐的曼妙，有意识地培养儿童的音乐兴趣。

3. 开展游戏化音乐教育，提升音乐素养

音乐教育是幼儿园美育的重要组成部分，因其娱乐性的特点，能够吸引儿童积极参与到音乐活动之中。音乐看不见、摸不着，是一门听觉艺术，也是表演艺术，但儿童生性好动、好玩、注意力时间短、思维具体形象，所以开展游戏化音乐教育必不可少。在幼儿园对儿童进行音乐教育的组织者是幼儿教师，参与者数量较多，教育形式可以更加灵活多变。幼儿园通常有专门的教育时间对儿童进行音乐集中教育，每周几次集中的音乐教育必不可少，但是仅仅这些时间是不够的，幼儿教师应认识到音乐教育对儿童认知发展的重要性，将音乐活动与音

❶ 姜媛媛 . 大班幼儿家庭音乐教育中家长参与的现状及策略研究［D］. 哈尔滨：哈尔滨师范大学，2016.

乐教学渗透到不同领域的教育活动中。因此，必须将音乐与儿童的生活、玩耍融为一体，让儿童在游戏活动中直接地、亲身地体验音乐，积极开展游戏化音乐教育才能让儿童在音乐活动中主动接受熏陶，提升音乐素养。例如，在游戏设置方面，幼儿园可以多设计一些与音乐相关的游戏活动，边学边玩，将歌曲游戏化。在各个学科的教学当中，也可加入音乐元素，如阅读绘本故事时搭配恰当的音乐效果，既增加了语言的表现力，又能促进大脑活动，提升记忆效果。还可以在进行教育活动之前用一段音乐让孩子们安静下来；在进行户外体育活动时，用歌谣指导孩子们下一步的动作。让儿童通过游戏的方式将节奏与动作融合，使儿童不断接触音乐，提高音乐感受力，通过音乐教育提高儿童记忆容量水平，为儿童未来的发展造就坚固的堡垒。

4. 提倡家园音乐教育合作，加强音乐训练

儿童接触的基本的第一成长环境来自幼儿园和家庭，对于儿童来说，一日生活都在家庭和幼儿园中度过，因而幼儿园和家长共同合作，能够最大限度地给孩子创设一个良好的成长环境。对于儿童的音乐训练方面，可以家园合作，幼儿园中的游戏活动可以在家庭中进一步延伸，这样可以给儿童一个游戏活动的氛围。例如，在幼儿园中可以进行一些节奏型的奥尔夫音乐训练，充分调动不同的感官，并且能够运用肢体动作锻炼身体协调能力，将这种奥尔夫训练节奏的活动通过家长会的形式传达给家长，由家长在家里继续进行奥尔夫的音乐训练。家长在家中继续进行一些音乐训练，不但能够增进亲子感情，还能

够加强儿童对音乐的敏感性。此外，可以经常举办一些家长探讨活动，由幼儿园专业的音乐教师指导家长如何进行科学的音乐训练。

四、背景音乐影响小学生阅读理解的眼动研究

音乐在当代人的日常生活中无处不在，无论是在商场、学校、超市还是在马路上随处都能听到音乐。音乐在我们的生产和生活中发挥着不可替代的作用。人们喜欢在坐公交、坐地铁等许多时候戴上耳机沉浸在自己的音乐世界中。因为音乐不仅可以用来欣赏和陶冶情操，一些轻松又舒缓的音乐还会在我们处于低落情绪时给予安慰和帮助，使紧张焦虑的情绪得以缓和，让我们的心灵有一定的寄托。音乐作为一种特殊的存在，不断地影响着个体的身心，改变着我们的心情，还会在一定程度上提高工作和学习效率。此外，作为信息传播媒介，音乐还会向我们传递信息，表达心中的情感。音乐对儿童也存在一定的影响，在智力方面，音乐对儿童的智力发展有一定作用，如莫扎特音乐能提高个体的记忆水平；在情感方面，音乐可以激发儿童对各种事物的学习兴趣，帮助儿童对生活产生积极向上的态度，促使儿童身心朝着健康的方向发展。

我们每天都在工作和学习中进行阅读，只有通过阅读，才能获取有效信息进行实际的操作。我们凭借阅读不断丰富自我，提高各种能力，塑造世界观、人生观和价值观。阅读理解是一种能力，个体在面对各种资料、文本时使用阅读技巧来理

解其中的内涵，正确并且有效的理解有助于获得正确的信息和资料。因此，阅读理解对于每个人来说都是必须掌握的一项基本技能。尤其是小学生，阅读理解是他们在学习中使用到的最基础的一种能力，培养良好的阅读能力可以帮助他们学习各学科的新知识。

背景音乐是指在"非音乐行为"（如阅读、购物、开车等）中充当背景的音乐。[1]背景音乐对人的认知发展有着重要的影响，"情绪唤醒假说"理论认为背景音乐能够诱发正向情绪并增强唤醒水平，从而进一步促进认知能力的发展。[2]背景音乐可以促进个体对母语词汇和第二语言词汇的记忆。有学者探究了老年人在没有音乐、白噪音、有音乐条件下的单词记忆能力，结果发现老年被试在有背景音乐条件下记忆单词的正确率显著高于没有音乐以及白噪音条件下的正确率。[3]此外，将莫扎特的奏鸣曲作为背景音乐，在智力测验前给大学生被试播放十分钟，测验结果表明听音乐的学生的测验成绩显著地高于没有听音乐的学生。[4]不过并非所有的音乐都具有这种效果，不同的音乐类型会带来不同的效果。有研究发现，舒缓优美的背景音乐能够促进孩子完成认知任务，而过于活跃或具有攻击性

[1] 刘俊峰，喻丰，杨沈龙. 背景音乐对消费者的影响：音乐契合度的视角［J］. 心理科学，2021，44（1）：177-183.
[2] THOMPSON W F, SCHELLENBERG E G, HUSAIN G. Arousal, mood, and the mozart effect［J］. Psychological Science, 2001, 12（3）：248-251.
[3] SARA B, ALESSIA R, RICCARDO R, et al. The cognitive effects of listening to background music on older adults：processing speed improves with upbeat music, while memory seems to benefit from both upbeat and downbeat music［J］. Frontiers in Aging Neuroscience, 2014, 6：1-7.
[4] RAUSCHER. The power of music［J］. Early Childhood News, 1996（4）：20-25.

的背景音乐则会产生消极影响。❶ 另外，轻音乐和流行音乐也会产生不同的效果，轻音乐可以帮助学生提高学习效率，而流行音乐则会干扰学生的注意力，除了背景音乐类型会对学生产生影响外，音量的大小和音响效果对学生的记忆均有影响。❷

在语言认知的篇章加工方面，背景音乐对个体的阅读理解具有重要影响。阅读理解是一项复杂的认知活动，是阅读者通过字词解码，与所激活的背景知识相互作用建构文本意义，是自下而上字词解码和自上而下意义建构的结合。让小学五年级的学生分别在有背景音乐和安静的条件下完成阅读测试，结果发现，背景音乐可以促进小学生完成阅读理解。❸ 因此，背景音乐对阅读理解可能具有积极的影响。不同背景音乐类型对初中生语文阅读理解影响的研究发现，与无音乐和流行音乐相比，学生在古典音乐条件下阅读，其成绩会显著提高。但也有研究者认为背景音乐对阅读理解有抑制作用，让中学生分别在有、无音乐背景条件下进行阅读理解，结果发现，背景音乐对阅读理解得分产生消极影响。❹ 背景音乐对不同学龄段被试产生的影响也存在差异，流行音乐对高中生记忆阅读材料时的影

❶ FURNHAM A，TREW S，SNEA D I. The distracting effects of vocal and instrumental music on the cognitive test performance of introverts and extraverts［J］. Personality & Individual Differences，1999，27（2）：381–392.

❷ 丁俊霞. 多媒体环境中呈现方式和背景音乐对中学生认知负荷的影响［D］. 开封：河南大学，2010.

❸ BLOOR A J. The rhythm's gonna get ya' – background music in primary classrooms and its effect on behaviour and attainment［J］. Emotional and Behavioural Difficulties，2009，14（4）：261–274.

❹ ANDERSON S A，FULLER G B. Effect of music on reading comprehension of junior high school students［J］. School Psychology Quarterly，2010，25（3）：178–187.

响较大，而对大学生的影响较小。❶与高中生相比，流行音乐在初中生阅读过程中起较大阻碍作用。❷另外，背景音乐也会影响被试在阅读时的眼动指标。小学生在有背景音乐的条件下阅读材料时，其对标题的注视时间和注视次数显著大于无音乐时相应的眼动指标。❸与安静环境相比，慢速的音乐能促进高中生的中文阅读理解，在眼动指标上表现为总注视次数变少、总注视时间变短、眼跳次数减少和眼跳幅度增大。还有研究发现，将背景音乐换成新闻广播背景音后，大学生的阅读时间更长，注视次数增加，但白噪音和安静条件均无差异。❹

此外，面对不同难度的阅读材料，背景音乐的影响也有所不同。以往研究发现，文章的难度对阅读理解成绩有显著影响，即阅读容易的文章时成绩最好，阅读中等难度的文章时成绩次之，阅读高难度的文章时成绩最低。❺当阅读材料难度较大时，被试的阅读理解成绩较低，更容易出现"心不在焉"的现象，但音乐可以使大脑适度激活，进而会缓解"心不在焉"的现象。相应地，阅读时的眼动指标也会受到阅读材料本身难

❶ 李卫华.背景音乐对记忆的影响研究［D］.武汉：华中师范大学，2008.
❷ 李宁宁，李洪玉.背景音乐对中学生阅读理解的影响［J］.心理与行为研究，2006，4（2）：149–153.
❸ 邓承敏，徐曼琦，宋萍.小学生网络阅读能力的培养方法：基于眼动实验的考察［J］.中国教育学刊，2020，325（5）：79–82.
❹ 郭惠兰，宋子明，张煜婧，等.新闻广播背景音对大学生阅读效率影响的眼动研究［J］.心理研究，2017，10（4）：15–21.
❺ 韩彬.压力情境、文章难度对英文阅读理解成绩和策略影响的研究［D］.长春：东北师范大学，2004.

度的影响。❶亨德森（Henderson）等发现，相比于简单的阅读材料，阅读较难材料时的注视次数更多。❷伏干采用眼动技术考察被试的阅读过程时也得到了相似的结果，阅读简单材料时的眼动指标优于较难材料时的指标，阅读材料难度水平越高，被试的注视时间和注视次数越多。❸还有研究考察了中、英文流行背景音乐对不同熟悉度中英字词记忆的影响，结果发现听觉语言熟悉度对记忆的影响受视觉任务难度高低的制约。❹因此，背景音乐对不同难度阅读材料在眼动指标上的影响也可能不同。

综上所述，以往研究中关于背景音乐对阅读理解的影响，其结果尚不统一，并且其中与眼动研究相关的被试多为大学生和中学生，他们的阅读能力已经发展得比较成熟。相比之下，小学高年级学生随着识字量的增加，正逐渐能够从阅读中获取新知识，他们尚且是阅读领域的"新手"，运用眼动技术探究该阶段儿童的阅读加工特点具有重要研究价值。另外，在与小学班主任和家长的沟通中了解到，如今大多数小学生喜欢在课余时间听音乐，甚至边听音乐边写作业，孩子们认为这样做可

❶ 陈丹，隋雪，王小东，等.音乐对大学生阅读影响的眼动研究［J］.心理科学，2008，31（2）：385-388.

❷ HENDERSON J M，FERREIRA F. Effects of foveal processing difficulty on the perceptual span in reading: implications for attention and eye movement control［J］. Journal of Experimental Psychology: Learning, Memory, and Cognition, 1990, 16（3）: 417-429.

❸ 伏干.材料难易度对汉语阅读活动影响的眼动研究［J］.心理研究，2012，5（5）：39-45.

❹ 高淇，白学军.中英流行背景音乐对大学生中英词汇记忆的影响［J］.心理学报，2018，50（1）：1-8.

以提高写作业的效率，那么这种边听音乐边学习的做法是否正确呢？是否能真正地帮助学生加深对知识的理解，从而能更高效率地完成作业呢？本研究运用眼动技术来分析背景音乐的有无及其情绪类型对于小学生阅读理解的不同影响，并结合相关课程目标，对小学生的阅读习惯以及教师的教育教学提出可行性的建议，帮助小学生提高其阅读理解能力，从而培养他们良好的阅读习惯。

因此，本研究提出假设：（1）背景音乐的有无和阅读材料的难易程度会影响小学生阅读理解得分；（2）小学生在有背景音乐和无背景音乐条件下完成阅读理解，其阅读过程中的眼动指标会受到背景音乐和阅读材料难度的影响；（3）背景音乐情绪类型的不同和阅读材料的难易程度会影响小学生阅读理解得分；（4）小学生在悲伤背景音乐和欢快背景音乐条件下完成阅读理解，其阅读过程中的眼动指标会受到背景音乐情绪类型和阅读材料难度的影响。

（一）研究被试

本研究被试选自沈阳市某小学五、六年级的学生。选择被试时，我们询问了各班班主任，根据平时课堂表现，首先排除有多动症等注意力存在一定问题的学生。然后对其他学生采用《小学生识字量测试题库及评价量表》❶测查识字量，并且统计最近一次的期末考试语文成绩。通过计算五、六年级小学

---

❶ 王孝玲，陶保平，等.小学生识字量测试题库及评价量表［M］.上海：上海教育出版社，1996：46-118.

生的识字量水平，初步选择识字量水平位于总体识字量平均数前后一个标准差的被试，接着又通过期末语文成绩对被试进行筛选，从中保留平均分前后一个标准差的被试，最终选择 121 名被试，所有被试年龄位于 10 — 12 岁，平均年龄 11 岁。采用拉丁方随机分组的方法将被试分配到不同组别进行眼动实验，对眼动数据进行简单整理，根据前人研究中的标准删除以下数据：（1）由于被试乱动头部而导致未能完整记录的眼动数据；（2）注视时间小于 80 ms 或大于 1200 ms 的数据；（3）位于三个标准差以外的数据。最终实验一保留了 54 名被试（男 28 名，女 26 名）数据，实验二保留了 54 名被试（男 35 名，女 19 名）数据。每组被试的识字量水平和语文成绩的差异均不存在统计学意义（$P_1 = 0.571$，$P_2 = 0.740$）。每组被试的人口学变量信息如表 1–3 所示。

表 1–3　被试人口学变量信息

（单位：名）

性别	实验一（n=54）				实验二（n=54）			
	有音乐困难组	有音乐简单组	无音乐困难组	无音乐简单组	悲伤困难组	悲伤简单组	欢快困难组	欢快简单组
男	10	8	4	6	7	7	10	11
女	4	5	9	8	6	6	4	3

（二）研究工具

1. 阅读材料

从小学生建议阅读篇目和课外阅读中选取 10 篇阅读材料，根据每篇材料的内容编写五道单项选择题，初步编好后，请三位小学语文教师对题目审核修改，最后选取不参加正式实验的 20 名六年级学生进行初测。根据初测分数，选择得分均值最高、最低的三篇阅读材料分别作为简单阅读材料组和困难阅读材料组，两类阅读材料平均分的差异存在统计学意义（$t = 8.13$，$P = 0.001$），两类阅读材料的难度有明显区别。

2. 音乐材料

实验一的背景音乐是从网易云音乐中选择一首不会引起情绪波动的、较为平稳的中性钢琴曲，选取不参加正式实验的 39 名六年级学生对该音乐进行情绪等级评定，采用七级评分的方法，1 为最悲伤，4 为中性情绪（既不悲伤也不欢快），7 为最欢快，评定结果（2.71±1.05）显示，该钢琴曲符合实验所需的中性音乐材料要求。实验二中不同情绪类型的背景音乐是研究人员从网易云音乐中选择的四首钢琴曲，由其主观判断挑选两首欢快曲目和两首悲伤曲目，再让不参加正式实验的 39 名六年级学生对这四首钢琴曲进行情绪等级评定，同样采取七级评分的方法，经初步描述性统计，得到得分最高的音乐材料 1（5.85±0.81）和得分最低的音乐材料 3（1.54±0.82），再对这两首钢琴曲进行配对样本 t 检验，结果显示两首曲目的差异存在统计学意义（$t = 23.27$，$P < 0.001$），最终选定音乐材料 1 和

音乐材料3分别作为正式实验阶段的欢快音乐和悲伤音乐。

3. 实验仪器

实验所用仪器是 Tobii TX 300 组合式眼动仪，采样率为300HZ，阅读材料呈现在21.5英寸的屏幕上，屏幕分辨率为1600×900像素，调整被试与显示器之间的距离和高低位置，对眼动仪进行数据校准，眼动仪能识别到被试左右眼十个位置的校准数据后，进入正式实验阶段。正式实验开始前要确保被试理解指导语，完成一道题要大声说出答案，按空格键可以跳转到下一页，实验过程中音乐材料通过耳机播放，要求被试独立操作，研究人员记录答案。

4. 眼动指标

本研究采用的眼动指标反映的是对正确回答问题起关键作用的核心内容的加工情况，主要针对关键词、关键句和题目。具体包括：关键词注视次数（对关键词注视点个数的总和，次数越多意味着阅读材料的认知加工负荷越大）、关键词首次注视时间（对关键词中出现的第一个注视点的持续时间，表示对目标的首次加工时间）、关键词总注视时间（对关键词的所有注视点的持续时间之和，对较慢和较长时间的认知加工过程敏感）、关键句首次进入时间（从材料呈现开始到对关键句首次注视到达的时间，时间越短表明目标被越早注视到）、关键句首次进入前注视点个数（首个注视点进入关键句之前的注视点个数，次数越少说明目标被识别越快）、题目注视次数（对题目注视点个数的总和）、题目总访问时间（从首个注视点出现在题目中到下一个注视点移出题目之前的时间之和，如果多次

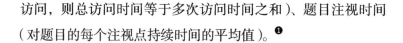

访问，则总访问时间等于多次访问时间之和）、题目注视时间（对题目的每个注视点持续时间的平均值）。❶

（三）数据处理

本研究中实验一为 2 背景音乐（有、无）×2 阅读材料难易程度（困难、简单）的被试间实验设计，因变量为阅读理解得分和各项眼动指标；实验二为 2 背景音乐类型（欢快、悲伤）×2 阅读材料难易程度（困难、简单）的被试间实验设计，因变量为阅读理解得分和各项眼动指标。使用 SPSS 20.0 对各项眼动指标和阅读理解得分进行描述性统计，以（均数 ± 标准差）（$M \pm SD$）的形式表示。使用独立样本 t 检验对每组被试的识字量水平和语文成绩进行差异性检验，使用配对样本 t 检验对阅读材料和音乐材料进行差异性检验。最后采用两因素组间方差分析对各眼动指标进行比较。$P < 0.05$ 表示差异具有统计学意义。

（四）研究结果

1.阅读理解得分结果

在实验一中，阅读材料难易程度主效应有统计学意义 $[F_{(1, 50)} = 67.30,\ P < 0.001,\ \eta_{\mathrm{P}}^{2} = 0.57]$，困难阅读材料得分均值（52.22 ± 16.25）低于简单阅读材料得分均值（95.93 ± 22.23），有无背景音乐的主效应没有统计学意义

$[F(1,50)=0.03,P=0.870]$。有无背景音乐和阅读理解难易程度之间的交互作用没有统计学意义 $[F(1,50)=1.43,P=0.238]$。在实验二中，阅读材料难易程度主效应有统计学意义 $[F(1,50)=83.77,P<0.001,\eta_P^2=0.63]$，表现为困难阅读理解的均值（$50.47\pm12.38$）低于简单阅读理解的均值（$99.63\pm25.04$），而音乐类型的主效应没有统计学意义 $[F(1,50)=0.01,P=0.943]$。背景音乐的情绪类型和阅读理解难易程度之间的交互作用没有统计学意义 $[F(1,50)=2.08,P=0.156]$。

2. 眼动指标结果

在实验一中具有统计学意义的眼动指标是关键词注视次数、关键词首次注视时间、题目注视次数和题目总访问时间。阅读材料难易程度在题目注视次数 $[F(1,50)=13.36,P=0.001,\eta_P^2=0.21]$ 和题目总访问时间 $[F(1,50)=14.36,P<0.01,\eta_P^2=0.22]$ 上的主效应具有统计学意义，均表现为在困难阅读材料上的指标高于简单阅读材料的指标。背景音乐的有无在关键词注视次数 $[F(1,50)=5.24,P=0.026,\eta_P^2=0.09]$ 上的主效应具有统计学意义，具体表现为有背景音乐时的次数少于无背景音乐时的次数。阅读材料难易与背景音乐有无的交互作用仅体现在关键词首次注视时间 $[F(1,50)=5.70,P=0.021,\eta_P^2=0.10]$。对其进行进一步简单效应分析发现，在困难阅读上，背景音乐的有无边缘显著（$t=-2.10,df=14.64,P=0.051$），表现为有背景音乐时的时间短于无背景音乐时的时间；在简单阅读上，背景音乐的有无没

有统计学意义（$t = 1.32$，$df = 25.00$，$P > 0.05$）。眼动指标描述性统计结果如表1-4所示，交互作用如图1-5所示。

表1-4 实验一眼动指标描述性统计结果（$M \pm SD$）

指标	有音乐		无音乐	
	困难阅读材料	简单阅读材料	困难阅读材料	简单阅读材料
关键词注视次数(次)	33.93 ± 10.47	31.08 ± 9.30	41.62 ± 10.15	39.43 ± 18.77
关键词首次注视时间（秒）	0.18 ± 0.11	0.42 ± 0.40	0.39 ± 0.33	0.27 ± 0.20
关键词总注视时间（秒）	8.94 ± 4.31	10.48 ± 4.12	12.11 ± 4.88	12.82 ± 6.94
关键句首次进入时间（秒）	8.63 ± 9.58	5.73 ± 4.69	10.51 ± 2.48	7.82 ± 3.27
关键句首次进入前注视点个数(个)	24.49 ± 20.58	20.31 ± 17.30	19.63 ± 16.53	21.02 ± 18.69
题目注视次数（次）	60.72 ± 22.08	40.71 ± 9.41	64.38 ± 19.24	47.25 ± 15.87

续表

指标	有音乐		无音乐	
	困难阅读材料	简单阅读材料	困难阅读材料	简单阅读材料
题目总访问时间(秒)	261.90 ± 97.17	170.03 ± 45.04	272.57 ± 98.30	198.06 ± 69.21
题目注视时间（秒）	0.22 ± 0.03	0.21 ± 0.04	0.23 ± 0.06	0.22 ± 0.07

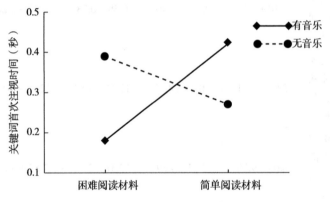

图1-5　阅读材料难度和背景音乐有无在关键词首次注视时间上的交互作用

　　在实验二中具有统计学意义的眼动指标有关键词总注视时间、关键句首次进入时间、关键句首次进入前注视点个数、题目注视次数、题目总访问时间和题目注视时间。阅读材料难易程度在题目注视次数 $[F(1, 50) = 8.67, P < 0.01, \eta_{\mathrm{P}}^2 = 0.15]$、题目总访问时间 $[F(1, 50) = 25.86, P < 0.05, \eta_{\mathrm{P}}^2 = 0.34]$、关键句首次进入时间 $[F(1, 50) = 4.64, P < 0.05, \eta_{\mathrm{P}}^2$

= 0.08〕和关键句首次进入前注视点个数〔$F(1,50) = 4.56$，$P < 0.05$，$\eta_P^2 = 0.08$〕上的主效应具有统计学意义，均表现为在困难阅读材料上的指标高于简单阅读材料的指标。背景音乐类型在关键句首次进入时间〔$F(1,50) = 4.33$，$P < 0.05$，$\eta_P^2 = 0.08$〕和关键句首次进入前注视点个数〔$F(1,50) = 5.48$，$P < 0.05$，$\eta_P^2 = 0.10$〕上的主效应具有统计学意义，均表现为悲伤背景音乐下的指标大于欢快背景音乐下的指标。阅读材料难易程度和背景音乐类型的交互作用体现在题目注视时间〔$F(1,50) = 6.62$，$P = 0.013$，$\eta_P^2 = 0.12$〕和关键词总注视时间〔$F(1,50) = 4.12$，$P = 0.048$，$\eta_P^2 = 0.08$〕这两个指标上。进一步简单效应分析发现，在题目注视时间上，阅读简单材料时，背景音乐情绪类型的差异有统计学意义（$t = 2.19$，$df = 25.00$，$P < 0.05$），表现为阅读简单材料时，在欢快背景音乐条件下题目注视时间短于悲伤背景音乐条件下题目注视时间；而阅读困难材料时，背景音乐类型的差异没有统计学意义（$t = -1.43$，$df = 25.00$，$P > 0.05$）。关于关键词的总注视时间，无论是在困难阅读条件下（$t = -1.16$，$df = 25$，$P > 0.05$）还是简单阅读条件下（$t = 0.70$，$df = 25$，$P > 0.05$），背景音乐的情绪类型均没有统计学意义；但在悲伤背景音乐的条件下，阅读材料难度的差异具有统计学意义（$t = -2.10$，$df = 24.00$，$P < 0.05$），阅读困难材料的关键词总注视时间短于阅读简单材料时的指标，在欢快背景音乐的条件下，阅读材料难度的差异没有统计学意义（$t = 0.96$，$df = 24.00$，$P > 0.05$）。眼动指标描述性统计结果如表1-5所示，交互作用如图1-6、图1-7所示。

表 1-5　实验二眼动指标描述性统计结果（$M \pm SD$）

指标	悲伤音乐		欢快音乐	
	困难阅读材料	简单阅读材料	困难阅读材料	简单阅读材料
关键词注视次数（次）	34.83 ± 10.62	32.61 ± 12.73	31.42 ± 9.55	30.79 ± 11.46
关键词首次注视时间（秒）	0.37 ± 0.21	0.27 ± 0.13	0.48 ± 0.15	0.23 ± 0.40
关键词总注视时间（秒）	7.99 ± 3.44	11.49 ± 4.64	11.64 ± 7.45	9.34 ± 4.41
关键句首次进入时间（秒）	18.77 ± 23.44	7.47 ± 6.30	7.74 ± 10.43	3.57 ± 3.94
关键句首次进入前注视点个数（个）	49.54 ± 48.62	22.38 ± 20.59	20.71 ± 25.81	13.21 ± 13.23
题目注视次数（次）	81.09 ± 27.39	51.75 ± 13.42	75.99 ± 23.98	43.17 ± 9.87
题目总访问时间（秒）	308.58 ± 76.27	231.50 ± 69.76	339.00 ± 121.49	186.63 ± 42.11
题目注视时间（秒）	0.24 ± 0.05	0.28 ± 0.03	0.27 ± 0.04	0.24 ± 0.06

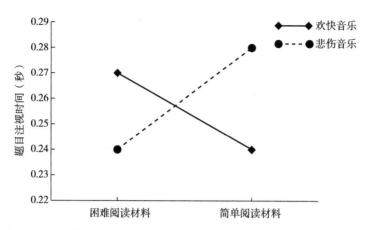

图 1-6　阅读材料难度和背景音乐类型在题目注视时间上的交互作用

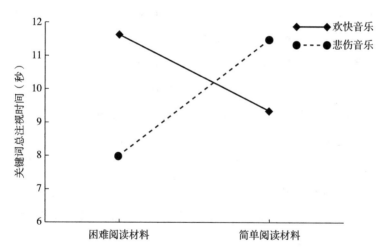

**图 1-7　阅读材料难度和背景音乐类型在关键词总注视时间上的
　　　　交互作用**

（五）讨论

1.阅读材料难度对阅读加工过程的影响

本研究发现，当完成难度较高的阅读理解时，小学生对题目注视次数更多，对题目总访问时间更长，并且与背景音乐的有无及类型无关。无论播放欢快音乐还是悲伤音乐，被试对高难度阅读材料中的关键句首次进入时间更长、关键句首次进入前注视点个数更多。以往研究也发现了类似结果，阅读困难材料时的注视次数增多。[1]而注视点和访问次数的数量越多就表示目标区域内的阅读材料对被试的认知负荷越大。认知负荷是指学习者为了完成特定的任务，进行信息加工所需要耗费的认知资源总量。学习材料的复杂性和材料的组织呈现方式都会对其产生影响。理解难度较高的材料会占用小学生较多的认知资源，他们对题目的加工次数和加工时间都会增加。此外，阅读材料的难度也会影响被试的知觉广度，阅读困难材料时的知觉广度更小。[2]也就是说，小学生阅读较难的文章时其知觉范围较小，从开始阅读到知觉到关键句的持续时间较长，所以小学生搜寻到关键句之前的注视点个数也会随之增加。这提示困难的阅读材料会阻碍对关键句的早期加工。因此，教师准备的阅

---

[1] HENDERSON J M, FERREIR, F. Effects of foveal processing difficulty on the perceptual span in reading: implications for attention and eye movement control [J]. Journal of Experimental Psychology: Learning, Memory, and Cognition, 1990, 16 (3): 417–429; 伏干. 材料难易度对汉语阅读活动影响的眼动研究 [J]. 心理研究, 2012, 5 (5): 39–45.

[2] RAYNER K. Eye movements and the perceptual span in beginning and skilled readers [J]. Journal of Experimental Child Psychology, 1986, 41 (2): 211–236.

读材料要尽可能符合小学生当前的认知水平和阅读理解能力，避免学生认知负荷的超载。

2.背景音乐对阅读加工过程的影响

本研究还发现，与安静环境相比，被试在有背景音乐的情况下对关键词的注视次数更少。阅读困难材料时，在有背景音乐条件下关键词的首次注视时间短于安静环境下的首次注视时间。音乐可以改变大脑的觉醒状态，促进个体的工作记忆效果，此时大脑参与认知加工的部位增加，所以阅读时每次注视加工的信息量也会增多，注视次数随之减少，进而阅读速度就会加快。在阅读过程中，首次注视时间反映了对词汇特征的敏感程度，首次注视时间变长说明阅读者对词语的首次加工遇到了困难。与没有背景音乐的条件相比，有背景音乐时加工较难的阅读材料，小学生对关键词的首次注视时间更短，说明在这种条件下对关键词更敏感，背景音乐对小学生起到了积极的觉醒作用，促进了他们在困难任务中对关键词的早期加工。而对于简单阅读材料，却没有发现这一现象。认知资源有限理论认为，人的认知资源是有限的，小学生在完成阅读理解的同时对背景音乐进行加工，会影响他们的注意力资源分配和工作记忆等认知功能。❶但由于简单任务的认知负荷较低，占据较少的认知资源，此时背景音乐带来的积极促进作用就显得不再重要。同时，本研究并未发现背景音乐及其情绪类型对阅读理解

---

❶ TREISMAN A. How the deployment of attention determines what we see [J] . Visual Cognition, 2006, 14 (4–8): 411–443；郁林瀚，肖凯文，段锦云 . 音乐对行为决策的影响：作用机制和理论基础 [J] . 心理研究, 2018, 11 (1): 3–14.

得分有显著影响，这可能是由于本研究选用的背景音乐是没有歌词的钢琴曲，与带歌词的背景音乐曲目相比，纯音乐不具备语义信息，对被试完成阅读理解不会产生语言上的干扰。

3. 背景音乐情绪对阅读加工过程的影响

本研究更重要的发现是，播放欢快背景音乐时，小学生对关键句的首次进入时间和首次进入前注视点个数均较少；在阅读简单材料时播放欢快的背景音乐，小学生对题目的注视时间更短；当播放悲伤的背景音乐时，小学生对困难阅读材料的关键词总注视时间更短。以上结果表明，在欢快背景音乐的条件下，小学生识别到关键句的速度更快，更早注意到了关键句，这提示欢快的背景音乐能够促进对关键句的早期加工。而且在阅读简单材料时播放欢快的背景音乐能够缩短对题目的注视时间，表明小学生从事相对简单的任务时，欢快的音乐会加快对题目的识别过程，提高效率。积极情绪扩展–建构理论认为，欢乐积极的情绪能扩大个体的注意力认知范围，增强完成认知活动时的思维灵活性。❶因此欢快音乐带来的积极情绪对小学生阅读加工过程起到促进作用，伴随着欢快背景音乐完成占用认知资源较少的简单阅读，也就加快了对题目的识别过程。除此以外，更有趣的发现是，小学生聆听悲伤音乐时对困难材料的总注视时间更短，这直接反映了他们对关键词的加工需要更

---

❶ FREDRICKSON B L, BRANIGAN C. Positive emotions broaden the scope of attention and thought–action repertoires［J］. Cognition & Emotion, 2005, 19（3）: 313–332.

短的时间。❶有研究发现，沉浸在传达悲伤的音乐作品中，会产生强烈的积极状态，比如专注。❷也就是说，悲伤的背景音乐会让小学生更加平静和专注，这种状态有助于小学生集中注意加工认知负荷较高的困难阅读，进而避免出现因阅读材料难度较高造成的"心不在焉"现象。对于仅需较少认知资源就能解决的简单阅读，却发现听悲伤背景音乐时对关键词的加工时间更长。这可能是由于悲伤音乐使小学生沉浸在深沉、专注的状态，反倒不利于简单阅读材料的快速加工，对关键词的加工时间更长，因此悲伤背景音乐更有利于对困难阅读材料的加工。

（六）教育建议

1. 在语文阅读教学中恰当地使用音乐

在中小学的课堂教学中，许多语文教师会在新授课时使用音乐作为教学手段来丰富教学形式，完成课堂的教学内容，达到教学目标，更好地帮助学生学习新知识。本研究实验结果表明，欢快的背景音乐可以促进学生的认知，有助于他们对新知识的理解和掌握。因此教师可以在课堂上多使用欢快的音乐作为背景音乐，使课堂整体处于生动有趣的环境氛围。但是不能为了烘托课堂气氛而滥用背景音乐，要根据教学内容恰当合理地使用背景音乐。

❶ 陈丽君, 郑雪. 大学生问题发现过程的眼动研究［J］. 心理学报, 2014, 46（3）: 367-384.
❷ SACHS M E, DAMASIO A, HABIBI A. Unique personality profiles predict when and why sad music is enjoyed［J］. Psychology of Music, 2020, 49（5）: 1145-1164.

　　音乐作为一种媒介，可以使学生更加靠近书本上的内容，同时可以通过这一媒介培养学生良好的语文素养。例如，语文教师在讲授语文人教版四年级上册《白鹅》一课时，在导入环节就可以采用较为欢快的背景音乐，这不仅可以给本课的学习奠定一个轻松活泼的基调，让学生沉浸在欢快的音乐中，调动学生积极的情绪，还可以在音乐的衬托下帮助学生感受到文章中白鹅的可爱与憨态可掬，在认知方面促进学生更快更好地学习本文的内容。

　　2. 创设以积极音乐为背景的阅读环境

　　阅读是在语文甚至其他学科学习中都不可或缺的一种能力，而小学时期又是培养学生阅读能力的关键时期。在小学阶段，不仅要培养学生热爱阅读的好习惯，还要教会学生如何学会阅读。根据本研究的发现，与无音乐的条件相比，有音乐的条件下学生对阅读的理解更好。欢快的音乐可以促进学生的阅读理解，帮助学生理解阅读文本的中心思想与情感内容。因此，在课堂上的阅读过程中可以恰当地使用音乐来培养阅读能力。

　　此外，小学生不仅在课堂上参与阅读，而且还会在课余时间阅读课外书籍。所以在小学生课后阅读的过程中，可以选择积极的曲目作为背景音乐，创设一个积极情绪的阅读环境，唤起学生积极的情绪，帮助学生掌握书籍内容，使学生能真正热爱阅读。并且，对于高年级学生来说，阅读纯文本的课外读物会有些枯燥，而加入背景音乐，可以吸引学生的兴趣，使学生对书中内容引发丰富有趣的想象，让学生能更加愿意投入课外读物的世界中。

3.课间为学生营造欢快的阅读氛围

从相关的研究中可以发现，欢快的音乐可以唤醒学生的积极情绪，促进其认知加工。所以，在每节课课间休息的时候，教师可以让学生多听一些欢快的钢琴曲，激起学生的积极心理。积极心理对学生课间的阅读以及接下来课程的学习都有一定的帮助，有利于学生学习效率的增加，促进其对学习内容的认知加工。本研究通过实验发现，欢快的背景音乐特别有助于简单阅读材料的加工，因此在课间播放欢快的音乐，有助于学生在短时间内完成一些简单的阅读任务。

第二章　发展性阅读障碍儿童的阅读与认知的特点

一、发展性阅读障碍儿童对手写字迹的加工

词汇识别也称词汇通达，是指人们通过视觉和听觉，接受输入的字形、语音信息，并提取相应语义的过程。[1] 一般来讲，词汇识别对个体理解文本和阅读等认知技能的发展产生基础性影响。[2] 有研究发现手写字对词汇识别的促进作用更显著，具体表现为相比打印字，个体对手写字的字形识别和字义理解更加准确。[3] 研究者猜测这是因为个体在手写字的过程中会对文字产生视觉空间记忆和书写运动记忆。[4] 这些记忆会在

---

[1] 陈宝国，彭聃龄. 词义通达的三种理论模型及研究简介［J］. 心理学探新，2000（1）：42-46.

[2] 闫国利，张莉，李赛男，等. 国外儿童词汇识别发展眼动研究的新进展［J］. 心理科学，2018，41（2）：351-356.

[3] GUAN C Q, PERFETTI C A, MENG W. Writing quality predicts Chinese learning［J］. Reading and Writing, 2015, 28（6）：763-795.

[4] CAO F, VU M, LUNG D H, et al. Writing affects the brain network of reading in Chinese：a functional magnetic resonance imaging study［J］. Human Brain Mapping, 2013, 34（7）：1670-1684.

个体再次识别文字时给予提示，实现对手写字的快速识别。❶神经影像学的证据也表明，手写字条件下激活的大脑区域数量更多，程度更高，能够调动更多的认知资源。比如，个体大脑的右半球和左半球的视觉字形分析区（Visual Word Form Area，VWFA）对手写字字形的感知速度更快，使得个体能够更快地识别手写字。

汉字作为最小的阅读单元，是字形、字音和字义的统一体。词汇识别的过程则包含了对字形、字音和字义的识别加工。针对手写汉字的研究表明，与打印汉字相比，手写汉字在不同程度上促进了字音、字义和字形的识别加工。具体来说，个体在识别手写字时会激活涉及字音加工的双侧颞中回，字义加工的右侧额叶中央前回和初级运动皮层，以及字形加工的左侧梭状回和左侧 VWFA。此外，也有研究发现手写汉字对字形、字音、字义识别的促进作用是有差异的，具体表现为手写汉字只对字形和字义识别的促进效果较好，在字音识别上则较差。❷研究者推测可能是手写汉字和字音之间的映射关系较差所导致。但是，也有研究发现在字音识别方面，相较于手写汉字的表现不佳，打印汉字则在字音识别上表现出显著优势。❸因此，手写汉字对汉字的字形、字音、字义识别是否都能产生

❶ 李文辉.汉字书写对阅读的影响及其认知神经机制［D］.大连：辽宁师范大学，2014.

❷ GUAN C Q, LIU Y, CHAN D H L, et al. Writing strengthens or thography and alphabetic-coding strengthens phonology in learning to read Chinese［J］. Journal of Educational Psychology, 2011, 103（3）: 509.

❸ LYU B, LAI C, LIN C H, et al. Comparison studies of typing and handwriting in Chinese language learning: a synthetic review［J］. International Journal of Educational Research, 2021, 106: 101740.

促进作用仍需要进一步研究。

除此之外，手写字能否促进阅读障碍儿童词汇识别的问题也引起了很多研究者的兴趣。以往研究发现阅读障碍儿童的字形、字音、字义识别成绩显著低于普通儿童。对普通儿童的研究发现，练习手写字能够有效提升其词汇识别水平。❶因此，手写字是否能够促进阅读障碍儿童的词汇识别引起了部分研究者的关注。针对英语阅读障碍儿童的研究发现，被试对手写字的识别效果更好，表现为对字形、字音、字义的识别速度更快，正确率更高，说明手写字能有效促进英语阅读障碍儿童的词汇识别。关于汉语阅读障碍儿童手写字识别的研究并不多，并且中文与英文之间存在巨大差异，因此手写汉字能否促进词汇识别仍需进一步探究。不过以往有研究发现，在阅读障碍儿童群体中，让被试先接受一段时间的手写字训练后，再去识别手写汉字，被试的字形和字义识别成绩有明显提升。❷因此，这也预示着汉语阅读障碍儿童对手写字的识别可能也存在一定优势。

阅读障碍是一种伴随个体终身的学习障碍，对个体生活和学习都有较大的影响。有研究发现，小学三年级和初中二年级的阅读障碍学生都存在语音识别缺陷，表现为无法正常识别细

---

❶ VINTER A, CHARTREL E. Effects of different types of learning on handwriting movements in young children [J]. Learning and Instruction, 2010, 20 (6): 476–486.

❷ MCBRIDE-CHANG C, CHUNG K K H, TONG X. Copying skills in relation to word reading and writing in Chinese children with and without dyslexia [J]. Journal of Experimental Child Psychology, 2011, 110 (3): 422–433.

小语音单元；同时，小学三年级阅读障碍学生对汉字字形的整体知觉和细节加工存在显著缺陷，初中二年级阅读障碍学生在汉字字形整体知觉上虽然有所进步，但是在字形细节加工方面仍然存在困难，初中二年级阅读障碍学生的语义识别成绩甚至略低于小学三年级儿童。该研究说明汉语阅读障碍儿童的字形、字音和字义识别困难并不能随着年龄增长而有所改善。❶针对二、四、六三个年级阅读障碍儿童的研究发现，其字形和语义识别成绩随年级提升而不断提高，但是不同年级间的字音识别成绩存在较大差异，表现为声母辨认六年级最差，韵母辨认四年级最差。❷目前对于阅读障碍儿童识别汉字的字形、字音和字义表现是否随年龄增加而有所改善尚未达成统一意见，探究不同年级阅读障碍儿童的汉字识别特点对于研制阅读障碍的矫正方案，促进阅读障碍儿童的学习发展有较大价值。

　　针对阅读障碍儿童的词汇识别困难，以往研究主要采用启动实验范式，如字形启动、字音启动和字义启动等。❸这些研究主要关注阅读障碍儿童对打印字的识别特点，针对手写字的研究又多以正常个体为研究对象。因此，专门考察手写字对阅读障碍儿童词汇识别促进作用的研究较为有限，有待进一步探究。综上所述，以往研究对汉语阅读障碍儿童对手写汉字识别

---

❶ 邹艳春.汉语学生发展性阅读障碍的信息加工特点研究［D］.广州：华南师范大学，2003.

❷ 李轶楠.发展性阅读障碍儿童音、形、义加工特点［D］.大连：辽宁师范大学，2013.

❸ 吴汉荣，邹宇量.阅读障碍儿童汉字字形、字音和字义启动效应［J］.中国心理卫生杂志，2008（8）：559-563.

比打印字识别更有优势未能完全揭示，特别是手写汉字对其字形、字音和字义识别加工的差异仍有待深入研究。本研究拟采用启动实验考察手写汉字和打印汉字对汉语阅读障碍儿童与普通儿童的词汇识别能力的不同作用，从而进一步探讨手写汉字对汉语阅读障碍儿童的词汇识别的促进作用，以期对汉语阅读障碍儿童的词汇识别能力提升和认知技能发展提供思路。

（一）研究被试

本研究随机选取沈阳市一所小学 3—6 年级的学生作为被试。实验组为阅读障碍儿童，具体筛选标准为：（1）采用《小学生识字量测试题库及评价量表》测查识字量，根据阅读障碍儿童筛选表给定的年级标准水平，筛选出识字量低于平均值 1.5 个标准差的学生；（2）筛选出连续两个学期的语文期末成绩均位于全班后 5% 的学生；（3）采用《联合瑞文推理测验修订版》❶对学生的智力进行测查，总分高于常模的 25% 即为智力正常；（4）由班主任填写修订版《学习障碍筛查量表》❷对候选被试进行评定，问卷总分低于 60 分即确定为阅读障碍儿童入选。同时符合四条标准的学生入选实验组，实验组被试第一语言都是汉语，右利手，身心健康，视力或矫正视力正常。

根据识字量随机筛选出识字水平正常的学生形成控制组。

最终，共筛选出 104 名被试，实际参加实验的学生为 101

❶ 参见：王栋，钱明．联合型瑞文测验中国儿童常模（CRT–C2）的再标准化［C］// 全国心理学学术会议文摘选集．北京：中国心理学会，1997：257–258.

❷ 参见：静进，海燕，邓桂芬，等．学习障碍筛查量表的修订与评价［J］．中华儿童保健杂志，1998（3）：197–200.

名，淘汰极端数据者 2 名，因此本次实验有效被试为 99 名。其中实验组为阅读障碍儿童，共 45 名（男生 28 名，女生 17 名），控制组为普通儿童，共 54 名（男生 23 名，女生 31 名）。被试年级和性别具体分布见表 2-1。

表 2-1　被试年级和性别分布情况

（单位：名）

年级	普通儿童		阅读障碍儿童		合计
	男	女	男	女	
三年级	4	6	9	5	24
四年级	8	7	8	4	27
五年级	5	10	7	6	28
六年级	6	8	4	2	20
合　计	23	31	28	17	99

（二）实验设计

采用 2（被试类别：普通儿童，阅读障碍儿童）×2（字迹类型：打印字迹，手写字迹）×4（启动类型：字形，字音，字义，无关）×2（年级：3—4 年级，5—6 年级）的混合实验设计。其中，组间变量为被试类别和年级，组内变量为字迹类型和启动类型。因变量为被试的正确率和反应时。

（三）实验材料

刺激材料的筛选：首先，从小学 1—3 年级所用语文课本中筛选出 3—6 年级学生认识的高频字以及语文课本中的常见字，共得到 140 个汉字字对。其中 80 个汉字字对作为实验刺激材料，其余 60 个汉字字对作为填充刺激材料。

刺激材料的评定：采用方便取样选取 30 名不参与实验的学生对所选字对进行评定，主试在评定任务开始前说明评定要求，启动字和目标字的字义均需与动物无关。确保每名被试都理解评定要求后，让被试对所筛选的形似字对、音同字对、义近字对、无关字对进行 Likert 7 点等级主观评估，"1"为非常不相关，"7"为非常相关。最后，为排除汉字笔画、部件和字频等无关变量带来的影响，对各启动类型目标字的笔画、部件和字频进行单因素方差分析，发现所选目标字的笔画、部件、字频均不存在显著性差异（$P > 0.05$）。具体结果见表 2-2。

表 2-2　四种启动条件下目标字的匹配情况（$M \pm SD$）

分类	形似字	音同字	义近字	无关字	F
笔画	7.05 ± 1.94	8.15 ± 0.08	8.05 ± 0.13	7.30 ± 1.32	2.28
部件	2.20 ± 0.39	2.31 ± 0.52	2.25 ± 0.75	2.45 ± 0.56	2.34
字频	0.19 ± 0.36	0.15 ± 0.33	0.14 ± 0.06	0.07 ± 0.17	1.15

本实验所使用的材料分为手写字迹和打印字迹。第一种为小学书法教师的手写字迹，对其进行扫描制成电子版，使用 Photoshop 软件对其进行裁剪。第二种为电脑打印字迹，字体大小为宋体字 72 号。两种字迹裁剪后大小保持一致。手写字迹和打印字迹条件下，形似字、音同字、义近字、无关字四种启动类型的目标字的笔画、部件、字频独立样本 t 检验结果均不存在显著性差异（$P > 0.05$）。

（四）实验程序

实验在小学四楼机房进行，光线合适且环境安静，有效避免噪音对被试的干扰。实验程序由 E-prime 实验软件编写并呈现，每名学生一台电脑，被试的眼睛与电脑屏幕中心的距离为 70 cm。整个实验分为实验练习阶段和正式测验阶段。在进行实验之前，测试者为每位学生打开实验程序并告知实验要求，为保护阅读障碍儿童的自尊心，测试者安排同年级的两类被试一起测试，提前对被试进行编号以避免信息混淆。

实验练习阶段：被试阅读屏幕中央的指导语，指导语内容为一些字对，第一个字为启动字，第二个字为目标字，被试需要判断目标字是否表示动物。"是"按"1"，"否"按"2"。被试在读懂指导语后进入实验练习阶段，需要 100% 正确完成练习实验，才能开始正式实验，在练习过程中主试可以对被试作出适当的指导。

正式测验阶段：首先，在屏幕中央呈现 200 ms 的注视点"+"；随后，在屏幕中央呈现 300 ms 的启动刺激，然后呈现 200 ms 的空屏；接着，在屏幕中央随机呈现 3000 ms 的目标刺激，被试判断目标字是否表示动物，"是"按"1"，"否"按"2"；若 3000 ms 过后被试无反应，目标字会自动消失，按"错误"记录此次反应。具体实验程序示意见图 2-1。

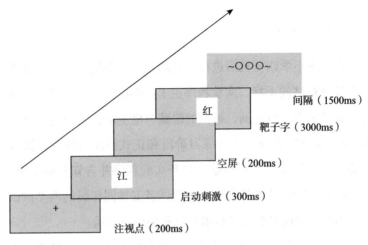

间隔（1500ms）

靶子字（3000ms）

空屏（200ms）

启动刺激（300ms）

注视点（200ms）

图 2-1　实验程序示意

（五）数据处理

采用 SPSS 22.0 对数据进行分析，参考以往研究❶，剔除小于 2% 的极端数值，计量数据符合正态分布，用 $M \pm SD$ 表示。$P < 0.05$ 为差异具有统计学意义。本研究主要采用方差分析和 t 检验等统计方法。

（六）研究结果

1. 正确率的结果

本研究对正确率数据进行 2（被试类别：普通儿童，阅读障碍儿童）×2（字迹类型：打印字迹，手写字迹）×4（启

---

❶ 王超群，易阳，董选，等.汉语发展性阅读困难儿童的语义启动加工研究［J］.中华行为医学与脑科学杂志，2021，30（2）：150–156.

动类型：字形，字音，字义，无关）×2（年级：3 — 4 年级，
5 — 6 年级）的重复测量方差分析，结果显示：

被试类别主效应显著 $[F(1,95)=19.30,P<0.05,$
$\eta_P^2=0.17]$，普通儿童的正确率（0.90 ± 0.02）比阅读障碍儿
童（0.82 ± 0.02）高。字迹类型主效应显著 $[F(1,95)=8.81,$
$P<0.05,\ \eta_P^2=0.09]$，手写字迹的正确率（0.88 ± 0.01）比
打印字迹（0.86 ± 0.01）高。年级主效应不显著 $[F(1,$
$95)=0.15,P>0.05,\ \eta_P^2=0.00]$。启动类型主效应显著 $[F$
$(3,285)=4.45,P<0.05,\ \eta_P^2=0.05]$，进一步事后比较结果发
现，字形（0.88 ± 0.14）、字音（0.88 ± 0.15）的启动效应均比
无关（0.85 ± 0.16）高，且差异显著（$P<0.05$）。其余类型之
间差异均不显著（$P>0.05$）。

被试类别和字迹类型的交互作用显著 $[F(1,95)=4.06,$
$P<0.05,\ \eta_P^2=0.04]$。进一步简单效应检验发现：普通
儿童识别手写字迹的正确率（0.93 ± 0.06）比识别打印字
迹（0.89 ± 0.05）高，且差异显著（$P<0.05$）。阅读障碍儿
童识别手写字迹的正确率（0.83 ± 0.15）比识别打印字迹
（0.76 ± 0.17）高，且差异显著（$P<0.05$）。

字迹类型与启动类型的交互效应显著 $[F(3,285)=3.12,$
$P<0.05,\ \eta_P^2=0.03]$。进一步简单效应检验发现：在义
近字对中，手写字迹的正确率（0.90 ± 0.14）比打印字迹
（0.84 ± 0.16）高，且差异显著（$P<0.05$）。而手写字迹和打
印字迹对字形、字音的识别均无显著性差异。具体结果见表
2–3。

表 2–3　不同字迹类型对各启动类型正确率的影响（$M \pm SD$）

分类	手写字迹	打印字迹	t
形似字对	0.88 ± 0.13	0.90 ± 0.14	0.90
音同字对	0.90 ± 0.13	0.90 ± 0.17	−1.46
义近字对	0.90 ± 0.14	0.84 ± 0.16	−4.06***
无关字对	0.86 ± 0.16	0.84 ± 0.15	−1.47

注：*$P<0.05$，**$P<0.01$，***$P<0.001$。

字迹类型、被试类别、启动类型的三因素交互作用显著 [$F（3，285）= 3.20$，$P < 0.05$，$\eta_P^2 = 0.03$]。进一步简单简单效应检验发现：普通儿童在形似字对和音同字对中，手写字迹的正确率和打印字迹均无显著性差异（$P > 0.05$）。在义近字对中，手写字迹的正确率（0.94 ± 0.08）比打印字迹（0.87 ± 0.10）高，且差异显著（$P < 0.05$）。阅读障碍儿童在形似字对中，手写字迹的正确率和打印字迹无显著性差异（$P > 0.05$）。在音同字对中，手写字迹的正确率（0.85 ± 0.16）比打印字迹（0.80 ± 0.21）高，且差异显著（$P < 0.05$）。在义近字对中，手写字迹的正确率（0.84 ± 0.19）比打印字迹（0.80 ± 0.19）高，且差异显著（$P<0.05$）。表明手写字迹能有效促进阅读障碍儿童对字音和字义的识别。

被试类别、年级、启动类型的三因素交互作用显著 [$F（3，285）=3.34$，$P < 0.05$，$\eta_P^2 = 0.03$]。进一步简单简单效应检验发现：3—4年级和5—6年级的普通儿童在正确率上各启动类型主效应显著（$P < 0.05$）。3—4年级的阅读障碍儿童在正确率上各启动类型的主效应均不显著（$P > 0.05$）；

5—6 年级的阅读障碍儿童在正确率上各启动类型主效应显著（$P < 0.05$）。具体结果见表 2-4。

表 2-4　各年级普通儿童和阅读障碍儿童各启动类型汉字识别
正确率结果（$M \pm SD$）

	分类	形似字	音同字	义近字	无关字	F
普通儿童	3—4 年级	0.93 ± 0.15	0.94 ± 0.01	0.89 ± 0.13	0.90 ± 0.14	3.85*
	5—6 年级	0.93 ± 0.01	0.92 ± 0.01	0.93 ± 0.15	0.89 ± 0.13	3.80*
阅读障碍儿童	3—4 年级	0.80 ± 0.03	0.79 ± 0.37	0.81 ± 0.35	0.79 ± 0.39	0.39
	5—6 年级	0.87 ± 0.03	0.87 ± 0.32	0.82 ± 0.04	0.82 ± 0.43	3.41*

注：*$P<0.05$，**$P<0.01$，***$P<0.001$。

2. 反应时的结果

本研究对反应时数据同样进行重复测量方差分析，结果显示：被试类别主效应显著 [$F(1,95)$ =11.86，$P < 0.05$，$\eta_{P}^{2} = 0.11$]，普通儿童的反应时（1007.47 ± 13.20）比阅读障碍儿童（1202.88 ± 14.59）少；年级主效应不显著 [$F(1,95) = 4.91$，$P > 0.05$，$\eta_{P}^{2} = 0.05$]；字迹类型主效应显著 [$F(1,95)$ =5.47，$P < 0.05$，$\eta_{P}^{2} = 0.05$]，手写字迹的反应时（1095.45 ± 17.45）比打印字迹（1134.91 ± 17.10）少；启动类型主效应显著 [$F(3,285)$ =7.27，$P < 0.05$，$\eta_{P}^{2} = 0.07$]，除字形和字音的启动效应之间无显著差异外，其余均存在显著性

差异。进一步分析发现：

被试类别和字迹类型的交互作用显著 $[F(1, 95) = 8.34$，$P < 0.05$，$\eta_{\text{P}}^2 = 0.08]$。进一步简单效应检验发现：普通儿童识别手写字迹和打印字迹的反应时无显著性差异（$P > 0.05$）。阅读障碍儿童识别手写字迹的反应时（1146.01 ± 23.98）比打印字迹（1208.07 ± 24.75）少（$P < 0.05$），表明手写字迹能有效促进汉语阅读障碍儿童进行词汇识别。

字迹类型和启动类型的交互作用显著 $[F(3, 285) = 13.50$，$P < 0.05$，$\eta_{\text{P}}^2 = 0.12]$。进一步简单效应检验发现：被试识别手写字迹条件下的字形、字音、字义所用反应时均比打印字迹要少，表明手写字迹能够有效促进词汇识别过程中的字形、字音、字义的识别加工。具体结果见表2–5。

表2–5　反应时上字迹类型和启动类型交互作用分析（$M \pm SD$）

分类	手写字迹	打印字迹	t
形似字对	1035.30 ± 140.26	1095.30 ± 190.34	3.16**
音同字对	1071.71 ± 167.76	1144.51 ± 209.06	4.24***
义近字对	1008.60 ± 162.72	1090.66 ± 158.31	4.93***
无关字对	1183.16 ± 198.38	1167.86 ± 202.40	–0.98

注：*$P<0.05$，**$P<0.01$，***$P<0.001$。

（七）讨论

1.阅读障碍儿童存在词汇识别困难

本研究的方差分析结果显示，相比普通儿童，阅读障碍儿童识别汉字的正确率明显较低，反应时也明显较多。研究结果证明了阅读障碍儿童的词汇识别能力更差，这与左彭湘等[1]、刘翔平等[2]的观点保持一致。进一步分析发现，3—4年级的阅读障碍儿童的字形、字音、字义识别正确率均较低。随着年级的提升，5—6年级阅读障碍儿童的字形和字音识别正确率有所提高，但字义识别能力仍然较差。同类研究也发现小学三年级和初中二年级的阅读障碍儿童都存在字义识别缺陷，并且年级越高，问题越明显，这与本研究结果一致。关于汉语阅读障碍儿童的字义识别问题，威克斯（Weekes）等认为在汉语阅读中存在独立的词汇语义通路。[3]后续有研究发现相比普通儿童，汉语阅读障碍儿童的词汇语义通路是受损的。[4]同时，在语义不相关条件下，汉语阅读障碍儿童被诱发的N400波幅小于年龄匹配组儿童。[5]总体来说，过往研究均证实汉语阅读障碍儿童存在字义识别缺陷，并且随着年级提升，字义识别问题仍然存在。

2. 手写字更能促进阅读障碍儿童的词汇识别

本研究的方差分析结果显示，相比打印字，两类被试识别手写字的正确率明显更高，反应时明显更少。说明手写字更能

[1] 左彭湘，李增春，吴汉荣.汉语儿童发展性阅读障碍特征研究［J］.现代预防医学，2010，37（16）：3044-3046.

[2] 刘翔平，侯典牧，杨双，等.阅读障碍儿童汉字认知特点研究［J］.心理发展与教育，2004（2）：7-11.

[3] WEEKES B S, CHEN M J, GANG Y W. Anomia without dyslexia in Chinese［J］. Neurocase, 1997, 3（1）: 51-60.

[4] 薛锦，陆建平，杨剑锋，等.规则性、语音意识、语义对汉语阅读障碍者阅读的影响［J］.中国特殊教育，2008（11）：44-49.

[5] 王超群，易阳，董选，等.汉语发展性阅读困难儿童的语义启动加工研究［J］.中华行为医学与脑科学杂志，2021，30（2）：150-156.

促进个体的词汇识别，这与曹（Cao）等❶、朗坎普（Longcamp）等❷的研究结果一致。李文辉发现相比打印字，个体在识别手写字时被诱发的 P200 的波幅更小，说明手写字消耗的认知资源更少；以及在手写字条件下个体被诱发的 N400 波幅比打印字更大，说明个体对手写字的加工程度更深。❸

继续分析发现，相比打印字，阅读障碍儿童识别手写汉字的正确率更高，反应时更少。研究结果验证了手写汉字更能促进阅读障碍儿童词汇识别的假设，这与麦克布莱德－张（McBride-Chang）等❹的研究结果一致。进一步分析发现，手写汉字只对阅读障碍儿童的字音和字义识别有显著促进作用，字形识别则没有。麦克布莱德－张等的研究则发现手写汉字对汉语阅读障碍儿童的字形和字义识别有所促进，这与本研究结果不一致。个体在识别汉字的过程中，初期以特征加工为主，随时间增加过渡到整体加工。❺对手写汉字的研究发现，作为构成字形重要因素的笔画，在个体进行词汇识别过程中的作用

❶ CAO F, VU M, LUNG C D H, et al. Writing affects the brain network of reading in Chinese: a functional magnetic resonance imaging study [J]. Human Brain Mapping, 2013, 34（7）: 1670-1684.

❷ LONGCAMP M, ZERBATO-POUDOU M T, VELAY J L. The influence of writing practice on letter recognition in preschool children: a comparison between handwriting and typing [J]. Acta Psychologica, 2005, 119（1）: 67-79.

❸ 李文辉. 汉字书写对阅读的影响及其认知神经机制 [D]. 大连: 辽宁师范大学, 2014.

❹ MCBRIDE-CHANG C, CHUNG K K H, TONG X. Copying skills in relation to word reading and writing in Chinese children with and without dyslexia [J]. Journal of Experimental Child Psychology, 2011, 110（3）: 422-433.

❺ 常玉林, 王丹烁, 周蔚. 字形判断过程中的整体与局部优先效应: 来自反应时和眼动指标的证据 [J]. 心理科学, 2016, 39（5）: 1040-1044.

过于微小，说明手写汉字无法促进个体对字形的识别。另外，关于字迹类型的研究表明，字迹相似程度越高，个体需要获取和区分的字体特征信息随之增多，反应时也就越多。本研究中的打印汉字为宋体字，手写汉字近似楷体字，两种字迹特征相近，可能使得被试无法快速识别字形并区分其中的差异。在本研究中，阅读障碍儿童首先接收到字形的刺激，进而激活对应的脑区和汉字的工作记忆，对字音和字义进行加工。由于手写字和打印字存在相似的视觉特征，视觉刺激量较少，使得阅读障碍儿童无法在有限的时间内对字形进行深入的识别加工，结果表现为手写汉字和打印汉字对阅读障碍儿童在字形识别方面均不存在显著性差异。

关于手写汉字对阅读障碍儿童的字音和字义识别的促进作用，有研究发现个体对文本的熟悉度会显著影响识别成绩。❶本研究中实验材料所用汉字主要选自小学 1—3 年级语文教材，少部分汉字是 3—6 年级小学生认识的高频字以及语文教材中的常见字，阅读障碍儿童均学习过这些汉字的字音和字义。同时，以往研究发现练习手写汉字与识别手写汉字之间存在正向关系。❷本研究中阅读障碍儿童在小学低年级阶段均接受过大量手写汉字练习，积累了大量对手写汉字的视觉空间记忆和书写运动记忆，建立了对手写汉字的长期记忆表征，使得阅读

---

❶ PAK A K H, CHENG–LAI A, TSO I F, et al. Visual chunking skills of Hong Kong children［J］. Reading and Writing, 2005, 18（5）: 437–454.

❷ CHAN D W, HO C S H, TSANG S M, et al. Exploring the reading‒writing connection in Chinese children with dyslexia in Hong Kong［J］. Reading and Writing, 2006, 19（6）: 543–561.

障碍儿童在看到手写汉字后能够正确且快速地识别出字音和字义。

（八）教育建议

1. 改变教师和家长对阅读障碍的陈旧认知

鉴于阅读障碍对学生身心发展影响的重要性，学校可选择邀请心理学专业人士针对在职教师进行阅读障碍知识的讲座，同时宣讲不同年级儿童的阅读障碍特点，使教师系统了解汉语发展性阅读障碍的发生机制及相应表现，纠正其对阅读障碍儿童的偏见，发现并报告阅读障碍儿童，及时采取矫正措施帮助阅读障碍儿童。

借助识字量测试和阅读障碍筛查量表等手段，确定阅读障碍学生，教师可以在日常教学活动中对其汉字学习进行教学干预，这要求教师对阅读障碍干预相关理论具有一定深度的理解，根据不同年级的阅读障碍儿童表现出的字形、字音和字义识别问题制订专属干预方案。教师也可以在阅读障碍儿童群体中组织识字比赛，给学生提供表达的机会和路径，构建良好的竞争学习氛围。

家长作为陪伴阅读障碍儿童时间较长的人员，如果对阅读障碍产生错误的认识，可能会使阅读障碍儿童错过最佳矫正时间，扩大与同龄普通儿童的学习差距，影响阅读障碍儿童的身心健康发展。有研究发现，多数家长认为孩子成绩低下是因为其学习态度不认真，而非阅读障碍。❶学校应借助"家长会"等途径向儿童家长讲授阅读障碍问题及其危害，改变家长对于阅读障碍的错误理解。

家长在系统了解阅读障碍后，应认识到其矫正改善需要定量的练习和引导，还应培养儿童自信。阅读障碍儿童由于在识字量和汉字学习方面落后于同龄普通儿童，可能会在学习过程中积累负面情绪，进而怀疑自己的能力，丧失学习信心。对于低年级的阅读障碍儿童，家长可以选择陪伴儿童一起学习正确的汉字书写方式，了解不同汉字的字形、字音和字义，使阅读障碍儿童建立起对汉字的基本认知。家长在伴学过程中可以借助"故事教学"的形式，例如，将雨、雪、霜、雷等具有相同部件的汉字编成童话故事，方便儿童加深记忆。对于高年级的阅读障碍儿童，家长应及时关注儿童的情绪变化，通过"辅导作业"或"亲子阅读"等方式了解问题，引导阅读障碍儿童正确归因。总之，要采取合理有效的汉字学习方法，逐步改善阅读障碍儿童阅读困难问题，重新建立其对汉字学习的信心。

2. 加强汉语阅读障碍儿童的正字法、语音意识和字义理解训练

本研究显示汉语阅读障碍儿童的词汇识别能力较差，字形、字音和字义识别能力均落后于同龄普通儿童。因此教师在教学过程中需要及时发现汉语阅读障碍儿童的异常表现，对其进行针对性训练和矫正练习。

---

❶ 陈金妹.小学三年级汉语发展性阅读障碍干预研究［D］.福州：福建师范大学，2020.

首先，教师可以借助多媒体设备展示汉字的正字法结构，通过游戏的方式让阅读障碍儿童理解汉字的部件、声旁和形旁等。其次，教师在教授汉字字音时，可以先让阅读障碍儿童回忆汉字的基本结构，引导学生了解多数汉字都是形声字这一知识点。多数汉字可以拆分成形旁和声旁，学生通过声旁学习某个汉字的正确读音。教师带领阅读障碍儿童分析声旁的特定规律以及对应的读音，最终使阅读障碍儿童掌握字音知识。最后，在学习汉字字义的过程中，教师可以借助"形—义"或"音—义"对应的规律，将汉字拆解为若干单元，详细解释汉字某一部分对应的意义，让阅读障碍儿童真正理解汉字字义。

通过有意义教学，教师可以引导阅读障碍儿童实现对汉字字形的记忆，掌握汉字发音原理，深刻理解汉字字义，从而提升阅读障碍儿童词汇识别能力和阅读理解水平。

3. 丰富教学手段并增加手写字使用机会

首先，教师在教学过程中应尽可能坚持手写板书，通过手写汉字的过程向学生动态展现汉字部件的构成，以游戏或比赛的方式让学生回答字音和字义，从而加深学生对汉字的认知。其次，教师可以在多媒体设备上书写汉字并放大，对学生形成强烈的感官刺激，使其能够更加清楚地了解汉字结构及其意义。最后，教师应和阅读障碍儿童家长积极合作，告知家长应耐心指导儿童的识字学习活动，开展亲子识字游戏，降低阅读障碍儿童的负面情绪，实现寓教于乐。

教师在进行全新的汉字教学前，由于学生的学习基础以及对所要学习内容的预习程度存在差异，因此，教师应该科学分配教学时间，在保证教学任务完成度的基础之上，尽量留出一定时间供学生讨论本节课堂的缺憾，或者采用的教学策略是否达到了预期学习效果。教师可以以多数学生具有的相似生活经历为引子，引导学生自由发表意见，鼓励学生以本节课堂新学习的内容进行语言或文字书写表达，这样可能更容易使学生记住新学的内容。同时，小学一节课的教学时间一般为四十分钟，随着时间的推移，学生难免出现注意力不集中的情况。所以教师在汉字学习以及教学干预的过程中，可以使用不同颜色的粉笔书写某个汉字的相应间架结构，突出汉字的笔画构成，点出汉字书写易犯的错误，提醒学生汉字书写规范。

　　教师在撰写教学方案之前，可以通过"一对一"的私人访谈或"一对多"的公开访谈，了解学生存在的关于汉字学习的各类问题，然后汇总问题进行生态分析，辅以识字量测试等手段增强数据可信度，科学描画学生的汉字学习生态图像，最后设计出生动有趣、难度适中的教学方案。同时，由于学校制定的教学目标和标准相对固定，对学生提出相同的学习要求，这对于普通儿童可能不会产生明显阻力，但是，由于阅读障碍儿童在汉字学习上表现出普遍落后的特点，普遍的学习目标可能会使其产生畏难心理，抑制学习积极性，无法达到既定学习效果。因此，教师有必要为阅读障碍儿童制定分级学习目标，借助学习软件向阅读障碍儿童发送特定的作业与标准，降低其学习负担。

　　教师在授课班级中可以通过辩论会的形式，组织学生构想寻找不同的汉字学习策略。汉字学习问题在普通儿童和阅读障碍儿童中都有存在，但是阅读障碍儿童的汉字识别困难程度更深，需要矫正的时间更长。一方面，单一学习策略无法适用于所有学生，同时，长时间使用一种学习策略可能造成学生学习倦怠，从而影响汉字学习效果。另一方面，由于学生的生活经验和知识量所限，其构想的汉字学习策略难免存在局限性，可能表现为难以操作或者需要耗费的资源较多。因此，教师应该参与到讨论活动当中，针对学生提供的学习策略进行适当修订，最终汇编成学习策略操作手册，学生可以根据自己的兴趣和实际存在的汉字学习问题，选择适合自身的学习策略，从而有效提升学习成绩。

教学材料的选择对于学生的学习积极性和最终的学习效果有重要影响，有研究发现识字学习的效果与字的笔画数无关，相反，生活化程度越深、使用频率越高的汉字，其学习效果更好，即高频汉字教学有利于学生的识字学习。[1] 因此，教师在课堂中可以结合课文主题提问生活中常见字词，鼓励阅读障碍儿童进行板书，增强其自信心及字词记忆能力。

教学评价是课堂教学质量以及学生一段时间学习效果的必经环节，科学和人性化的评价对于阅读障碍学生的学习自信心的建立有着重要影响。教师应善于使用过程性评价，在日常的课堂教学活动中，组织学生以新学习的汉字进行组词造句练习，鼓励学生尝试手写板书，培养学生的自信心。对于汉字书写错漏之处，教师应以温和的语言及时指出，对于汉字书写正

---

[1] 朱琳. 对小学二年级识字困难儿童的教育干预研究 [D]. 福州：福建师范大学, 2019.

确或规范的情况，教师应和全体学生以鼓掌的方式进行表扬。对于终结性评价，可以考虑创新评价方式，除去正常的语文期中和期末测试，教师可以组织日常汉字默写测试，只提供某个汉字的字音、字义或部分字形，要求学生写出对应汉字，注意字形、字音和字义的考查比例，形成良好的结构效度，达到科学检测学生学习情况的目的。

二、发展性阅读障碍儿童言语工作记忆的特点

发展性阅读障碍是一种特殊的语言学习障碍，发展性阅读障碍者智力正常、不存在明显的神经异常，享受和同龄人平等的教育机会，但是存在语音缺陷、注意缺陷以及阅读理解和字词识别困难等情况。阅读障碍不仅会对个体认知发展、情感发展产生负面影响，而且会影响个体获取外界信息，妨碍个体与社会的有效沟通，从而引发个体的社会适应性问题。因此，发展性阅读障碍受到越来越多的关注。

已有研究显示发展性阅读障碍的出现与工作记忆缺陷密切相关，且阅读活动的顺利进行也需要工作记忆各个成分的参与。工作记忆是指对信息进行短暂的存储和加工，巴德利（Baddeley）提出工作记忆模型包括语音环路、视觉－空间模板、中央执行系统以及情境缓冲器四部分。语音环路又称言语工作记忆，包括语音存贮和发音复述两个部分，主要处理以语音为基础的信息。中央执行系统是工作记忆系统的核心，负责注意资源的协调和策略的选择。情境缓冲器是一个暂时的存贮

系统，与长时记忆有关，具有存贮和整合的功能。❶已有研究认为语音缺陷即语音表征、存储等缺陷，是影响阅读成绩的主要原因。❷如今随着研究的深入则发现视觉空间工作记忆缺陷、中央执行功能障碍、抑制控制认知缺陷等才是发展性阅读障碍的本质原因。❸

言语工作记忆与视觉空间工作记忆是工作记忆模型的子成分，言语工作记忆包括听觉的言语信息和视觉的言语信息，视觉言语信息需要进行形—音转换后进入语音环路。视觉空间工作记忆又称为视觉空间模板，是视觉工作记忆的重要成分。❹德尼（Deny）等的研究表明发展性阅读障碍儿童不仅存在言语工作记忆缺陷，也存在视觉空间工作记忆缺陷。❺与普通儿童相比，发展性阅读障碍儿童的言语工作记忆和阅读能力发展存在一定的滞后，研究者认为这是由于语音环路的缺陷引起的。❻而发展性阅读障碍儿童与普通儿童在视觉空间工作记忆方面的差异还存在争议。在认知不可能图形（观察图形某一部分时认

❶ BADDELEY A. Working memory: theories, models, and controversies [J]. Annual Review of Psychology, 2012, 63（1）: 1–29.

❷ SNOWLING M J. From language to reading and dyslexia1 [J]. Dyslexia, 2001, 7（1）: 37–46.

❸ 刘艳，陶云，王晓曦，等. 发展性阅读障碍与工作记忆损伤研究进展 [J]. 心理与行为研究，2015, 13（6）: 846–852.

❹ 沃建中，罗良，林崇德，等. 客体与空间工作记忆的分离: 来自皮层慢电位的证据 [J]. 心理学报，2005, 37（6）: 729–738.

❺ DENY M, FINZI A, CARLESIMO G A, et al. Working memory impairment in children with developmental dyslexia: is it just a phonological deficity? [J]. Developmental Neuropsychology, 2011, 36（2）: 199–213.

❻ 谭珂，马杰，连坤予，等. 双重缺陷汉语发展性阅读障碍儿童的言语工作记忆和阅读能力研究 [J]. 心理与行为研究，2018, 16（3）: 308–314.

为图形可以存在三维空间中，但是整体图形的各部分实际上是冲突的，不能存在三维空间中）时，发展性阅读障碍儿童的视觉空间工作记忆任务成绩好于普通儿童。在另一种空间位置序列记忆任务中，研究者则发现发展性阅读障碍儿童与同年龄普通儿童在视觉空间工作记忆上的表现并没有显著差异。[1] 而瓦尔瓦拉（Varvara）等使用地图任务发现与普通儿童相比，发展性阅读障碍儿童存在视觉空间工作记忆缺陷。[2] 这些差异或许是复杂的视觉刺激任务导致的，比如不可能图形需要儿童打破三维空间认知，地图任务则容易造成儿童视觉疲劳。而N-back任务作为研究工作记忆最流行的任务之一，具有与以上任务不同的优势。首先，N-back任务刺激只呈现单一字母或图形，目标明确。其次，与其他测量工作记忆广度任务相比，N-back任务鼓励被试灵活更换焦点对象。最后，N-back任务不同类型的刺激通过不同的输入模式被使用，使其可以分别对言语工作记忆和视觉空间工作记忆进行同时测量。因此本研究将采用N-back任务进一步明确发展性阅读障碍儿童与普通儿童在言语工作记忆和视觉空间工作记忆方面的关系。

上述分析可以看出发展性阅读障碍儿童与普通儿童在工作记忆某一子成分中存在差异，但其实工作记忆不同成分之间的关系也存在争议。沃格尔（Vogel）等运用变化觉察范式的实

---

[1] KIBBY M Y, MARKS W, MORGAN S, et al. Specific impairment in developmental reading disabilities: a working memory approach [J]. Journal of Learning Disabilities, 2004, 37(4): 349-363.

[2] VARVARA P, VARUZZA C, PADOVANO S A C, et al. Executive functions in developmental dyslexia [J]. Frontiers in Human Neuroscience, 2014, 8: 120.

验结果表明言语工作记忆与视觉空间工作记忆是两个相互独立的成分。❶与之相左的是，有研究采用双任务范式发现被试在无言语负载条件下的视觉空间工作记忆成绩要显著高于满负荷言语条件下的记忆成绩，即言语工作记忆会影响个体视觉空间工作记忆的任务成绩，视觉空间工作记忆却不影响言语工作记忆任务的完成。❷莫雷也认为短时记忆的编码方式是随着情景的变换而使用不同策略进行编码，即人们根据不同情景既可用语音编码形式对视觉信息编码并将其存储在语音环路中，也可以视觉表征的形式对言语信息进行编码并存储在视觉空间工作记忆中。❸由此可见，视觉空间工作记忆与语音环路的关系也值得我们探究。此外，这方面的研究对象多是成人或普通儿童，以发展性阅读障碍儿童为研究对象的较少。且若发展性阅读障碍儿童工作记忆存在缺陷，我们则可以对其进行及时的干预训练，因为儿童具有较强的大脑可塑性。❹所以本研究拟探讨发展性阅读障碍儿童言语工作记忆与视觉空间工作记忆的关系。

综上所述，本研究以发展性阅读障碍儿童为实验组，以普通儿童为对照组，采用工作记忆的经典任务范式——N-back范式中的倒 n 项测验测查所有儿童言语工作记忆及视觉空间工

❶ VOGEL E K, MACHIZAWA M G. Neural activity predicts individual differences in visual working memory capacity [J]. Nature, 2004, 428（6984）：748–751.

❷ 吴文春，金志成. 视觉工作记忆影响言语工作记忆吗？[J]. 心理科学，2010，33（2）：282–285.

❸ 莫雷. 关于短时记忆编码方式的实验研究 [J]. 心理学报，1986（2）：166–173.

❹ 李文辉，周子萱. 不同记忆负荷下发展性阅读障碍儿童定向遗忘的特点研究 [J]. 中国特殊教育，2020（6）：46–52.

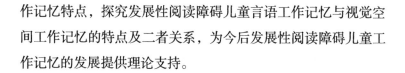

作记忆特点，探究发展性阅读障碍儿童言语工作记忆与视觉空间工作记忆的特点及二者关系，为今后发展性阅读障碍儿童工作记忆的发展提供理论支持。

（一）研究被试

以沈阳市某小学 4 — 6 年级 400 余人作为筛选对象。对发展性阅读障碍儿童的筛选分为以下四步：第一步，将 4 — 6 年级班级中两次语文考试成绩不够 60 分但数学科目考试成绩正常的学生挑选出来；第二步，对第一步筛选留下的学生采用《小学生识字量测试题库及评价量表》测查识字量，选出识字量水平低于平均值 1.5 个标准差的学生；第三步，对以上学生进行智力测量，采用《联合瑞文推理测验修订版》选取智力分数在 80 分以上的学生进行评定；第四步，请班主任针对每个学生的情况填写《学习障碍筛查量表》，总分小于或等于 65 分即为本次研究所需的发展性阅读障碍儿童。最终在此 4 — 6 年级小学生中筛选出 32 名发展性阅读障碍儿童。

对 4 — 6 年级其他的学生也进行同样的测量，选出语文成绩在 60 分以上、数学成绩正常、识字量高于平均水平 1.5 个标准差、智力分数在 80 分以上且《学习障碍筛查量表》得分高于 65 分的普通学生 32 名，作为发展性阅读障碍儿童的对照组。

（二）实验仪器

采用 E-prime 2.0 软件对实验程序进行编写，实验刺激在分辨率为 1920×1080 像素的电脑上呈现，儿童与电脑的距离控制在 40 cm 左右。本研究选择 N = 2 的任务（2–back），整个实验都通过 E–prime 2.0 软件呈现。该实验任务包括两部分，一是字母广度任务，二是空间广度任务。[1] 每一个部分的任务又可以分成两个部分，第一个部分是练习，使儿童初步了解实验操作，第二个部分是正式测验。在两次测试之间，会让儿童休息三分钟，以防儿童产生视觉疲劳和练习效应。

（三）实验设计

采用 2（被试类别：发展性阅读障碍儿童，普通儿童）×2（任务类型：字母广度任务，空间广度任务）的两因素混合实验设计，其中被试类别是被试间变量，任务类型是被试内变量，N–back 任务的正确率是因变量。

（四）实验程序

该实验在没有任何干扰的教室中进行。在测试之前，主试给被试（儿童）读实验指导语，在被试理解后开始练习，若被试不理解则再次讲解，直到所有被试清楚实验程序并确定可以开始正式实验为止。此外，为了确保实验的平衡和收集的实验数据的有效性，两类儿童进行字母广度任务、空间广度任务的先后顺序是随机的。

字母广度任务中，屏幕上首先出现一个"+"，按空格键后

---

[1] SZMALEC A, VERBRUGGEN F, VANDIERENDONCK A, et al. Control of interference during working memory updating [J]. Journal of Experimental Psychology: Human Perception and Performance, 2011, 37（1）: 137–151.

开始测验。之后屏幕中央会随机出现一个字母，该任务需要被试把自己看到的字母与该字母倒数第二个字母进行比较，判断两个字母是否为同一字母（如 G–A–G）。字母相同按"1"键，字母不一样则按"2"键，此程序一共包括 60 个试次，每一试次出现 500 ms，被试做出判断的时间是 3000 ms。

空间广度任务中，在灰色的屏幕中央会出现一个由 5×5 个小正方形组成的大正方形。在大正方形中只有一个小正方形是黑色的，剩余的小正方形都是白色的，被试需记住的是每次出现的黑色小正方形（实验刺激）在大正方形中的位置。每个出现的刺激，要求被试快速判定当前黑色正方形出现的位置与倒数第二个黑色图形位置是否一样（比如第一个黑色小正方形与第三个黑色小正方形在大正方形中位置是否一致）。屏幕上开始出现一个"+"，按空格键后开始测验，随后随机出现上述所描述的图形，按"F"键则表示刺激出现位置相同，按"J"键则表示刺激出现位置不同，此程序一共包括 46 个试次，每一试次呈现 500 ms，被试判定时间为 3000 ms。N-back 任务类型和任务流程如图 2–2 和图 2–3 所示。

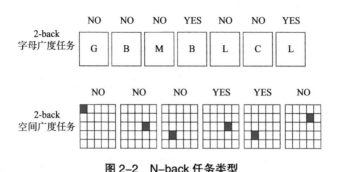

图 2–2　N–back 任务类型

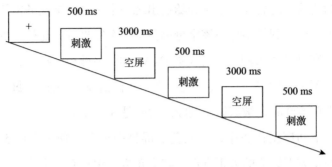

图 2-3 N-back 任务流程

（五）数据处理

该程序会自动记录每名儿童执行 N-back 实验任务的正确率。正确率是指发展性阅读障碍儿童在进行 N-back 任务时做出正确反应的次数占总次数的百分比。被试类别是自变量，任务正确率是因变量。采用 SPSS 23.0 对所得数据进行描述统计分析和重复测量方差分析。

（六）研究结果

对 64 名儿童字母广度任务和空间广度任务正确率进行统计分析，结果如表 2-6 所示。

表 2-6　不同被试类别 N-back 任务正确率（$M \pm SD$）

类型	n	发展性阅读障碍儿童	普通儿童
字母广度任务	32	0.47 ± 0.09	0.60 ± 0.23
空间广度任务	32	0.46 ± 0.10	0.52 ± 0.17

进一步以被试类别为自变量，以两种任务的正确率为因

变量，进行重复测量方差分析，结果表明：被试类别主效应极其显著 [$F(1, 62) = 7.45$, $P < 0.01$, $\eta_P^2 = 0.11$]，普通儿童的任务正确率（0.56 ± 0.21）要优于发展性阅读障碍儿童（0.46 ± 0.97）。任务类型主效应显著 [$F(1, 62) = 8.17$, $P < 0.01$, $\eta_P^2 = 0.12$]，字母广度任务正确率（0.54 ± 0.19）好于空间广度任务正确率（0.49 ± 0.14）。任务类型与被试类别交互作用显著 [$F(1, 62) = 4.44$, $P < 0.05$, $\eta_P^2 = 0.07$]，简单效应分析发现，发展性阅读障碍儿童两种任务正确率不存在差异（$P > 0.05$），普通儿童字母广度任务正确率优于空间广度任务正确率（$P < 0.05$）。交互作用如图 2-4 所示。

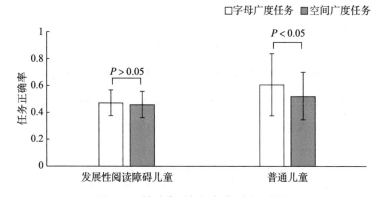

图 2-4　被试类别与任务类型交互作用

（七）讨论

1. 发展性阅读障碍儿童存在言语工作记忆与视觉空间工作记忆缺陷

工作记忆是个体信息加工系统中不可或缺的一部分，学习、阅读、判断等高级认知活动的进行都离不开工作记忆的参与。以往研究发现，发展性阅读障碍儿童存在工作记忆方面的缺陷。❶本研究对发展性阅读障碍儿童的言语工作记忆与视觉空间工作记忆进行了探究，实验结果发现，发展性阅读障碍儿童的言语工作记忆与视觉空间工作记忆表现成绩均差于同龄对照组儿童，他们的言语工作记忆与视觉空间工作记忆存在缺陷，这与以往的研究结果一致。❷语音缺陷理论❸认为，发展性阅读障碍者的语音环路存在缺陷，即发展性阅读障碍儿童的形—音转换能力弱于普通儿童且言语短时记忆差，从而导致言语工作记忆能力受损；也有研究者认为语音缺陷只是外在原因，深层原因是视觉空间工作记忆缺陷与中央执行功能障碍，❹主要表现为双侧额中回和左侧顶上叶后部的激活比普通儿童更低。❺发展性阅读障碍者的注意定向缺陷也会使其在工作记忆任务中不能有效地抑制干扰刺激，抑制和排除干扰刺激的困难也会使发展性阅读障碍儿童的字母广度任务与空间广度任务正确率更低。大细胞通路缺陷理论则认为发展性阅读障碍者的视

❶ 任筱宇，赵婧，毕鸿燕.动作视频游戏对发展性阅读障碍者阅读技能的影响及其内在机制［J］.心理科学进展，2021，29（6）：1000–1009.

❷ MENGHINI D, FINZI A, CARLESIMO G A, et al. Working memory impairment in children with developmental dyslexia: is it just a phonological deficity?［J］. Developmental Neuropsychology, 2011, 36（2）：199–213.

❸ SNOWLING M J. From language to reading and dyslexia l［J］. Dyslexia, 2001, 7（1）：37–46.

❹ 刘艳，陶云，王晓曦，等.发展性阅读障碍与工作记忆损伤研究进展［J］.心理与行为研究，2015，13（6）：846–852.

❺ VASIC N, LOHR C, STEINBRINK C, et al. Neural correlates of working memory performance in adolescents and young adults with dyslexia［J］. Neuropsychologia, 2008, 46: 640–648.

觉空间缺陷与大细胞通路出现功能障碍有关。大细胞背侧通路起源于视网膜的神经节细胞，通过外侧膝状核的 M 型神经节（大细胞层），最终到达枕叶和顶叶皮层，在那里起着运动感知和空间注意力控制的关键作用，而此通路的功能障碍则导致个体视觉空间控制能力受损。

2. 发展性阅读障碍儿童言语工作记忆和视觉空间工作记忆是两个独立成分

本研究还发现发展性阅读障碍儿童字母广度任务与空间广度任务正确率差异不显著，即发展性阅读障碍儿童言语工作记忆与视觉空间工作记忆是互不影响的两个独立成分。这或许是因为一方面大脑优势半球不同，言语的优势半球是左半球；而研究表明空间工作记忆主要在大脑右半球的一些脑区，其中包括右枕前皮层、右顶后皮层、右脑前额叶腹侧等。[1]另一方面则可能是言语工作记忆与视觉空间工作记忆之间的关系不存在群体特异性。有研究对普通成人采用不同研究范式，都发现言语工作记忆与视觉空间工作记忆是独立进行信息编码的。[2]也有研究发现发展性阅读障碍儿童的空间注意缺陷可以预测他们的语音解码能力，即发展性阅读障碍儿童空间注意与言语能力之间存在联系，但研究采用的线索探测任务与本研究任务不

[1] JONIDES J, LEWIS R L, NEE D E, et al. The mind and brain of short-term memory - annual review of psychology [J]. Working Memory Attention Encoding Storage Retrieval, 2007, 59（1）: 193–224.

[2] BADDELEY, ALAN D. Working memory [J]. Psychology of Learning and Motivation, 1974, 8: 47–89; VOGEL E K, MACHIZAWA M G. Neural activity predicts individual differences in visual working memory capacity [J]. Nature, 2004, 428（6984）: 748–751.

同，并且本研究并未对发展性阅读障碍儿童亚类型进行区分。因此，未来对于发展性阅读障碍儿童言语工作记忆与视觉空间工作记忆之间的关系还可以从多个角度选用不同的任务范式进行进一步探讨。

（八）教育建议

1. 要充分认识发展性阅读障碍儿童工作记忆子成分特点

发展性阅读障碍儿童存在较大的异质性，因此，需要依据其缺陷进行针对性训练，才能真正提升发展性阅读障碍儿童的工作记忆能力，从而发展其阅读能力。

2. 科学合理训练发展性阅读障碍儿童的工作记忆能力

儿童的大脑具有极强的可塑性与补偿性，通过科学有效的训练可以部分弥补阅读障碍先天能力的不足。如近年来国内外研究发现，合理的动作视频游戏训练可以锻炼发展性阅读障碍儿童工作记忆能力，提升阅读障碍儿童的阅读成绩。此外还可以对发展性阅读障碍儿童进行 CPC 训练。CPC 是一个计算机化的工作记忆训练程序，涵盖言语、视觉和言语－视觉跨通道三种工作记忆广度训练任务，有研究证实经过 CPC 训练可以提升工作记忆广度。

3. 探究发展性阅读障碍儿童工作记忆缺陷的神经机制

以往研究多是论证发展性阅读障碍儿童在工作记忆各个子成分中存在记忆缺陷，但是对于其背后的神经机制探讨并不多，目前对这方面存在推测或只关注一部分脑区，实际缺乏对整体脑区神经机制的探索。因此在未来可以运用脑成像、核磁共振等技术研究发展性阅读障碍儿童工作记忆背后的神经机制。

三、发展性阅读障碍儿童定向遗忘的特点

阅读作为一项复杂的认知加工活动，需要工作记忆中的多个成分参与并发挥重要功能。研究证实，发展性阅读障碍儿童存在工作记忆方面的缺陷。[1] 这些缺陷会使得个体无法有效进行阅读，进而导致其阅读障碍的发生。因此，该缺陷被认为是导致其阅读障碍的重要因素之一。有效的阅读不仅需要对有价值的、有意义的信息进行主动加工，也就是有意记忆，同时也需要对那些无价值、无意义的信息进行主动抑制和删除，也就是有意遗忘。因为，遗忘无效信息和记住有效信息被认为是具有同等价值的。但是，以往研究多从有意记忆的角度去研究发展性阅读障碍儿童，很少从有意遗忘的角度去进行研究。

定向遗忘范式是研究有意遗忘的经典范式之一。定向遗忘范式要求一些材料必须记住，要求另一些材料必须忘记，主要有单字法和字表法两种方法。[2] 单字法是在每个项目后立即给予"记住"或"忘记"的指示，字表法则是在材料呈现一半后，给予一个"忘记"的指示，要求"忘记"前半部分材料，认真记住接下来再呈现的后一半材料。无论单字法还是字表

---

[1] 刘翔平，杜文仲，王滨，等.汉语发展性阅读障碍儿童视觉短时记忆特点研究 [J].中国特殊教育，2005，78（12）：48–55.

[2] 王大伟，刘永芳，毕玉芳.定向遗忘研究的进展 [J].心理科学，2006，29（2）：373–375，372.

法，如果要求记住的项目回忆或再认成绩显著好于要求忘记的项目，则说明被试表现出了定向遗忘效应。但是，有研究表明单字法在回忆和再认任务中都能出现定向遗忘效应，而字表法则只在回忆任务中才会出现定向遗忘效应。[1] 对于这一现象的解释，有研究者认为单字法的结果支持了定向遗忘发生在编码阶段的注意抑制理论，而字表法只有回忆出现支持了定向遗忘发生在提取阶段的提取抑制理论。目前，有更多的研究者认为定向遗忘编码阶段的注意抑制起到了重要作用，并且由于个体需要对项目进行了主动抑制，消耗一定的认知资源，所以定向遗忘也被认为是一个主动抑制的过程。[2] 因此，单字法应该是更好揭示定向遗忘的方法，所以本研究也采用单字法任务对定向遗忘进行探究。

已有研究发现在小学阶段，成绩好的学生与成绩差的学生在定向遗忘上有显著差别，成绩好的学生在定向遗忘中表现出更好的抑制能力，但是发展性阅读障碍儿童是否在定向遗忘中存在缺陷目前还缺少直接证据。因此，发展性阅读障碍儿童是否存在定向遗忘的缺陷仍然需要深入研究。此外，有研究发现记忆不同负荷的信息涉及抑制控制的强度也不同，不同的记忆负荷对定向遗忘有重要影响。[3] 这种影响主要表现为，在定向

---

[1] 程虹升，杨文静，张庆林，等.遗忘过程中的抑制控制机制研究述评［J］.心理学进展，2014，4（7）：988-996.

[2] 朱永泽，毛伟宾，赵浩远，等.有意遗忘的脑机制［J］.心理科学，2015，38（3）：580-585.

[3] 蔡雪丽，高贺明，曹碧华，等.短时记忆定向遗忘的负荷效应：来自ERP的证据［J］.心理科学，2015，38（3）：514-520；高贺明.定向遗忘中抑制机制的神经机制研究［D］.重庆：西南大学，2013.

遗忘过程中，记忆负荷越大所需要分配在抑制控制上的认知资源也就越多。也就是说，在高记忆负荷条件下，既需要投入更多认知资源在记忆上，又需要投入更多认知资源在定向遗忘上。对本来就存在工作记忆方面缺陷的发展性阅读障碍儿童来说，想要在高记忆负荷条件下产生定向遗忘效应就需要有足够的认知资源。因此，探究不同记忆负荷下定向遗忘的特点，将有助于我们更好地揭示发展性阅读障碍儿童定向遗忘中抑制控制的作用机制。

综上所述，本研究拟采用单字法定向遗忘任务，探究发展性阅读障碍儿童定向遗忘的特点。为了更好地揭示不同记忆负荷对发展性阅读障碍儿童的影响，本研究设计了两个实验，实验一采用低记忆负荷任务，考察低记忆负荷条件下发展性阅读障碍儿童定向遗忘的特点；实验二则在实验一的基础上，通过增加记忆负荷，考察发展性阅读障碍儿童随着记忆负荷的增加带来定向遗忘的变化特点。总的来说，本研究将会更深入地了解记忆负荷对发展性阅读障碍儿童记忆过程中主动抑制控制的作用机制并获得更多科学资料，为科学干预训练其认知能力提出相应的科学教育建议。

（一）研究被试

以沈阳市某三所小学 4—6 年级 1316 名小学生为研究对象。发展性阅读障碍儿童筛选标准为：首先，采用《小学生识字量测试题库及评价量表》对识字量进行测查，识字量低于同年龄段 1.5 个标准差以上（同时，半年内的两次语文成绩均位于全班后 10%，且低于平均值 1.5 个标准差）；其次，采用《联合瑞文推理测验修订版》对智力进行测查，总分处于总体的 25%~95%，即智力正常；最后，由班主任针对每个学生填写《学习障碍筛查量表》，得分小于 65 分即存在学习障碍，为入选阅读障碍组标准。三条标准同时满足，入选发展性阅读障碍组。

普通对照组儿童入选标准为：首先，识字量位于同年龄段平均水平，即位于平均数正负 1.5 个标准差之内（同时，语文成绩位于全班 25%~75%，且处于平均值正负 1.5 个标准差之内）；其次，智力总分处于总体的 25%~95%，即智力正常；最后，《学习障碍筛查量表》得分高于 65 分。三条标准同时满足，入选普通对照组。

最终，筛选出 100 名阅读障碍组儿童（男生 52 名，女生 48 名，平均年龄 10.21 岁）和 102 名普通对照组儿童（男生 54 名，女生 48 名，平均年龄 10.01 岁）进入正式实验，被试年级和性别具体分布见表 2-7。

表 2-7　被试年级和性别分布情况

（单位：名）

年级	男生		女生	
	普通对照组	阅读障碍组	普通对照组	阅读障碍组
四年级	18	18	16	15
五年级	18	17	16	17
六年级	18	17	16	16
总　计	54	52	48	48

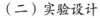

（二）实验设计

采用2（被试类别：发展性阅读障碍儿童，普通儿童）×2（任务指示：记住指示，忘记指示）两因素混合实验设计。其中，被试间变量为被试类别，包括阅读障碍组和普通对照组两个水平；被试内变量为任务指示，包括记住指示和忘记指示两个水平。实验中的因变量为被试测验阶段的再认正确率。

（三）实验材料

首先，从二年级语文课本中选择会认会写的80个汉字作为实验材料，其中，40个汉字充当学习阶段的学习材料，另外40个汉字充当测验阶段的干扰材料。其次，将学习材料按照学习指示再分为两组，第一组忘记指示20个，第二组记住指示20个。最后，为了排除汉字笔画数、部件数和字频等无关变量带来的影响，对学习阶段的记住指示组和忘记指示组材料的笔画数、部件数和字频分别做独立样本t检验，所有 P 值均大于0.05；同样，对测验阶段的学习材料与干扰材料的笔画数、部件数、字频进行差异检验，所有 P 值也均大于0.05。具体结果见表2-8。因此，汉字笔画数、部件数和字频等无关变量均被控制，不会影响实验一结果。

表2-8 实验一中实验材料的笔画数、部件数和字频的统计结果

阶段	条件	笔画数	P	部件数	P	字频	P
学习阶段	记住指示	7.25 ± 3.31	0.49	2.15 ± 0.88	0.71	0.98 ± 1.02	0.41
	忘记指示	7.95 ± 3.02		2.25 ± 0.79		1.26 ± 1.07	
测验阶段	学习材料	7.60 ± 3.14	0.61	2.20 ± 0.82	0.44	1.12 ± 1.04	0.09
	干扰材料	7.25 ± 2.90		2.05 ± 0.90		1.52 ± 1.01	

实验二材料为与实验一不同的80个汉字，选择实验材料的方式和分组方式与实验一相同。同样，对学习阶段的记住材料和忘记材料的笔画数、部件数和字频分别做独立样本t检验，P值均大于0.05；对测验阶段的学习材料与干扰材料的笔画数、部件数、字频进行差异检验，所有P值也均大于0.05。具体结果见表2-9。因此，汉字笔画数、部件数和字频等无关变量均被控制，不会影响实验二结果。此外，为了增加记忆负荷，将所有汉字均带颜色呈现，再认时颜色和字统一才视为呈现过。

表2-9 实验二中实验材料的笔画数、部件数和字频的统计结果

阶段	条件	笔画数	P	部件数	P	字频	P
学习阶段	记住指示	6.45 ± 2.54	0.78	1.95 ± 0.95	0.87	5.27 ± 8.14	0.48
	忘记指示	6.70 ± 3.03		2.00 ± 0.97		3.94 ± 1.89	

续表

阶段	条件	笔画数	P	部件数	P	字频	P
测验阶段	学习材料	6.58 ± 2.76	0.62	1.98 ± 0.95	0.90	4.61 ± 5.87	0.09
	干扰材料	6.90 ± 3.13		2.00 ± 0.93		2.82 ± 2.70	

（四）实验程序

本实验程序由 E-prime 2.0 实验软件编写并呈现。由一台 SAMSUNG 笔记本呈现所有材料，电脑分辨率为 1600 × 900 像素，刷新频率为 60 Hz。整个实验分为学习阶段、分心任务阶段和测验阶段三个连续的阶段。

（1）学习阶段。首先，在屏幕中央呈现 500 ms 的注视点"+"；随后，在屏幕中央呈现 3000 ms 的单字；接着，再呈现 500 ms 的空屏；最后，随机在屏幕中央呈现 3000 ms 的任务指示"记记记"或"忘忘忘"。学习阶段时长大约 3 分钟。

（2）分心任务阶段。在学习阶段完成后，进行分心任务，要求被试做 881 连续减 7 的运算，时长为 2 分钟。

（3）测验阶段。首先，在屏幕中央呈现 400 ms~500 ms 随机时间的注视点"+"；之后，在屏幕中央随机呈现 2000 ms 的单字，此时随机呈现的单字包括在学习阶段学过的所有 40 个汉字和未在学习阶段出现的干扰材料 40 个汉字。被试的任务就是在单字呈现时，尽快按键判断屏幕中央呈现的汉字是否在学习阶段出现过，出现过按"F"键或"J"键，未出现过按

"J"键或"F"键，按键在被试间进行平衡。测试阶段时长大约2分钟。实验一的实验程序示意见图2-5。

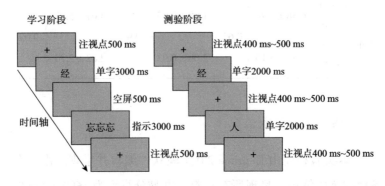

图2-5 实验一的实验程序示意

实验二的程序与实验一的程序相同，不同的是实验二比实验一增加了记忆负荷，把实验材料换成了带颜色的单字。在学习阶段告知被试同时记住字和字段颜色，在测验阶段要求被试颜色和字统一才能视为呈现过，否则判断为未呈现过。实验二的实验程序示意见图2-6。

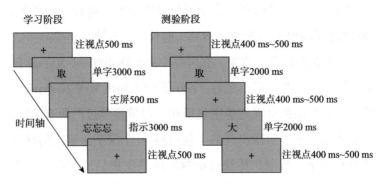

图2-6 实验二的实验程序示意

（五）数据处理

采用 SPSS 22.0 对数据进行分析，主要采用方差分析和 t 检验等统计方法，$P < 0.05$ 被认为具有统计学显著差异。

（六）研究结果

1. 实验一结果

实验一中对正确率进行 2（被试类别：发展性阅读障碍儿童，普通儿童）×2（任务指示：记住指示，忘记指示）重复测量方差分析，结果发现：被试类别主效应不显著 $[F(1,200) = 1.407, P > 0.05, \eta_P^2 = 0.007]$；任务指示主效应显著 $[F(1,200) = 45.970, P < 0.01, \eta_P^2 = 0.187]$，记住指示下正确率（0.63±0.17）要明显高于忘记指示下正确率（0.54±0.18）；被试类别与任务指示交互作用显著 $[F(1,200) = 5.673, P < 0.05, \eta_P^2 = 0.028]$。进一步简单效应分析发现，发展性阅读障碍儿童记住指示正确率（0.627±0.174）比忘记指示正确率（0.569±0.179）更高（$P < 0.05$），表明发展性阅读障碍儿童出现定向遗忘效应；普通儿童记住指示正确率（0.632±0.174）也比忘记指示正确率（0.513±0.185）更高（$P < 0.05$），表明普通儿童也出现了定向遗忘效应。此外，从另一方面进行简单效应分析发现，在记住指示下，发展性阅读障碍儿童的正确率（0.627±0.174）和普通儿童正确率（0.632±0.174）的差异不显著（$P > 0.05$）；在忘记指示下，发展性阅读障碍儿童正确率（0.569±0.179）比普通儿童的正确率（0.513±0.185）更高（$P < 0.05$）。具体结果见图 2-7。为进一步分析发展性阅读障碍儿童和普通儿童定向遗忘效应的程度差异，将记住指示正确率减去忘记指示正确率的差值作为定向遗忘效应大小的指标，再进行独立样本 t 检验。结果发现，发展性阅读障碍儿童（0.057±0.169）比普通儿童（0.119±0.198）定向遗忘效应小 [$T = -2.38$, $df = 200$, $P < 0.05$]。

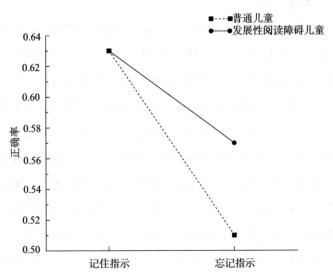

图 2-7　实验一被试类别和任务指示的交互作用

2. 实验二结果

对实验二中的正确率进行 2（被试类别：发展性阅读障碍儿童，普通儿童）×2（任务指示：记住指示，忘记指示）重复测量方差分析。结果显示，被试类别主效应不显著 [$F(1, 200) = 1.783$, $P > 0.05$, $\eta_P^2 = 0.009$]；任务指示主效应不显

著 $[F(1, 200) = 2.579, P > 0.05, \eta_{\mathrm{P}}^2 = 0.013]$；任务指示与
被试类别交互作用显著 $[F(1, 200) = 3.997, P < 0.05, \eta_{\mathrm{P}}^2 = 0.020]$。进一步简单效应分析发现，普通儿童在记住指示下
的正确率（0.47±0.19）比忘记指示下的正确率（0.43±0.20）
高（$P < 0.05$），表明普通儿童出现定向遗忘效应；发展性阅
读障碍儿童记住指示的正确率（0.41±0.17）和忘记指示的
正确率（0.42±0.18）无显著性差异（$P > 0.05$），表明发展性
阅读障碍儿童未出现定向遗忘效应。此外，从另一方面进行
简单效应分析发现，在记住指示下，发展性阅读障碍儿童的
正确率（0.41±0.17）比普通儿童的正确率（0.47±0.19）更
低（$P < 0.05$）；在忘记指示下，发展性阅读障碍儿童的正确率
（0.42±0.18）和普通儿童的正确率（0.43±0.20）差异不显著
（$P > 0.05$）。具体结果见图 2-8。

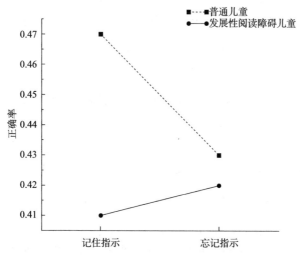

图 2-8　实验二被试类别和任务指示的交互作用

（七）讨论

1. 发展性阅读障碍儿童定向遗忘的抑制控制更差

定向遗忘对于个体十分重要，它可以帮助我们在记忆过程中主动抑制无关干扰信息，促进对目标内容进行更有效的记忆。以往研究更多地发现了发展性阅读障碍儿童在其他的认知活动中存在抑制困难，❶ 对于反映主动抑制的定向遗忘的特点鲜有揭示。因此，本研究对发展性阅读障碍儿童定向遗忘的特点进行探究。实验结果发现，无论记忆负荷的高低，发展性阅读障碍儿童的定向遗忘都比普通儿童更差。噪音抑制缺陷理论认为，抑制和排除不相关信息的困难可能是造成发展性阅读障碍的真正原因。❷ 因此，发展性阅读障碍儿童才会在多种认知加工中均表现出抑制困难的现象。就定向遗忘本身而言，有研究者认为定向遗忘产生的原因在于当个体接收到忘记指令后，会利用抑制机制控制注意资源，不对项目进行精细编码，因此导致忘记指令的项目在记忆成绩上落后于记住指令的项目。❸ 并且，当抑制控制能力受损或者减退时，个体将不能很好地进行注意控制，会对忘记指令的项目无法遗忘，最终导致产生更小的定向遗忘效应。因此，本研究结果反映了发展性阅读障碍儿

❶ 朱冬梅，王晶，吴汉荣.汉语阅读障碍儿童抑制功能特征分析［J］.中国学校卫生，2011，32（9）：1061-1062.

❷ 季雨竹，毕鸿燕.发展性阅读障碍的噪音抑制缺陷［J］.心理科学进展，2019，27（2）：201-208.

❸ TAYLOR T L, IVANOFF J. The interplay of stop signal inhibition and inhibition of return［J］. Quarterly Journal of Experimental Psychology，2003，56（8）：1349-1371.

童定向遗忘的抑制控制更差。

2. 记忆负荷对发展性阅读障碍儿童定向遗忘的影响

本研究还发现记忆负荷对发展性阅读障碍儿童的定向遗忘有重要影响。具体表现为，在低记忆负荷任务时出现定向遗忘效应，在高记忆负荷任务时并未表现出定向遗忘效应。一般情况下，人的认知资源是有限的，所以工作记忆容量通常只能达到 7 ± 2 个组块。已有研究表明，发展性阅读障碍儿童在工作记忆容量上要低于普通儿童，[1] 本研究中实验二的结果也证实了这一点。这意味着相对于普通儿童，发展性阅读障碍儿童在记忆过程中的认知资源存在不足。负荷理论提出，过高的工作记忆负荷会将认知资源更多地分配在相关刺激的加工上，而减少用于抑制分心刺激的认知资源分配。[2] 有研究发现高工作记忆负荷任务，由于分配给抑制分心刺激的认知资源减少，导致分心刺激的加工程度得到提高。[3] 这表明在加工过程中记忆编码和抑制控制两者之间存在认知资源的竞争。本研究中定向遗忘的主动抑制与记忆同样都需要认知资源的投入，并且随着记忆负荷的增大，在记忆编码存储和抑制控制上都需要分配更多的认知资源才能完成任务。因此，在低记忆负荷的定向遗忘任

[1] 姜华，卢春明，彭聃龄，等. 不同阅读水平儿童中央执行系统比较研究 [J]. 心理与行为研究，2008，9（1）：42–49.

[2] LAVIE N, HIRST A, DE FOCKERT J W, et al. Load theory of selective attention and cognitive control [J]. Journal of Experimental Psychology: General, 2004, 133 （3）：339–354.

[3] HOLMES A, MOGG K, DE FOCKERT J, et al. Electrophysiological evidence for greater attention to threat when cognitive control resources are depleted [J]. Cognitive, Affective, & Behavioral Neuroscience, 2014, 14（2）：827–835.

务中，认知资源不足的发展性阅读障碍儿童还可以形成较小程度的定向遗忘效应。但是，在高记忆负荷的定向遗忘任务中，对本就认知资源不足的发展性阅读障碍儿童来讲，抑制控制无法获得更多足够的认知资源，最终导致其无法忘记相应的项目并形成更小的定向遗忘效应。

（八）教育建议

1. 充分认识发展性阅读障碍儿童定向遗忘的缺陷

在日常生活中，和记忆有效信息一样，遗忘无效信息也具有重要的意义和价值。发展性阅读障碍儿童阅读过程中出现的困难，并不一定完全是因为记不住，也有可能是因为忘不了。因此，在对待发展性阅读障碍儿童阅读和学习困难时，不能只强调让他们巩固记忆内容，还要帮助他们遗忘那些干扰他们的无关信息。只有记住该记住的，忘记该忘记的，才能更好地促进发展性阅读障碍儿童的阅读和学习。

2. 减少发展性阅读障碍儿童工作记忆的负荷

由于记忆不同，负荷的信息涉及的抑制控制的强度也不同，高负荷的记忆内容需要更强的抑制控制才能有效遗忘。对于发展性阅读障碍儿童来讲，他们认知资源有限，无法对高记忆负荷的信息进行有效抑制控制。因此，应适当减少发展性阅读障碍儿童学习任务，降低其学习难度，降低其工作记忆的负荷，这将会帮助他们对有效信息的记忆和无效信息的遗忘。

3. 科学促进发展性阅读障碍儿童定向遗忘的能力

由于我们的大脑具有非常强的可塑性和补偿性，许多有缺陷的认知功能都可以通过科学的训练得到一定程度的恢复或补偿。定向遗忘被认为是主动抑制的一个过程，认知资源在这一过程起到重要作用。这提示我们可以通过训练提升发展性阅读障碍儿童的认知资源的总量和分配能力，促使主动抑制过程获得更多认知资源，将会有效提升定向遗忘的效果。

四、发展性阅读障碍儿童错误意识的眼动研究

错误监控（Error Monitoring）是执行功能的核心之一，[1]对人的基本心理活动起到自上而下的调节作用。在日常生活中，人们通过发现行为中的错误并进行改正，从而更好地适应环境。[2]研究表明，错误监控可能是在两个不同的意识水平上执行，即错误觉察（Error Detection）和错误意识（Error Awareness）。确切地说，错误觉察是指大脑检测到了错误但个体并没有意识到错误的发生，而错误意识是指个体发现了错误并且能够通过口头报告或者反应按键的形式指出错误反应。最早对错误监控进行解释的是表征失匹配理论（Mismatch Theory），也称错误检测理论。它认为大脑中的前扣带回（Anterior Cingulate Cortex，ACC）通过对应该的、正确的反应和实际的反应表征进行比较，检测到其中存在不匹配从而产生

---

[1] HOLROYD C B, COLES M G H. The neural basis of human error processing: reinforcement learning, dopamine, and the error-related negativity [J]. Psychological Review, 2002, 109（4）: 679.

[2] KLEIN T A, ENDRASS T, KATHMANN N, et al. Neural correlates of error awareness [J]. Neuroimage, 2007, 34（4）: 1774–1781.

错误相关负电位（Error-Related Negativity，ERN），不匹配程度越大，ERN 越大。

研究表明，发展性阅读障碍儿童存在执行功能缺陷。赖特（Reiter）等通过神经心理测试集测量了 42 名阅读障碍儿童及非阅读障碍儿童，测试题目包括评估工作记忆、概念形成、抑制、灵活性、问题解决和流畅性等功能，结果表明阅读障碍儿童存在明显的工作记忆缺陷，多需求任务中的抑制能力受损。❶ 史密斯 - 斯帕克（Smith-Spark）等研究了 22 名阅读障碍成人的言语工作记忆、视空间工作记忆以及刷新能力。结果表明，阅读障碍组的记忆广度显著低于对照组。新异任务对于阅读障碍者来说也更为困难。研究者认为阅读障碍者的工作记忆缺陷延伸到了成人期，影响其言语和视空间工作记忆，以及执行功能和信息存储。❷ 有研究者发现，汉语阅读障碍儿童执行功能的异常主要是快速提取和认知监控的缺陷，表现为额叶激活模式的异常。以往研究表明，在完成阅读相关的任务中，例如音素判断、语义判断等，阅读障碍儿童在额叶区的表现出了异常。功能性磁共振成像（functional magnetic resonance imaging，fMRI）技术的研究深入发现额叶区的异常，可能更大程度上是左额中回的激活差异，如瓦西奇（Vasic）等采用言语材料的范式通过 fMRI 技术考察了阅读障碍者的言语工作记忆和执行功能，结果表明，阅读障碍者在高任务负荷的情况下，准确

❶ REITER A, TUCHA O, LANGE K W. Executive functions in children with dyslexia ［J］. Dyslexia, 2005, 11（2）：116-131.

❷ SMITH-SPARK J H, FISK J E. Working memory functioning in developmental dyslexia ［J］. Memory, 2007, 15（1）：34-56.

率降低，fMRI 数据表明，与普通对照组相比，阅读障碍者在完成任务过程中前额叶激活不足与过度激活共存，随着任务需求的增加，阅读障碍者左额中回激活增加。❶此外，有研究通过系列反应时任务研究发现，阅读障碍儿童不存在技能自动化缺陷，说明其在无意识水平上的内隐学习效果与普通儿童无差异，但是其选择反应时慢于普通儿童，由此推断，两者是否存在意识水平上的差别，表现在错误监控功能方面，即错误意识的不同。❷以上研究表明，阅读障碍儿童执行功能的缺陷主要表现为额叶激活异常，更可能是左额中回激活上的差异。而 ERN 的脑内源定位为额叶下的前扣带回。因此，本研究从错误监控功能切入，尝试以表征失匹配理论来解释阅读障碍儿童执行功能方面的异常。

　　和拼音文字阅读障碍一样，汉语发展性阅读障碍儿童同样存在语音加工、快速命名、正字法加工技能和语素意识等认知缺陷，但中文的特异性会影响汉语阅读障碍儿童的表现。研究表明，拼音文字的语音原理为"形—音一致性原理"（Grapheme–Phoneme Correspondence Rules），不同于拼音文字，汉字的发音主要取决于它的语音部首，如"把"字的发音主要取决于"巴"，所以汉语的发音规则被称为"正字法—语音一

❶ VASIC N, LOHR C, STEINBRINK C, et al. Neural correlates of working memory performance in adolescents and young adults with dyslexia [J]. Neuropsychologia, 2008, 46（2）: 640–648.
❷ 李虹，舒华，薛锦，等.阅读障碍儿童的技能自动化能力 [J].心理发展与教育，2008（1）: 101–105.

致性原理"（Orthography–Phonology Correspondence Rules），❶ 汉语中不存在明确的形—音转换规则，汉字是由笔画组成的，具有更加复杂的空间结构，因而在加工汉字时涉及更多的视觉加工能力。眼动记录技术能对个体的视知觉过程进行实时记录，并能提供大脑在视觉认知过程中对应的外在指标，生态学效度较高，是目前国内外阅读研究的有效工具。因此本研究采用眼动记录技术来探究阅读障碍个体的视觉错误觉察过程。阅读障碍的眼动研究表明，文章阅读过程中汉语阅读障碍儿童的眼动模式异常，具体表现为眼动活动缺乏计划性、策略性和组织性，眼跳轨迹紊乱，在眼动指标上平均注视时间较长，平均眼跳幅度偏小。对阅读障碍儿童在快速命名任务中的眼动特征的研究发现，在字母快速命名中，该类个体的平均注视时间显著延长，注视次数和眼跳次数明显增多。以上研究选用的对照组均为生理年龄匹配组。研究也都发现阅读障碍儿童的阅读水平低于生理年龄匹配组，但是无法确定阅读障碍儿童与年龄匹配组儿童的眼动特征的差异是因为阅读障碍引起的，还是因为存在眼动特征的差异而导致了阅读障碍。解决这一问题的关键在于设置阅读水平匹配组，这样就控制了阅读能力和阅读经验的作用，如果与阅读水平匹配组相比，阅读障碍儿童仍表现出眼动特征的异常，那么这种异常就更有可能是阅读障碍的原因而非结果，如果两组间没有差异，则表明这种眼动特征的差异只是发展过程的一般延迟。

---

❶ 舒华，毕雪梅，武宁宁. 声旁部分信息在儿童学习和记忆汉字中的作用［J］. 心理学报，2003（1）：9–16.

　　以往有研究者只设置阅读水平匹配组，考察阅读障碍儿童在篇章阅读中的笔画数效应。[1]对眼动指标的分析结果发现，在平均注视时间和总注视时间上，阅读障碍组和水平匹配组不存在差异，而且两组的平均眼跳距离也比较接近，在目标词的眼动指标上差异也不显著。两组被试均发现显著的笔画数效应。近期的一项眼动实验同时设置了生理年龄匹配组和阅读水平匹配组，研究阅读障碍儿童和这两组儿童在阅读空格文本中的注视位置效应，结果发现，这三组儿童在阅读过程中都存在注视位置效应，而且三组个体间的注视位置效应没有差异。[2]两项结果均支持发展性阅读障碍个体与普通个体的眼动特征差异只是一般的发展落后的观点。法科埃蒂（Facoetti）等以22名8—13岁意大利阅读障碍儿童和31名同年龄控制组儿童作为被试，采用视觉外源线索提示刺激的反应时作为视觉空间注意加工技能的评测指标，得出了不同的研究结论。结果表明，当提示线索和出现目标刺激的间隔时长控制在100 ms时，视觉空间注意定向的反应时存在组别差异，表现为控制组对靶刺激的反应要明显快于阅读障碍组；而当提示线索和目标刺激间隔时长控制在250 ms时则不存在组别差异，即阅读障碍儿童对外源线索刺激需要更长的时间进行加工。进一步研究发现，在控制了年龄、智商和语音能力等因素之后，阅读障碍个体的

❶ 王敬欣，杨洪艳，田静.发展性阅读障碍儿童语篇阅读中的笔画数效应［J］.中国特殊教育，2010（5）：36—40.

❷ 白学军，孟红霞，王敬欣，等.阅读障碍儿童与其年龄和能力匹配儿童阅读空格文本的注视位置效应［J］.心理学报，2011，43（8）：851—862.

视觉空间注意能力仍能够解释其非字阅读成绩31%的变异。❶
说明在增加了控制条件之后，阅读障碍个体表现出更深层认知
加工上的差异。此外，在阅读过程中，受注意资源和中央凹视
觉阈限的约束，读者必须通过有效地分配和转移视觉空间注意
来控制眼球运动，以此保证目标信息不受外周视觉信息的干
扰，否则就会造成拥挤效应。斯皮内利（Spinelli）等发现，相
比加工单独呈现的字符，意大利阅读障碍儿童在加工有周围刺
激包围的目标字符时速度更慢，表现出显著的拥挤效应，而普
通阅读者则没有出现此现象。❷之后有研究发现视觉拥挤效应
与阅读速率负相关，即拥挤效应越强，阅读速率越低。据此可
知，阅读障碍者显著的拥挤效应反映出他们加工中央视野的视
觉信息时会受到外周视野信息的干扰，阻碍目标文本信息的提
取，进而导致阅读效率下降。

　　通过以上对阅读障碍儿童的眼动研究可以发现，眼动特征
的差异是否为阅读障碍的成因还存在争议。并且，多项研究在
不同方面表明了阅读障碍个体眼动模式的异常。因此，本研究
同时设置生理年龄匹配组和阅读水平匹配组与阅读障碍组进行
比较，以探究眼动特征的差异更有可能是阅读障碍的成因还是
发展过程的一般延迟，同时，通过眼动特征对阅读障碍儿童的
错误意识进行研究。

❶ FACOETTI A, TRUSSARDI A N, RUFFINO M, et al. Multisensory spatial attention deficits are predictive of phonological decoding skills in developmental dyslexia [J]. Journal of Cognitive Neuroscience, 2010, 22（5）: 1011–1025.

❷ SPINELLI D, LUCA M D, JUDICA A, et al. Crowding effects on word identification in developmental dyslexia [J]. Cortex, 2002, 38（2）: 179–200.

（一）研究被试

被试选自沈阳市一所普通小学 3—5 年级的学生，所有学生均接受《小学生识字量测试题库及评价量表》和《联合瑞文推理测验修订版》测验，均采用团体施测。在四年级和五年级的学生中选出阅读水平低于同龄人 1.5 个标准差、智力正常（25%~95%）的儿童作为阅读障碍组，在三年级的学生中选取阅读水平正常、年龄低于阅读障碍组 1.5 个标准差的儿童作为阅读匹配组，另在四年级和五年级的学生中选出阅读水平正常、年龄与阅读障碍组相同的儿童作为年龄匹配组，共三组被试。

正式实验的被试共 40 名（18 名男生，22 名女生）。被试母语为汉语，视力或矫正视力正常，右利手，无任何精神或心理疾病，具体情况见表 2-10。

表 2-10　实验被试情况（$M \pm SD$）

被试特征	阅读匹配组	阅读障碍组	年龄匹配组	F
数量（名）	14	13	13	
年龄（月）	100.8 ± 4.7	121.6 ± 10.1	121.0 ± 9.9	24.4***
识字量	1819.7 ± 274.7	1790.8 ± 264.3	2962.6 ± 315.3	71.2***
瑞文智商（%）	66.5 ± 14.2	68.5 ± 13.4	75.8 ± 13.4	1.7

注：*$P<0.05$，**$P<0.01$，***$P<0.001$。

事后检验表明，在年龄方面，阅读匹配组与阅读障碍组、年龄匹配组差异均显著（$P < 0.001$），阅读障碍组与年龄匹配组差异不显著（$P = 0.998$）。在识字量方面，阅读匹配组与阅

读障碍组差异不显著（$P = 0.798$），此两组与年龄匹配组差异均显著（$P < 0.001$）。

（二）实验材料

参照桑德尔·尼乌文赫伊斯（Sander Nieuwenhuis）等所使用的反向眼动任务（Antisaccade Task），实验材料分别为注视点、前线索、线索、靶子和间隔。

（三）实验仪器

使用 Tobii TX 300 眼动仪，采样频率为 300 Hz，显示器为 23 英寸平面显示器，分辨率为 1920×1080 像素。被试眼睛距屏幕约 70cm。

（四）实验设计

采用单因素 3 水平（被试类型：阅读匹配，阅读障碍，年龄匹配）被试间实验设计。

被试的任务是线索刺激出现时立即看向其反方向，并在之后靶刺激呈现时出声报告是否看了线索刺激。实验采用一对一施测，被试在一个安静的房间进行测试。实验开始前，请被试坐在指定位置，并默读屏幕上的指导语，之后再由主试简述指导语，并向被试强调在线索刺激出现时，立即看向它的相反方向，如果被试在这个过程中看了线索刺激的位置，则出声报告"看了"，否则报告"没看"。报告结果由主试进行记录。实验共包含 90 个试次，其中前 6 个试次为练习，不计入统计分析。

（五）实验程序

实验程序如图 2-9 所示。实验过程中，线索随机呈现在中央注视点的上方、下方、左面或右面的方框中（呈现概率相同），线索刺激在每个试次中的呈现概率为 100%，前线索刺激在每个试次中的呈现概率为 50%。练习试次结束后每个试次首先呈现中央注视点（持续时间 1200 ms），随后注视点消失，呈现 200 ms 的间隔刺激（间隔呈现时间内有 50% 的概率呈现前线索，呈现时间 100 ms），之后线索刺激呈现 200 ms。线索刺激消失后呈现 800 ms 的间隔刺激，随后呈现靶刺激（呈现时间不限），被试出声报告后由主试按键进入下一个试次。

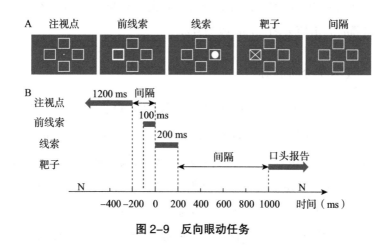

图 2-9　反向眼动任务

由于桑德尔·尼乌文赫伊斯等的实验被试为荷兰地区成人（18—23 岁），本研究的被试为中国 8—10 岁的儿童，因此，研究者在原实验范式上进行了实验程序上的调整并进行预试验，最终确定实验程序进程。第一，注视点与线索刺激之间的间隔时间保持不变，其目的是提高反应错误率。第二，研究表明，阅读障碍儿童视觉辨别能力落后于普通儿童。此外，在英文阅读过程中，要保障阅读的顺利进行，视觉信息至少需要呈现 60ms 的时间，并且，即使文本呈现时间很短，年龄较小的儿童也可以同成人一样，完成词汇的识别过程。所以，前线索刺激的呈现时间由原来的 50 ms 改为 100 ms，线索刺激由原来的 117 ms 改为 200 ms。第三，有研究者发现，刺激间隔时间为 0 ms 时，被试获得无意识知识，而间隔增至 250 ms 时，主要为意识知识。原实验范式中前线索与线索刺激之间的间隔时间为 50 ms，前线索的主要作用是防止习惯化反应，并且提高被试反应的错误率，因此，研究者将前线索与线索刺激之间的间隔时间由原来的 50 ms 改为 0 ms。

（六）分析指标

参考桑德尔·尼乌文赫伊斯等的实验分析指标，本研究纳入统计分析的眼动指标包括：（1）扫视错误（direction error）：线索出现后的首次扫视方向朝向线索刺激；（2）扫视校正（corrective saccade）：扫视错误后朝向相反方向的扫视眼动；（3）扫视校正时间（saccadic correction time）：扫视错误开始与扫视校正开始之间的反应时间（对于扫视运动采用相等的速率进行统计）。纳入分析的行为指标为反应类型的概率，即如果被试报告"没看"，实际"看了"，则出现无意识错误（unperceived error）；被试报告"看了"，实际"没看"，则出现

错误警觉（false alarm）；其余为判断正确（correct）。

（七）数据处理

根据已有研究，采用以下标准对数据进行筛选：（1）眼动追踪失败；（2）任务过程中连续3个以上的试次被试注视点位于指定区域以外；（3）任务过程中连续3个以上的试次被试注视点没有移动。最终有39名被试的数据纳入统计分析，1名被试的数据被删除，删除率为2.5%。数据结果采用SPSS 20.0进行统计分析。

（八）结果分析

1.眼动指标分析

对眼动指标进行单因素方差分析，结果表明，三组被试的扫视错误率具有显著差异 $[F(2,36)=3.7, P=0.034]$。平均扫视校正时间差异未达到显著水平（$P=0.315$），所有扫视错误注视点的校正时间差异显著 $[F(2,1073)=12.9, P<0.001]$。具体结果见表2-11。

事后检验表明：（1）扫视错误率方面，阅读障碍组与年龄匹配组具有显著差异（$P=0.011$），阅读障碍儿童在任务过程中更易发生扫视错误，与已有研究结果相符。阅读障碍组的扫视错误率比阅读匹配组高，但差异未达到显著水平。（2）所有扫视校正时间结果表明，阅读障碍组与年龄匹配组差异显著（$P<0.001$），阅读匹配组与年龄匹配组差异显著（$P<0.001$），阅读匹配组与阅读障碍组差异不显著（$P=0.2$）。图2-10、

表 2-11　三组被试的眼动指标分析（*M±SD*）

分析指标	阅读匹配组	阅读障碍组	年龄匹配组	*F*
扫视错误率	0.3 ± 0.2	0.4 ± 0.1	0.3 ± 0.1	3.7
平均扫视校正时间	693.2 ± 337.0	655.6 ± 244.9	810.9 ± 202.9	1.2
所有扫视校正时间	652.7 ± 555.2	610.5 ± 455.1	803.5 ± 524.9	12.9***

注：*P<0.05，**P<0.01，***P<0.001。

图 2-11、图 2-12 分别显示了阅读匹配组、阅读障碍组和年龄匹配组的所有扫视时间的散点图，包括扫视校正的数量（横轴）和校正时间（纵轴）。可知，阅读匹配组的校正时间多集中在散点图底部，即用时较短且数量较多；年龄匹配组的校正时间分布比较均匀，即用时较长且数量较少；阅读障碍组的校正时间分布较为均匀且数量较多。阅读匹配组与阅读障碍组差异不显著，但是两者与年龄匹配组均差异显著。

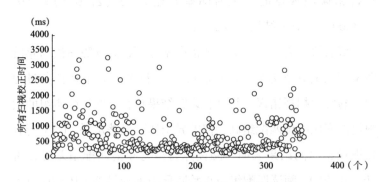

图 2-10　阅读匹配组的所有扫视校正时间

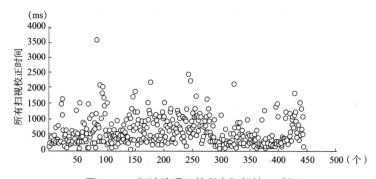

图 2-11　阅读障碍组的所有扫视校正时间

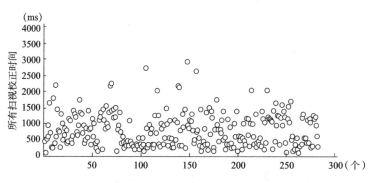

图 2-12　年龄匹配组的所有扫视校正时间

2. 错误意识指标分析

对三组被试的错误意识指标进行分析，其中无意识错误率差异显著 $[F_{(2,36)} = 7.1, P = 0.002]$，判断正确率差异显著 $[F_{(2,36)} = 5.6, P = 0.008]$。三组被试错误警觉率差异未达到显著性水平（$P = 0.835$）（见表 2-12）。

表 2-12　三组被试的错误意识指标分析（$M \pm SD$）

分析指标	阅读匹配组	阅读障碍组	年龄匹配组	F
无意识错误率	0.1 ± 0.1	0.2 ± 0.1	0.1 ± 0.1	7.1**
判断正确率	0.7 ± 0.1	0.6 ± 0.1	0.7 ± 0.1	5.6**
错误警觉率	0.2 ± 0.1	0.2 ± 0.1	0.2 ± 0.1	0.2

注：*$P<0.05$，**$P<0.01$，***$P<0.001$。

事后检验表明：（1）无意识错误率指标上，阅读障碍组与阅读匹配组差异显著（$P = 0.011$），阅读障碍组与年龄匹配组差异显著（$P = 0.001$）；（2）判断正确率方面，阅读障碍组与阅读匹配组具有显著差异（$P = 0.007$），阅读障碍组与年龄匹配组具有显著差异（$P = 0.006$）。

（九）讨论

数据结果表明，阅读障碍儿童在任务过程中更易发生扫视错误，并且其扫视校正时间相比同年龄儿童较短，说明阅读障碍儿童存在眼动模式的异常。以往研究采用词汇、句子和篇章阅读等方式进行眼动特征的测量，本研究则通过简单图形考察眼动特点。结果与已有研究相同，即发展性阅读障碍儿童眼动特征的异常只是发展的一般延迟。❶而法科埃蒂等采用视觉外源线索提示刺激的反应时作为视觉空间注意加工技能的评测指标，结果表明，当提示线索和出现目标刺激的间隔时长控制在100 ms 时，视觉空间注意定向的反应时存在组别差异，表现为

❶ 王敬欣，杨洪艳，田静.发展性阅读障碍儿童语篇阅读中的笔画数效应［J］.中国特殊教育，2010（5）：36-40.

控制组对靶刺激的反应要明显快于阅读障碍组；而当提示线索和目标刺激间隔时长控制在 250 ms 时则不存在组别差异，说明阅读障碍儿童对外源线索刺激需要更长的时间进行加工。并且在控制了年龄、智商和语音能力等因素之后，阅读障碍的视觉空间注意能力能够解释其非字阅读成绩 31% 的变异。[1] 即在增加了阅读障碍儿童眼动指标的控制条件后（刺激间隔时长），其眼动特征与普通儿童差异显著。说明阅读障碍儿童可能在简单的阅读任务中，眼动表现与普通儿童无显著差异，而在较复杂和较困难的任务中，其眼动特征出现显著差异。有研究通过设置不同难度和复杂程度的实验任务来考察阅读障碍儿童的视知觉学习，结果表明，在简单搜索实验中，控制条件为颜色，阅读障碍组与普通对照组差异不显著；在复杂搜索实验中，控制条件为形状，反应时结果差异显著，正确率结果差异不显著，阅读障碍组的搜索反应时较长；在限制时间的复杂搜索实验中，控制条件增加了限制时间一项，结果表明阅读障碍组的反应正确率显著低于普通对照组。[2] 以上研究结果都说明在一般阅读情境中，阅读障碍儿童眼动特征的异常可能只是发展的一般延迟，而在更为复杂和困难的任务中，阅读障碍儿童表现出更深层加工的困难，表现为反应时增长，反应正确率下降。

　　三组被试的错误监控功能结果显示，阅读障碍儿童的错误

[1] FACOETTI A, TRUSSARDI A N, RUFFINO M, et al. Multisensory spatial attention deficits are predictive of phonological decoding skills in developmental dyslexia [J]. Journal of Cognitive Weuroscience, 2010, 22（5）: 1011–1025.

[2] 林欧，王正科，孟祥芝. 汉语发展性阅读障碍儿童的视知觉学习 [J]. 心理学报，2013, 45（7）: 762–772.

意识和判断正确率与另外两组被试均存在显著差异。这说明错误监控功能更可能是阅读障碍产生的原因，而非发展的一般延迟。已有研究表明，阅读障碍儿童存在明显的工作记忆缺陷，多需求任务中的抑制能力受损，结果提示阅读障碍儿童在一系列执行功能中都存在认知受损。❶ 此外，阅读障碍儿童执行功能中的抑制能力存在缺陷，但是转换能力与普通对照儿童没有显著差异。因此，阅读障碍儿童错误监控功能的缺陷可能与执行功能中的抑制控制功能有关。有研究选取普通大学生为被试，采用汉字 Anagram 实验任务，对比无意识错误（unconscious error）和正确判断（no error）两种反应类型下的无意识错误与意识性错误激活脑区发现，无意识错误比正确判断多激活的内侧额上回（medial superior frontal gyrus, mSFG）差异更多地与无意识错误相联系，与错误反应后的错误意识无关。❷ 今后研究可加入无意识错误觉察的测量，对比阅读障碍儿童与普通儿童在无意识错误觉察和错误意识两个指标上的差异，进一步明确阅读障碍儿童错误监控功能的认知特点与神经机制。

五、发展性阅读障碍儿童书写产生的眼动研究

书写是一项包含复杂的认知、语言和运动加工的活动，自汉字产生以来，学者们对于书写的研究从未停止。书写的研究

---

❶ REITER A, TUCHA O, LANGE K W. Executive functions in children with dyslexia ［J］. Dyslexia, 2005, 11（2）: 116–131.

❷ 李伟. 汉字 anagram 解决任务中的无意识错误觉察［D］. 重庆: 西南大学, 2012.

内容已经从静态的书写结果转移到了动态的书写产生上。[1] 书写产生是指用笔记录想要表达的内容的过程。[2] 关于书写产生的一个重要研究问题是在汉字书写产生过程中提取正字法是否需要语音作为中介，因此也存在两个重要的假设：语音中介假设和正字法自主假设。语音中介假设认为在书写产生过程中需要先获取语音信息才能提取正字法信息，在普通人的书写产生研究中已被证明存在语音中介现象。正字法自主假设认为在书写产生过程中语音激活不影响词汇正字法信息的提取，一些研究已证明这一假设。[3] 这些研究证明普通群体的书写产生中语音中介假设和正字法自主假设同时成立。

随着一些研究者对书写困难群体的书写模型的研究，特殊群体的书写产生过程受到越来越多的关注。在特殊群体中，有一类群体被认为具有发展性阅读障碍。这类群体虽然在智力水平、教育资源上与普通人一致，并且在无任何器质性病变的情况下即使付出比同龄人更多的精力去努力学习，其阅读水平仍然明显低于同龄人应有水平。随着发展性阅读障碍发生率的增长，发展性阅读障碍儿童群体成为教育、心理、语言等领域的研究热点。研究者对发展性阅读障碍儿童产生阅读障碍的原因进行了研究，发现发展性阅读障碍儿童存在正字法加工缺陷、

---

❶ GALEN G V. Handwriting: issues for a psychomotor theory [J]. Human Movement Science, 1991, 10 (2-3): 165-191.

❷ 彭聃龄. 汉语认知研究 [M]. 济南：山东教育出版社，1997：10.

❸ 何洁莹, 张清芳. 老年人书写产生中词汇频率和音节频率效应的时间进程：ERP 研究 [J]. 心理学报, 2017, 49 (12): 1483-1493; 王成, 尤文平, 张清芳. 书写产生过程的认知机制 [J]. 心理科学进展, 2012, 20 (10): 1560.

语音缺陷、快速命名缺陷、视觉注意缺陷等。

此外，研究认为发展性阅读障碍儿童在阅读和书写任务中也存在缺陷。[1] 发展性阅读障碍儿童的阅读缺陷已被广泛研究，而关于书写缺陷目前仍关注较少。有研究对发展性阅读障碍群体进行书写测试，发现了发展性阅读障碍群体存在书写缺陷，并且汉语发展性阅读障碍群体在书写或拼写方面存在的问题和困难要比阅读严重得多。[2]

研究表明书写缺陷是发展性阅读障碍群体中长期存在的问题。[3] 但是发展性阅读障碍儿童书写缺陷的成因目前仍然没有一致的结论。可能的原因是发展性阅读障碍儿童存在其他图形技能的困难。成莱（Cheng-Lai）等对 45 名发展性阅读障碍中国儿童进行了一项以调查发展性阅读障碍儿童单词听写、书写表现、正字法意识、快速自动命名和书写、绘画等精细运动技能为目的的研究，发现发展性阅读障碍儿童在精细手动控制测试中表现得比普通同龄人差。[4] 此外，有研究表明拼写困难可

[1] TOPS W, CALLENS M, BIJN E, et al. Spelling in adolescents with dyslexia: errors and modes of assessment [J]. Journal of Learning Disabilities, 2014, 47（4）: 295–306.

[2] BERNINGER V W, WINN W. Implications of advancements in brain research and technology for writing development, writing instruction, and educational evolution [J]. Handbook of Writing Research, 2006: 96–114.

[3] GRAHAM S, AITKEN A A, HEBERT M, et al. Do children with reading difficulties experience writing difficulties? a meta–analysis [J]. Journal of Educational Psychology, 2021, 113（8）: 1481.

[4] CHENG–LAI A, LI–TSANG C W P, CHAN A H L, et al. Writing to dictation and handwriting performance among Chinese children with dyslexia: relationships with orthographic knowledge and perceptual–motor skills [J]. Research in Developmental Disabilities, 2013, 34（10）: 3372–3383.

能会阻碍书写的产生，发展性阅读障碍儿童糟糕的拼写技能导致他们在书写过程中在单词内部和单词之间产生更长的停顿。❶有时，发展性阅读障碍儿童被诊断为外周性书写障碍，即一种涉及书写机制缺陷的病理。也有研究者认为发展性阅读障碍儿童书写缺陷是由于亚词汇通路受损，在正确应用语音、正字法对应关系方面存在缺陷。更多的学者从字形通达方面进行解释。安杰利（Angelelli）等比较了三年级和五年级发展性阅读障碍儿童在写规则或不规则词、一致或不一致词的速度、错误率，发现发展性阅读障碍儿童在不同年龄段有不同形式的正字法通达缺陷。❷

　　除发展性阅读障碍儿童书写缺陷成因的争议外，关于发展性阅读障碍儿童书写产生中另一个重要的问题是语音中介作用是否真的存在。有学者认为发展性阅读障碍儿童在书写产生过程中语音起重要作用，语音能够促进发展性阅读障碍儿童在书写产生过程中的拼写，并且发展性阅读障碍儿童在书写时非常依赖拼写。❸而发展性阅读障碍儿童存在语音缺陷，所以依赖与缺失相矛盾可能使其在书写产生过程中拼写模块异常。但

❶ SUAREZ–COALLA P, VILLANUEVA N, GONZÁLEZ–PUMARIEGA S, et al. Spelling difficulties in Spanish–speaking children with dyslexia/Dificultades de escritura en niños españoles con dislexia［J］. Infancia y Aprendizaje, 2016, 39（2）: 275–311.

❷ ANGELELLI P, NOTARNICOLA A, JUDICA A, et al. Spelling impairments in Italian dyslexic children: phenomenological changes in primary school［J］. Cortex, 2010, 46（10）: 1299–1311.

❸ VAN R R, KLEEMANS T, SEGERS E, et al. Semantics impacts response to phonics through spelling intervention in children with dyslexia［J］. Annals of Dyslexia, 2021, 71（3）: 527–546.

是，也有研究为发展性阅读障碍儿童在书写过程中依赖正字法提供了依据，并且越来越多的研究得到一致的结论。兰（Lam）等在报告中认为汉语发展性阅读障碍儿童有连笔漏笔、书写字符大等问题与正字法结构有关，因此发展性阅读障碍儿童存在书写问题的原因是正字法存在缺陷。❶ 曹等认为阅读与书写有着相同的正字法通路，发展性阅读障碍儿童因为存在正字法缺陷导致阅读困难，因此也存在书写困难。❷ 由于目前发展性阅读障碍儿童书写产生研究较少，所以发展性阅读障碍儿童在书写产生中的机制并没有明确的结论。

综上所述，发展性阅读障碍儿童与普通儿童的书写产生过程是否存在差别，尚不可知。发展性阅读障碍儿童在书写产生过程中是否也存在语音中介通路以及正字法通路，需要进一步证实。语音正字法缺陷是否会影响发展性阅读障碍儿童的书写产生，仍需要进一步探究。因此，本研究通过眼动实验分析普通儿童与发展性阅读障碍儿童关注干扰字与图片时间的长短，探究发展性阅读障碍儿童书写产生过程中的认知特点，并将两种被试的书写产生过程进行比较，讨论普通儿童和发展性阅读障碍儿童书写产生的异同。

❶ LAM S S T, AU R K C, LEUNG H W H, et al. Chinese handwriting performance of primary school children with dyslexia［J］. Research in Developmental Disabilities, 2011, 32（5）: 1745–1756.

❷ CAO F, VU M, LUNG C D H. Writing affects the brain network of reading in Chinese: a functional magnetic resonance imaging study［J］. Human Brain Mapping, 2013, 34（7）: 1670–1684.

（一）研究被试

选取沈阳市某小学三、四年级共 400 名学生（180 名三年级学生，220 名四年级学生）进行测试和筛选。首先，向被试发放《小学生识字量测试题库及评价量表》，依据相应的年级水平筛选出低于正常年级 1.5 个标准差、半年内的两次语文成绩均位于全班后 10% 且低于平均值 1.5 个标准差的学生作为初步的发展性阅读障碍被试。其次，在初步被试中根据《联合瑞文推理测验修订版》筛选出智力分数在 25%~95% 的儿童。最后，由班主任填写《学习障碍筛查量表》，将得分小于或等于 65 分的儿童选为最终的发展性阅读障碍被试。

普通对照组儿童选择标准包含以下三条：第一，识字量水平在同年龄段平均水平 1.5 个标准差之内、半年内的两次语文成绩位于全班 25%~90% 且处于平均值 1.5 个标准差之内。第二，智力分数在 25%~95%。第三，《学习障碍筛查量表》得分高于 65 分。同时满足以上三条标准的儿童入选为普通对照组被试。

最终，筛选出 20 名发展性阅读障碍儿童（男生 12 名，女生 8 名，平均年龄 8.5 岁）和 21 名普通对照组儿童（男生 13 名，女生 8 名，平均年龄 8.3 岁）。被试年级和性别具体分布见表 2–13。

表2-13　被试年级和性别具体分布

（单位：名）

年级	男生		女生	
	阅读障碍组	普通对照组	阅读障碍组	普通对照组
三年级	7	7	4	4
四年级	5	6	4	4
总计	12	13	8	8

（二）实验设计

本研究采用2（被试类型：发展性阅读障碍儿童，普通儿童）×4（干扰字：正字法相关语音不相关，正字法不相关语音相关，正字法语音均相关，正字法语音均不相关）二因素混合实验设计。其中，被试类型为被试间变量，干扰条件为被试内变量。研究中采用的图片—词汇干扰范式与张（Zhang）等的研究保持一致，❶ 即要求被试忽略干扰字，同时又快又准地写出图片的名字。该研究范式已在言语产生的研究中被普遍使用。

（三）研究工具

1. 测试图片

从张清芳和杨玉芳修订的标准化图片库中选择14张简笔

---

❶ ZHANG Q，DAMIAN M F. Impact of phonology on the generation of handwritten responses：evidence from picture-word interference tasks ［J］. Memory & Cognition，2010，38（4）：519-528.

画为目标图片 ❶，每张图片上匹配四类干扰字：一是正字法相关语音不相关（O），如"鹅"（e）与"鸣"（ming）；二是正字法不相关语音相关（P），如"鹅"（e）与"恶"（e）；三是正字法语音均相关（OP），如"鹅"（e）与"饿"（e）；四是正字法语音均不相关（N），如"鹅"（e）与"神"（shen）。

图片以伪随机方式呈现。

2. 眼动仪

使用 Tobii TX 300 眼动仪来探究被试的图片书写命名，采样频率为 300 Hz。

（四）实验程序

本实验分为熟悉阶段、练习阶段、实验阶段三个阶段。实验通过记录发展性阅读障碍儿童注视干扰字和图片两个兴趣区的时间来探究发展性阅读障碍儿童书写产生的认知加工的时间进程。

（1）熟悉阶段：此阶段的目的是让被试熟悉实验内容。要求被试看每张图片以及图片上的干扰字并写出图片的名字。熟悉阶段时长大约 5 分钟。

（2）练习阶段：被试清楚 14 张图片的名字后，随后进入练习阶段。电脑屏幕中间出现"+"号 500 ms，空白屏幕呈现 500 ms，随后干扰字和图片同时呈现在屏幕上，呈现时间为 4000 ms。被试需要在 4000 ms 内不受干扰字影响，竭尽全力又快又准地写出图片内容。为减少头部运动对实验数据的影响，

---

❶ 张清芳，杨玉芳. 汉语词汇产生中语义、字形和音韵激活的时间进程 [J]. 心理学报，2004（1）：1–8.

被试全程不可以低头书写或检查自己的书写是否正确。练习阶段时长为 8 分钟。

（3）实验阶段：该阶段同练习阶段程序一样。每个试次无重复，实验阶段共 56 个试次。实验阶段时长为 22 分钟。

（五）眼动数据分析指标

采用 SPSS 22.0 软件对眼动数据（四类眼动指标）进行重复测量方差分析，分别是：首次注视时间（反映早期认知加工阶段）、总注视时间（反映后期认知加工阶段）、平均注视时间和平均访问时间（反映认知加工整体水平）、注视次数（反映认知负担水平）。❶

将图片和干扰字分为两个兴趣区，干扰字兴趣区可探究干扰字的干扰效应，图片兴趣区可探究干扰字对于图片命名的影响。兴趣区选取示例见图 2-13。

图 2-13　兴趣区选取示例

❶ 闫国利，熊建萍，臧传丽，等．阅读研究中的主要眼动指标评述［J］．心理科学进展，2013，21（4）：589．

（六）数据处理

参考以往的研究，采用以下两点标准对不合格数据进行删除：（1）注视时间小于 80 ms 以及大于 1200 ms 的注视点；（2）超过三个加减标准差的数据。数据剔除率为 6.2%。

（七）研究结果

1. 基于干扰字的分析

（1）首次注视时间分析。

对首次注视时间进行重复测量分析发现，被试类型主效应不显著 $[F(1,39)=0.05,P>0.05]$；干扰字主效应不显著 $[F(3,117)=0.95,P>0.05]$；被试类型与干扰字交互作用不显著 $[F(3,117)=0.27,P>0.05]$。详细数据见表 2–14。

（2）总注视时间分析。

对总注视时间做重复测量分析发现，干扰字主效应显著 $[F(3,117)=13.93,P<0.05]$；被试类型主效应不显著 $[F(1,39)=0.78,P>0.05]$；被试类型与干扰字交互作用不显著 $[F(3,117)=1.43,P>0.05]$。事后检验分析得出，OP 条件下总注视时间显著大于 N、P、O 条件下的总注视时间 $(P<0.05)$；P 条件下的总注视时间显著小于 O 条件下的总注视时间 $(P<0.05)$。详细数据见表 2–14。

（3）平均注视时间和平均访问时间分析。

对平均注视时间做重复测量分析发现，干扰字主效应不显著 $[F(3,117)=0.53,P>0.05]$；被试类型主效应不显著

$[F_{(1,39)} = 0.00, P > 0.05]$；干扰字与被试类型交互作用不显著 $[F_{(3,117)} = 0.31, P > 0.05]$。

对平均访问时间做重复测量分析发现，干扰字主效应显著 $[F_{(3,117)} = 20.73, P < 0.05]$；被试类型主效应不显著 $[F_{(1,39)} = 2.63, P > 0.05]$；被试类型与干扰字主效应不显著 $[F_{(3,117)} = 1.36, P > 0.05]$。事后检验分析得出，N 条件下的平均访问时间显著大于 OP 条件下的平均访问时间 $(P < 0.05)$；N 条件下的平均访问时间大于 P 条件下的平均访问时间 $(P = 0.051)$，差异呈边缘显著。OP 条件下的平均访问时间显著小于 O、P、N 三个条件下的平均访问时间 $(P < 0.001)$；P 条件的平均访问时间小于 O 条件下的平均访问时间 $(P = 0.081)$，差异呈边缘显著。具体数据见表 2–14。

（4）注视次数分析。

对注视次数做重复测量方差分析发现，干扰字主效应显著 $[F_{(3,117)} = 22.37, P < 0.001]$；被试类型主效应不显著 $[F_{(1,39)} = 1.84, P > 0.05]$；被试类型与干扰字交互作用不显著 $[F_{(3,117)} = 1.78, P > 0.05]$。事后检验分析得出，N 条件下的注视次数显著小于 O 条件与 OP 条件下的注视次数 $(P < 0.05)$；P 条件下的注视次数显著小于 OP 条件及 O 条件下的注视次数 $(P < 0.001)$；OP 条件下的注视次数显著大于 O 条件下的注视次数 $(P < 0.05)$。

根据实验目的，采用重复测量方差分析，分别对普通儿童与发展性阅读障碍儿童的注视次数对干扰字的影响进行事前比较。结果发现，N 条件下普通组与发展性阅读障碍组在注视次数上呈边缘显著（$P = 0.065$），普通组的注视次数少于发展性阅读障碍组的注视次数。详细数据见表2-14。

表2-14　两组被试在不同干扰字中不同眼动指标的平均值和标准差

眼动指标	被试类型	①OP	②P	③O	④N
首次注视时间（秒）	阅读障碍组	0.35(0.08)	0.36(0.11)	0.36(0.07)	0.34(0.08)
	普通对照组	0.34(0.06)	0.36(0.10)	0.37(0.08)	0.35(0.09)
总注视时间（秒）	阅读障碍组	3.21(0.96)	2.83(0.85)	2.96(0.88)	2.99(0.10)
	普通对照组	3.00(0.66)	2.67(0.82)	3.00(0.66)	2.61(0.80)
平均注视时间（秒）	阅读障碍组	0.50(0.13)	0.52(0.13)	0.51(0.12)	0.50(0.12)
	普通对照组	0.49(0.12)	0.51(0.13)	0.51(0.13)	0.51(0.14)
平均访问时间（秒）	阅读障碍组	2.20(0.81)	2.19(0.86)	2.67(0.99)	2.38(0.84)
	普通对照组	1.65(0.64)	1.93(0.82)	2.34(0.66)	2.00(0.83)
注视次数（次）	阅读障碍组	6.41(1.48)	5.51(1.44)	5.95(1.59)	5.86(1.53)
	普通对照组	5.99(1.19)	5.04(1.12)	5.53(1.16)	5.07(1.11)

2. 基于图片的分析

（1）首次注视时间分析。

对首次注视时间做重复测量分析发现，干扰字主效应显著 $[F(3, 117) = 3.93，P < 0.05]$；被试类型主效应不显著 $[F(1, 39) = 1.80，P > 0.05]$；被试类型与干扰字交互作用不显著 $[F(3, 117) = 1.13，P > 0.05]$。事后检验结果显示：N

条件下首次注视时间显著大于 OP、P、O 条件下的首次注视时间（$P < 0.05$）。

根据实验目的，采用重复测量方差分析，分别对普通儿童与发展性阅读障碍儿童的首次注视时间对干扰字的影响进行事前比较。结果发现，发展性阅读障碍组中 P 条件的首次注视时间显著小于 N 条件（$P < 0.05$）；而普通组中各个干扰条件差异均不显著。详细数据见表 2-15。

（2）总注视时间分析。

对总注视时间做重复测量分析发现，干扰字主效应显著 $[F(3, 117) = 20.94, P < 0.05]$；被试类型主效应不显著 $[F(1, 39) = 1.80, P > 0.05]$；被试类型与干扰字交互作用不显著 $[F(3, 117) = 0.27, P > 0.05]$。事后检验分析得出，N 条件下的总注视时间显著大于 O、P、OP 三个条件下的总注视时间（$P < 0.05$）；P 条件下的总注视时间显著大于 OP 条件下的总注视时间（$P < 0.05$），与 O 条件下的总注视时间边缘显著（$P = 0.096$）；OP 相关条件下的总注视时间显著小于 O 相关条件下的总注视时间（$P < 0.05$）。

根据实验目的，采用重复测量方差分析，分别对普通儿童与发展性阅读障碍儿童的总注视时间对干扰字的影响进行事前比较。结果发现：发展性阅读障碍组中，干扰字主效应显著 $[F(1, 39) = 9.79, P < 0.05]$。N 条件下的总注视时间显著大于 O、P、OP 三个条件下的总注视时间（$P < 0.05$）；OP 条件下的总注视时间显著小于 P 条件下的总注视时间（$P < 0.05$）。普通组中，干扰字主效应显著 $[F(1, 39) = 11.92, P < 0.05]$。

N 条件下的总注视时间显著大于其余三个条件下的总注视时间（$P < 0.05$）；OP 条件下的总注视时间显著小于 P 条件下的总注视时间（$P < 0.05$）。详细数据见表 2–15。

（3）平均注视时间和平均访问时间分析。

对平均注视时间做重复测量分析。数据表明，干扰字主效应显著 [$F(3, 117) = 4.89, P < 0.05$]；被试类型主效应不显著 [$F(1, 39) = 0.33, P > 0.05$]；被试类型与干扰字的交互作用不显著 [$F(3, 117) = 0.39, P > 0.05$]。经过事后检验分析得出，N 条件下的平均注视时间显著大于 O、P、OP 三个条件下的平均注视时间（$P < 0.05$）。

对平均访问时间做重复测量分析。数据表明，干扰字的主效应显著 [$F(3, 117) = 7.84, P < 0.001$]；被试类型主效应呈边缘显著 [$F(1, 39) = 3.86, P = 0.057$]；被试类型与干扰字的交互作用不显著 [$F(3, 117) = 1.54, P > 0.05$]。经过事后检验分析得出，N 条件下的平均访问时间显著大于 O、P、OP 三个条件下的平均访问时间（$P < 0.05$）；OP 条件下的平均访问时间显著小于 P、N 条件下的平均访问时间（$P < 0.05$）。

根据实验目的，采用重复测量方差分析，分别对普通儿童与发展性阅读障碍儿童的平均访问时间对干扰字的影响进行事前比较。结果发现：P 条件中，发展性阅读障碍组平均访问时间显著大于普通组的平均访问时间 [$F(1, 39) = 0.68, P < 0.05$]；在 O 条件中，发展性阅读障碍组的平均访问时间边缘显著大于普通儿童的平均访问时间 [$F(1, 39) = 0.33, P = 0.09$]。详细数据见表 2–15。

（4）注视次数分析。

对注视次数做重复测量分析发现，干扰字主效应显著 $[F(3,117)=12.42, P<0.001]$；被试类型主效应不显著 $[F(1,39)=0.192, P>0.05]$；被试类型与干扰字交互作用边缘显著 $[F(3,117)=2.29, P=0.082]$。简单效应分析得出，发展性阅读障碍组与普通组中干扰字都呈现差异显著 $(P<0.05)$。结果发现：发展性阅读障碍组在 N 条件下的注视次数显著大于 OP 条件以及 O 条件下的注视次数 $(P<0.05)$；P 条件下的注视次数显著大于 OP 条件以及 O 条件下的注视次数 $(P<0.05)$；O 条件下的注视次数与 OP 条件下的注视次数差异不显著 $(P>0.05)$。普通组在 N 条件下的注视次数显著大于 OP 条件以及 O 条件下的注视次数 $(P<0.05)$；OP 条件下的注视次数显著小于 P 条件下的注视次数 $(P<0.05)$；OP 条件下的注视次数和 O 条件下的注视次数无显著差异。详细数据见表 2-15。

表 2-15　两组被试在不同干扰字下图的不同眼动指标的平均值和标准差

眼动指标	被试类型	①OP	②P	③O	④N
首次注视时间（秒）	阅读障碍组	0.29(0.08)	0.29(0.07)	0.30(0.08)	0.37(0.16)
	普通对照组	0.29(0.09)	0.27(0.08)	0.28(0.06)	0.30(0.08)
总注视时间（秒）	阅读障碍组	0.87(0.43)	1.12(0.61)	0.99(0.47)	1.27(0.58)
	普通对照组	0.79(0.28)	0.96(0.34)	0.88(0.27)	1.17(0.29)

续表

眼动指标	被试类型	①OP	②P	③O	④N
平均注视时间（秒）	阅读障碍组	0.34(0.11)	0.35(0.11)	0.35(0.071)	0.41(0.13)
	普通对照组	0.32(0.09)	0.33(0.07)	0.33(0.08)	0.36(0.25)
平均访问时间（秒）	阅读障碍组	0.64(0.30)	0.86(0.47)	0.64(0.30)	0.99(0.60)
	普通对照组	0.56(0.22)	0.60(0.19)	0.56(0.22)	0.80(0.25)
注视次数（次）	阅读障碍组	2.38(0.72)	2.75(0.88)	2.46(0.95)	2.77(0.75)
	普通对照组	2.33(0.70)	2.65(0.74)	2.59(0.73)	3.15(0.64)

（八）讨论

1. 发展性阅读障碍儿童和普通儿童书写产生中存在语音作用和正字法作用

本研究发现在图片兴趣区中，发展性阅读障碍儿童和普通儿童在语音、正字法、语音正字法双相关条件下的总注视时间、平均注视时间、平均访问时间均显著少于无关条件下的眼动指标，说明发展性阅读障碍儿童和普通儿童书写产生中语音信息和正字法信息都对书写产生的过程有影响。双相关条件下的平均访问时间显著少于单相关和不相关条件，表明语音正字法双相关条件比单相关条件在发展性阅读障碍儿童书写产生过程中更有作用。本研究的结果与前人研究一致。冯臣通过实验分析了语音与正字法信息对小学生汉字书写产生过程的影响，并探究了小学生在有语音、正字法的学习条件、无提示条件下的学习效果，发现了正字法提示条件下儿童学习效果最好，说明正字法信息对发展性阅读障碍儿童的书写有强大的预测价值。❶在词汇和亚词汇中都需要语音激活正字法信息，而发展性阅读障碍儿童经常被报告有语音和正字法缺陷会导致书写问题。因此，本研究认为发展性阅读障碍儿童在书写产生中语音与正字法信息起作用的原因在于书写产生过程中发展性阅读障碍儿童需要语音、正字法信息激活词汇和亚词汇通路。

2. 发展性阅读障碍儿童书写产生的特点

本研究也发现了与前人一致的研究结果：发展性阅读障碍儿童在书写产生中较普通儿童而言整体认知加工水平低，这种差距可能是由于发展性阅读障碍儿童有不同程度的语音与正字法缺陷。平均访问时间越长，被试的整体认知加工水平越低。具体表现在，在图片兴趣区中，语音条件下发展性阅读障碍儿童的平均访问时间显著长于普通组儿童，正字法条件下发展性阅读障碍儿童的平均访问时间边缘显著长于普通儿童。正字法障碍和语音障碍是影响发展性阅读障碍儿童书写产生的主要原因。❷从语音中介理论来看，在词汇路径上，发展性阅读障碍儿童由于语音正字法缺陷在语音词典和正字法词典的激活中存在困难。在亚词汇路径中汉字的书写需要语音激活

---

❶ 冯臣. 语音和正字法信息对汉字书写产生过程的影响及其发展特点［D］. 北京：中国科学院，2016.

❷ SUMNER E, CONNELLY V, BARNETT A L. Children with dyslexia are slow writers because they pause more often and not because they are slow at handwriting execution ［J］. Reading and Writing, 2013, 26（6）: 991–1008.

语音正字法转化系统，发展性阅读障碍儿童因为存在语音缺陷导致在进行语音正字法的转换上有困难。因此，发展性阅读障碍儿童书写问题的原因可能与语音缺陷相关。[1]坎德尔（Kandel）等提出发展性阅读障碍儿童书写加工缺陷是由于在字形与运动整合过程中的认知负荷过大导致的。[2]因此，发展性阅读障碍儿童书写困难也可能主要是在词汇、亚词汇通路中无法准确快速地提取字形信息，正字法问题是书写加工缺陷的主要原因。

本研究还发现发展性阅读障碍儿童与普通儿童在书写产生中语音、正字法作用的时间不同，即发展性阅读障碍儿童在书写产生中存在语音中介通路，语音作用于早期和晚期，正字法作用于晚期。而普通儿童在书写产生中语音、正字法均作用于晚期。在干扰字兴趣区中，发展性阅读障碍儿童和普通儿童的首次注视时间差异不显著，正字法条件下的总注视时间差异显著长于语音条件下。在图片兴趣区中，普通儿童在首次注视时间上无差异，发展性阅读障碍儿童语音条件下的首次注视时间显著长于其他三个条件。两组被试在总注视时间上没有差异，表明语音作用于发展性阅读障碍儿童书写的早期阶段。值得探究的是，目前对于普通群体书写产生中是否存在语音中介作用仍没有定论。但是语音中介假设和正字法自主假设并不是

❶ 卫埌圻，曹慧，毕鸿燕，等. 发展性阅读障碍书写加工缺陷及其神经机制 [J].心理科学进展，2020，28（1）：75.
❷ KANDEL S, LASSUS-SANGOSSE D, GROSJACQUES G, et al. The impact of developmental dyslexia and dysgraphia on movement production during word writing [J]. Cognitive Neuropsychology, 2017, 34（3-4）: 219-251.

非此即彼，普通群体的书写产生中可能激活语音信息，也可能语音与正字法信息都被激活。[1] 本研究认为发展性阅读障碍儿童书写产生中存在语音中介通路，可能是因为发展性阅读障碍儿童这一特殊群体的语音意识、正字法意识发展水平较弱所导致的。

[1] 王成.汉语书写产生中正字法信息提取的认知机制［D］.北京：中国科学院，2015.

第三章 音乐训练促进发展性阅读障碍 儿童阅读的理论分析

一、节奏性音乐对语言加工影响的 PRISM 模型

音乐和语言之间关系的学术研究有着悠久的历史，音乐和语言作为人类社会的主要沟通工具，都涉及复杂的感知运动加工过程。[1] 大量研究表明，练习音乐技能有助于提高语言能力，如音乐训练可以在一定程度上促进语音知觉、词汇理解和段落理解能力。[2] 虽然音乐和语言涉及不同的组成要素（如音符、和弦与单词、语素等），但这些领域的复杂结构化表征可能由一些共享或重叠的处理资源支持。[3] 因此，音乐对语言的促进作用是由于二者拥有共同的大脑处理机制，进一步支持音乐领

---

[1] 南云.音乐学习对语言加工的促进作用［J］.心理科学进展, 2017, 25（11）：1844–1853.

[2] 王杭，江俊，蒋存梅.音乐训练对认知能力的影响［J］.心理科学进展, 2015, 23（3）：419–429.

[3] PATEL A D. Language, music, syntax and the brain［J］. Nature Neuroscience, 2003, 6（7）：674－681.

域的技能向语言领域延伸。❶

有规律的节奏是人类音乐的核心组成部分，节拍提取、运动周期性和听觉运动夹带是音乐合奏中的必要条件。人类也具有从复杂的听觉刺激中提取节拍并将动作融入其中的强大能力（手指敲击）。在语言节奏中，较强和较弱的语音事件（如重音节和非重音节）的改变会引起形成格律的分组。这种可感知的重音模式可以分割语音信号，有助于语言习得、词汇识别。❷可以说，节奏是音乐和语言的共有特点。在音乐中找不到节拍的人，同步敲击声和语言节奏时也会存在缺陷。音乐节奏感知能力也可以预测有或没有阅读障碍的成年人在说话时的节奏分组偏好。

音乐与语言领域的理论基础深厚。帕特尔（Patel）提出的OPERA（Overlap, Precision, Emotion, Repetition, Attention）理论认为听觉运动诱导练习可能会导致语音技能和随后的阅读能力提高。❸基于 OPERA 理论的观点，音乐训练对语言技能的影响可以从音乐和语言的共同声学特征来理解，它们之间满足

---

❶ SLEVE L R, OKADA B M. Processing structure in language and music: a case for shared reliance on cognitive control [J]. Psychonomic Bulletin & Review, 2014, 22（3）: 637-652.

❷ BEIER E J, FERREIRA F. The temporal prediction of stress in speech and its relation to musical beat perception [J]. Frontiers in Psychology, 2018, 9: 431.

❸ PATEL A D. Why would musical training benefit the neural encoding of speech? the OPERA hypothesis [J]. Frontiers in Psychology, 2011, 2: 142; PATEL A D. The OPERA hypothesis: assumptions and clarifications [J]. Annals of the New York Academy of Sciences, 2012, 1252（1）: 124-128; PATEL A D. Can nonlinguistic musical training change the way the brain processes speech? the expanded OPERA hypothesis [J]. Hearing Research, 2014, 308: 98-108.

五个条件：重叠、精确、情感、重复和注意。藤井（Fujii）和旺（Wan）从节奏特异性的角度对 OPERA 理论进行了延伸，提出 SEP（Sound Envelope Processing and Synchronization and Entrainment to a Pulse）理论，解释音乐节奏如何以及为什么有利于言语和语言康复。[1]同样，蒂尔尼（Tierney）和克劳斯（Kraus）在 OPERA 理论的基础上提出了精确听觉计时理论（Precise Auditory Timing Hypothesis，PATH），该理论认为听觉—运动同步化和语音意识都依赖于听觉系统中精确的神经计时，以及这种听觉计时信息与运动和认知网络的整合。[2]菲维阿斯（Fiveash）等综合以往理论观点，提出了音乐和言语节奏处理的共享神经机制模型（Processing Rhythm In Speech and Music，PRISM），该模型概述了音乐和语音 / 语言处理中共享的三个基本机制：精确的听觉处理、神经振荡与外部刺激的同步 / 夹带、感觉运动耦合。[3]

但以往的研究均是在表音文字研究的基础上建立而来，对于使用声调语言的表意文字（如汉语）是否支持以上理论尚不清楚。已有关于汉语的研究发现，与对照组相比，阅读障碍儿

[1] FUJII S, WAN C Y. The role of rhythm in speech and language rehabilitation: the SEP hypothesis［J］. Frontiers in Human Neuroscience, 2014, 8: 777.

[2] TIERNEY A, KRAUS N. Auditory-motor entrainment and phonological skills: precise auditory timing hypothesis（PATH）［J］. Frontiers in Human Neuroscience, 2014, 8: 949.

[3] FIVEASH A, BEDOIN N, GORDON R, et al. Processing rhythm in speech and music: shared mechanisms and implications for developmental speech and language disorders［J］. Neuropsychology, 2021, 35（8）: 771－791.

童的节奏模仿能力较差,^❶ 节拍感知的 P3a(m)较小。^❷ 孙(Sun)等首次发现了中国学龄儿童的节奏处理与阅读能力之间的关系,儿童 9 岁时的节奏感知预测了 9—11 岁之间语音意识、阅读准确性以及这些技能的发展,这为神经节奏加工与语音意识之间的关系提供了第一个证据。^❸ 综上所述,本研究将从以下三个方面进行探讨:(1)梳理 PRISM 模型观点并与其他理论辨析;(2)相关理论下汉语研究的可行性;(3)基于汉语发展性阅读障碍儿童的节奏性音乐训练干预的应用。

(一)PRISM 模型的内容

PRISM 模型解释了音乐和语言中节奏处理的机制问题,三种机制紧密交织在一起,每一种机制在音乐和语音节奏处理中都发挥着独特的作用。精确的听觉加工主要涉及识别小的时间偏差和准确的听觉感知,这是听觉加工的基础;神经振荡与外部刺激的同步和夹带允许对即将到来的元素进行预测,并在多个层次上对层次结构进行跟踪;感知运动耦合使得大脑中的感知和产出以及运动系统产生紧密联系,这有利于计时和预测机制。每个机制除单独起作用外,也可以参与其他机制的运作。

❶ LEE H Y, SIE Y S, CHEN S C, et al. The music perception performance of children with and without dyslexia in Taiwan〔J〕. Psychological Reports, 2015, 116(1):13 – 22.

❷ CHIANG C H, HAMALAINEN J, XU W, et al. Neural responses to musical rhythm in Chinese children with reading difficulties〔J〕. Frontiers in Psychology, 2020, 11: 1013.

❸ SUN C, MENG X Y, DU B Q, et al. Behavioral and neural rhythm sensitivities predict phonological awareness and word reading development in Chinese〔J〕. Brain and Language, 2022, 230: 105 – 126.

1. 精确的听觉处理

精确的听觉加工是音乐和语音节奏处理能力之间转移的潜在传递机制。有研究表明，音乐训练可以积极地增强精确的听觉处理，这种影响也有益于语音处理等其他领域，并且伴随个体发展的一生。❶ 戈斯瓦米（Goswami）在时间抽样框架理论（Temporal Sampling Framework，TSF）中指出，大脑的神经振荡机制在不同的频段对输入信息（如音乐和语言）进行"精确的时间采样"，音乐节奏的规律性可以提高听觉加工的精度和诱发神经振荡，从而通过改善语音包络的神经跟踪来增强语音技能。❷ 因此，音乐和语音节奏处理建立在精确的听觉计时上，这也与外部刺激和感觉运动耦合的神经振荡的同步和夹带有关。

2. 神经振荡与外部刺激的同步 / 夹带

神经振荡是神经元产生的定期重复的抑制性和兴奋性电活动模式。它们在大脑中无处不在，并已被证明在音乐和语音处理中发挥核心作用。神经振荡追踪听觉节奏，被认为是音乐感知和演讲的基础，并在两个领域中发挥类似的作用。因此，神经振荡似乎是预测加工、时间注意和外部节奏刺激跟踪的基础机制，并可能是基于音乐节奏训练对语音处理有效性的基础。而神经元夹带被定义为一个或多个振荡对外部节奏的反应，使振荡与外部节奏相同。它对音乐和节奏的感知以及言语的感

---

❶ KRAUS N, CHANDRASEKARAN B. Music training for the development of auditory skills [J]. Nature Reviews Neuroscience, 2010, 11（8）: 599 - 605.

❷ GOSWAMI U. A temporal sampling framework for developmental dyslexia [J]. Trends in Cognitive Sciences, 2011, 15（1）: 3 - 10.

知和可懂度都很重要。神经振荡的同步／夹带可以作为一种机制，将有规律的音乐信号的好处扩展到不那么有规律的语音信号，神经振荡的夹带也牵涉代表音乐和语言节奏的不同层次水平。[1]动态参与理论表明，神经振荡在多个层次上对外部规律性进行夹带，导致嵌套振荡，同时跟踪多个层次结构，并提供度量约束的好处。[2]此外，丁（Ding）等的研究表明，只有当参与者能够理解他们所听的语言时，才会观察到更高水平（短语和句子水平）的神经振荡，这表明自上而下加工的强烈影响。[3]

3. 跨区域神经连接的感知运动耦合

音乐表演需要整合多模态感觉和运动信息。[4]听觉皮层可以广泛连接到各种大脑区域，包括前额叶和顶叶区域，并参与复杂的听觉和非听觉功能（如感觉运动、认知和语言相关功能）。感知运动耦合是指听觉和运动皮层之间的联系，是感知

❶ HARDING E E, SAMMLER D, HENRY M J, et al. Cortical tracking of rhythm in music and speech［J］. NeuroImage, 2019, 185: 96 - 101.

❷ JONES M R. Time, our lost dimension: toward a new theory of perception, attention, and memory［J］. Psychological Review, 1976, 83（5）: 323 - 355; JONES M R. Musical time［M］// HALLAM S, CROSS I, THAUT M. The Oxford handbook of music psychology. 2nd ed. Oxford : Oxford University Press, 2016.

❸ DING N, MELLONI L, ZHANG H, et al. Cortical tracking of hierarchical linguistic structures in connected speech［J］. Nature Neuroscience, 2016, 19（1）: 158 - 164.

❹ ALTENMULLER E. Neurology of musical performance［J］. Clinical Medicine, 2008, 8: 410 - 413.

和产生音乐和语言节奏的核心基础机制。❶感知运动耦合似乎对语言的感知和产生至关重要，运动系统也与语音感知有关，而听觉系统也与语音有关。有证据表明，音乐训练增强了感觉运动的同步性，与对照组相比，音乐家表现出更精细的同步技能、更低的敲击可变性和更高的感知敏感性。❷运动系统参与感知运动耦合有助于产生对音乐和语言的精确感觉预测。音乐和语言材料的感觉运动机制有共同之处，因此可以预测，专注于节奏处理的训练，特别是节奏的夹带训练，将加强听觉皮层和运动皮层之间的联系。❸

（二）PRISM 模型与相关理论的辨析

1.OPERA 理论

帕特尔提出的 OPERA 理论认为，音乐驱动的语音处理网络自适应神经可塑性的发生是因为满足了以下五个基本条件。（1）重叠（Overlap）：处理语音和音乐中使用的声音特征的大脑网络存在广泛重叠；（2）精确（Precision）：音乐对这些共享大脑网络工作的要求比语音更高；（3）情感（Emotion）：参与网络工作的音乐活动会引起强烈的积极情感；（4）重复

❶ FIVEASH A, BEDOIN N, GORDON R, et al. Processing rhythm in speech and music：shared mechanisms and implications for developmental speech and language disorders［J］. Neuropsychology, 2021, 35（8）：771 - 791.

❷ REPP B H. Sensorimotor synchronization and perception of timing：effects of music training and task experience［J］. Human Movement Science, 2010, 29（2）：200 - 213.

❸ FIVEASH A, BEDOIN N, GORDON R, et al. Processing rhythm in speech and music：shared mechanisms and implications for developmental speech and language disorders［J］. Neuropsychology, 2021, 35（8）：771 - 791.

（Repetition）：经常被重复音乐活动；（5）注意（Attention）：音乐活动需要集中注意力。❶由于音乐活动的有关网络功能比语音加工所需网络功能的精度更高，且二者共享这些网络，因此音乐活动有利于语音加工。扩展的 OPERA 理论则聚焦器乐性音乐训练，进一步强调音乐对音乐和语音共享的某些感觉和认知处理机制提出了更高的要求，这为音乐训练加强语音处理奠定了基础。

OPERA 理论解释了器乐训练影响语音加工的原因，搭建了跨区域神经具有自适应可塑性的理论框架，有助于后人深入研究神经网络跨区域处理的性质和局限性。该理论中的情感、重复和注意的功能也可以由语言领域的专业形式得到满足，❷而 PRISM 模型中的神经振荡与外部刺激的同步／夹带和跨区域神经连接的感觉运动耦合则更精准地解释了音乐和语音之间的纠缠关系。

2.SEP 理论

SEP 理论是 OPERA 理论在节奏方面的特定扩展，强调节奏在语音感知和生产中的重要作用，该理论主要提出两个观点：声音包络处理、脉冲的同步和夹带。声音包络是语音中传递节奏的重要声学信息来源，它是在一个给定的频率范围内所

---

❶ PATEL A D. Why would musical training benefit the neural encoding of speech? the OPERA Hypothesis［J］. Frontiers in Psychology，2011，2：142.

❷ BIDELMAN G M，HUTKA S，MORENO S. Tone language speakers and musicians share enhanced perceptual and cognitive abilities for musical pitch：evidence for bidirectionality between the domains of language and music［J］. PLoS ONE，2013，8（4）：e60676.

有频率的声学功率总和。第一个观点认为大脑网络是在音乐和语言的节奏感知过程中的主要重叠源，第二个观点认为大脑网络中的主要重叠源不仅用于节奏感知，还用于音乐和语言中的节奏产生和感觉运动耦合。音乐中的声音包络处理需要增强时间精度，这会对不太规则的语音包络处理和语音的神经编码产生影响。❶PRISM 理论和 SEP 理论都强调精确的听觉处理被认为是音乐和语音节奏处理能力之间潜在转移的一种机制。

3.PATH 理论

PATH 理论提出，与音乐同步所需的毫秒级精度可以使负责语音处理的大脑网络更加敏锐，听觉—运动同步化和语音意识都依赖于听觉系统中精确的神经计时以及这种听觉计时信息与运动和认知网络的整合，该理论进一步证明了精确的听觉计时满足 OPERA 理论包含的五个条件。❷PATH 理论从时间精确计时的角度，解释了为什么节拍同步可以增强儿童的语音意识，语音意识的发展取决于精确的时间感知，尤其是在快速的时间尺度上，PATH 理论提供了一个框架来理解音乐—阅读迁移的主要机制。PRISM 理论不仅从听觉的精确时间感知上对音乐向言语的迁移作出解释，还更系统地总结相关领域理论发展，解释了音乐和言语中的节奏处理的共同神经机制。

---

❶ FUJII S, WAN C Y. The role of rhythm in speech and language rehabilitation: the SEP hypothesis [J]. Frontiers in Human Neuroscience, 2014, 8: 777.

❷ TIERNEY A, KRAUS N. Auditory-motor entrainment and phonological skills: precise auditory timing hypothesis (PATH)[J]. Frontiers in Human Neuroscience, 2014, 8: 949.

（三）PRISM 理论的应用

PRISM 理论从音乐和言语共享的节奏加工领域提出音乐—言语迁移的三个机制，根据该理论观点，可以针对阅读障碍或语言障碍等个体，探究合适的音乐训练干预方法。开展明确侧重于直接训练精确的听觉处理、神经振荡与外部刺激的配合以及加强感觉运动耦合的节奏训练计划，这对于利用这些相同的基本机制的言语/语言技能产生直接好处。❶

后续研究可以在 PRISM 理论的基础上，通过匹配适当的对照组，研究针对这三种机制的训练对不同言语和语言技能的影响。比如：（1）辨别小的时间差异和上升时间感知训练（精确的听觉处理）；（2）多层次的结构追踪（对外部刺激的神经纠缠和基于结构的预测）；（3）有听觉反馈的节奏制作（感觉运动耦合）。具体来说，感知节拍和产生节拍等相关训练可能会产生更好的干预效果，因为它可以跨越这三种机制。在临床上，特定的言语或语言障碍可能对通过不同机制训练产生调节的敏感程度不同（例如，对于阅读障碍和发展性语言障碍，重点关注神经诱导；对于口吃，则重点关注感觉运动耦合），这种可能性应在未来的研究中加以探索。

以往研究表明节奏和节奏技巧不是一个单一的实体，而是各种子过程的组合，它们可能会利用不同的基本处理机制和神

---

❶ FIVEASH A, BEDOIN N, GORDON R, et al. Processing rhythm in speech and music: shared mechanisms and implications for developmental speech and language disorders [J]. Neuropsychology, 2021, 35 (8): 771-791.

经相关。❶研究表明，基于节拍的节奏任务／期望与基于记忆的节奏任务／期望之间存在差异，如周期性的运动模式生成、节拍提取、夹带和节拍感知，节奏模式、节拍和节奏处理的神经特征，以及节奏与节拍处理之间的神经特征。以上差异应该在普通发展个体和发育障碍个体中作进一步研究，并且在制订未来的训练计划时应该考虑与目前的理论相一致。未来可以考虑在 PRISM 理论的指导下，开发适当的音乐训练计划，进一步研究不同发育障碍个体受损的潜在时间机制，为开展有针对性的音乐节奏训练建立强有力的证据基础。

（四）未来研究进展

梳理以上理论可以发现，与精确计时相关的节奏处理机制是研究音乐训练与言语／语音关系的重要支点。节奏的感知和产生是与阅读技能相关的已知因素。❷探究节奏和阅读的关系在理论上很重要，它可以让我们更好地理解音乐和语言之间错综复杂的关系。此外，它还具有重要的现实意义，因为音乐训练已开始吸引研究人员的兴趣，作为一种替代阅读的干预方

❶ BOUWER F L, HONING H, SLAGTER H A. Beat-based and memory-based temporal expectations in rhythm: similar perceptual effects, different underlying mechanisms [J]. Journal of Cognitive Neuroscience, 2020, 32（7）: 1221‑1241; KOTZ S A, RAVIGNANI A, FITCH W T. The evolution of rhythm processing [J]. Trends in Cognitive Sciences, 2018, 22（10）: 896‑910.

❷ OZERNOV-PALCHIK O, PATEL A D. Musical rhythm and reading development: does beat processing matter? [J]. Annals of the New York Academy of Sciences, 2018, 1423（1）: 166‑175.

式，用于治疗发展性阅读障碍等语言迟缓儿童的研究。❶

然而，以往关于节奏和阅读关系的研究仍存在一些局限性。首先，大部分是横向研究，纵向研究较少。其次，尽管有几项研究调查了阅读发展，但儿童时期的节奏处理是如何发展的，这在很大程度上仍然是未知的。❷最后，以往大多数关于节奏—阅读关系的研究，其主体都集中在字母拼音文字上，在与声调语言有关的非字母拼音文字（如中文）中节奏与阅读是否存关联尚不清楚。❸

中文的汉字与英文等拼音文字形成鲜明对比，因为它们代表不同的书写系统。与英语使用字母表示音素不同，汉语使用表意文字，其中字符表示音节和语素。此外，汉语是声调语言，不同的词汇声调对同一个音节具有不同的含义，这种独特的语音意识（音调意识）在汉语阅读发展中也发挥着重要作用。❹目前尚不清楚节奏处理是否与汉语的音调意识有关。因此，未来应探究发展中的中国儿童的节奏阅读关系以及节奏感知和音调处理之间可能存在的联系，针对汉语阅读障碍儿童提

❶ HABIB M, LARDY C, DESILES T, et al. Music and dyslexia: a new musical training method to improve reading and related disorders [J]. Frontiers in Psychology, 2016, 7: 26.

❷ SONG S, SU M, KANG C P, et al. Tracing children's vocabulary development from preschool through the school-age years: an 8-year longitudinal study [J]. Developmental Science, 2015, 18 (1): 119 - 131.

❸ WANG M, KODA K, PERFETTI C A. Alphabetic and nonalphabetic L1 effects in English word identification: a comparison of Korean and Chinese English L2 learners [J]. Cognition, 2003, 87 (2): 129 - 149.

❹ YIN L, LI W, CHEN X, et al. The role of tone awareness and pinyin knowledge in Chinese reading [J]. Writing Systems Research, 2011, 3 (1): 59 - 68.

出音乐训练影响言语发展的理论模型。

二、音乐训练与语音加工关系的元分析研究

随着现代科学技术的发展，越来越多的人开始接受音乐训练，音乐训练逐渐成为提升人们认知能力的一种手段。音乐训练是指对学习者的发音音准、音乐旋律、节奏的控制，以及情绪情感的表达等一系列的综合活动。❶音乐训练涉及听觉（听歌曲）、视觉（读乐谱）、躯体感觉（拍手／敲打乐器）、运动系统（声势律动）等，是由多种感觉器官参与的，促进脑功能整合与开发的一种综合性强化活动。❷

《小学音乐课程标准（2011版）》也指出，音乐课程要突出音乐特点，关注学科综合，即通过具体的音乐课程内容构建起与其他学科的有机联系，在综合过程中打破学科壁垒，促进学科融合化和多元化，增强个体对各科内容的复合力，拓展学生的艺术眼界。音乐训练对语言的认知有一定的刺激作用，有利于提高对语音的敏感性，有效增强语言的表达能力。❸

语言是人类社会独有的产物，是人们传递信息和表明想法的重要方式。语音加工又叫语音技能，是指个体在文字语言和

---

❶ PATEL A D. Can nonlinguistic musical training change the way the brain processes speech? the expanded OPERA hypothesis［J］. Hearing Research，2014，308：98–108.

❷ 邓珏，叶子青，周加仙．音乐训练对统计学习能力的促进作用［J］．心理发展与教育，2021（6）：904–912.

❸ 王诗晨．音乐训练对认知能力的影响［J］．北方音乐，2016，36（17）：73.

口头语言的加工过程中对语音相关信息进行处理和运用的能力，由语音意识、语音命名速度和语音工作记忆组成。[1]语音加工对词汇的发音规则和语音编码发挥着首要作用，将"读"和"写"之间建立桥梁，使口头语与书面语快速形成连接，加强词汇理解。并且语音在阅读学习的解码过程中也是不可或缺的，是预测儿童早年阅读技能的关键性因素。

以往研究发现，具有良好音乐表现的儿童在语音加工方面能够取得较好的结果。[2]一项关于普通儿童与阅读困难儿童的实验中显示，音乐训练能预测阅读障碍儿童的语音能力。[3]这或许是因为音乐和语言都是由听觉导致的，人们用于传递信息的声音系统在大脑皮层和大脑皮层下的神经基质上有明显的重叠，即共同的神经资源。在声音系统中，音乐和语言都是按照特定的层级单位和规则结构组成。音乐的层级单位主要包括单音、和弦、乐篇。语言的层级单位主要包括语音、词汇、语句。从结构上来看，两者的信息加工规则都是由基本元素逐渐形成高级单位的。此外，音乐和语言都用于传递情感。音乐可以更深刻地表述感情，人们对语言的感知可以在音乐节奏和韵律的带动下，实现更有价值的沟通与交流。

---

❶ WAGNER R K，TORGESEN J K .The nature of phonological processing and its causal role in the acquisition of reading skills［J］. Psychological Bulletin，1987，101（2）：192–212.

❷ ANVARI S H，TRAINOR L J，WOODSIDE J，et al. Relations among musical skills，phonological processing，and early reading ability in preschool children［J］. Exp Child Psychol，2002，83（2）：111–130.

❸ MARIE F. The relation between music and phonological processing in normal–reading and children with dyslexia［J］. Music Perception，2008，25（4）：383–390.

正因为音乐与语言的同源性，近年来越来越多的研究者已经开始研究音乐和语言之间的关系。大脑是音乐与语言共同加工的"基地"，音乐训练可能导致大脑构造和性能的变化。对比无音乐训练的人，音乐专家能够更准确地区分语言的音调变化。[1]以语言能力较差的儿童为被试进行音乐干预，结果发现其在音乐训练之后的语言测试成绩明显高于音乐训练之前，语言加工能力更强。[2]但也有研究者认为音乐训练与语音并无相关性，赫尔姆博尔德等认为经过音乐训练的成人与无音乐经验的成人在语音任务测验上并没有差异。[3]由此可知，以往文献关于音乐训练与语音之间的关系仍然存在争辩，需要进一步探索和考证。

另外，我们认为两者关系可能还受其他因素影响。例如语言文化背景可能会影响两者关系。东西方文字分属于不同的语言种类，中国汉字归于象形文字，英语归于拼音文字。具体来说，象形文字是一种字符，它不需要借助发音，只通过字形或图像即可传递信息，具有表意作用。拼音文字则具有一套固定的拼读规则，它是从字面上来判断读音，用字母来表示语音的一种文字形式，两者的不同首要体现在字形与读音上。而语音意识作为拼音的基础，是指对单词发音和拼写规则的认识，与

[1] SCHON D, MAGNE C, BESSON M. The music of speech: music training facilitates pitch processing in both music and language [J]. Psychophysiology, 2004, 41 (3): 341-349.

[2] HERRERA L, LORENZO O, DEFIOR S, et al. Effects of phonological and musical training on the reading readiness of native-and foreign-Spanish-speaking children [J]. Psychology of Music, 2011, 39 (1): 68-81.

[3] HELMBOLDN, R T, ALTENMULLER E. Differences in primary mental abilities between musicians and nonmusicians [J]. Journal of Individual Differences, 2005, (26): 74-85.

拼音文字系统的特点密切相关，即在西方拼音文字系统中的语音水平能够发挥更重要的作用。由此推断，与东方语言文化背景相比，音乐训练对提高西方语言文化背景下的语音加工效果更好。此外，有研究发现被试年龄也可能影响音乐训练与语音加工的关系。[1]幼儿在 6 岁之前大脑的可塑性最强，是大脑发育和开发的最佳时期。陈（Chen）等的研究将 74 名 4—7 岁儿童和成人进行语音测试，发现 6 岁组儿童对语音语调的识别要好于 5 岁，相当于成人水平，但对正确率的判断显著低于成年组。[2]语音意识成分也可能影响音乐训练与语音加工的关系。以往研究结果表明在语音意识的不同成分中，音乐训练与音位意识水平关系更强。[3]也有研究发现，语音意识中的首尾音技能的结果往往随着音乐训练时间的增加而变得更强。[4]

除语言文化背景、被试年龄和语音意识成分外，我们还发现音乐训练时长和音乐训练的方式也会影响音乐训练和语言加工之间的关系。值得注意的是，在本研究检索相关文献过程中，发现出版时间也可能会对音乐训练与语音加工的关系产生

[1] SCHLAUG G, NORTON A, OVERY K, et al. Effects of music training on the child's brain and cognitive development [J]. Annals of the New York Academy of Sciences, 2005, 1060（1）: 219–230.

[2] CHEN F, PENG G, YAN N, et al. The development of categorical perception of Mandarin tones in four–to seven–year–old children [J]. Journal of Child Language, 2016, 44（6）: 1413–1434.

[3] VIDAL M M, LOUSADA M, VIGARIO M. Music effects on phonological awareness development in 3–year–old children [J]. Applied Psycholinguistics, 2020, 41（2）: 1–20.

[4] GORDON R L, FEHD H M, MCCANDLISS B D. Does music training enhance literacy skills? a meta–analysis [J]. Frontiers in Psychology, 2015, 6: 1777.

影响。本研究检索 1990—2020 年的国内外文献，发现从 1993年开始国外已有音乐训练与语音加工关系的研究，主要以音乐与语言的相似性为切入点进行两者关系的讨论。2010—2020年，国内关于音乐训练与语音加工的研究在迅速增加，音乐训练活动内容和语音测试任务也在逐渐丰富。由此可见，音乐训练和语音加工之间受到许多因素的影响，但这些因素对于音乐训练和语音加工的影响机制并不明确，因此，音乐训练和语音加工关系的调节变量也需要作进一步分析。且在音乐训练与语音加工之间关系的实证研究中发现，由于不同研究者在设计研究样本容量、指标选定、被试选择、统计方法等方面存在差异，会导致研究结果的不同。而且，音乐训练与语音加工之间是否有关系，关系程度如何，在学术界仍然存在争论。

综上所述，本研究采用元分析的方法来综合讨论以往音乐训练对语音加工的影响及二者的关系程度，并且对影响二者关系的调节变量因素（语言文化背景、被试年龄、语音加工成分、音乐训练时长、音乐训练方式以及出版时间）进行深入探究，阐述他们是否对音乐训练与语音加工的关系起到调节作用。最后根据所得出的结果来分析其原因，并针对问题提出有效且合理的教育建议，为后人更深入探求音乐训练和语音加工之间关系影响提供内容参考，也为提高语音的发展探明新路径。

（一）研究步骤

选用元分析的方法探究音乐训练与语音加工之间的关系，

通过对文献的检索和筛选，本研究共纳入 31 篇中英文文献，134 个独立样本（$N=8132$）。元分析的具体操作程序如下：首先，确定研究主题和研究目的，并按照研究的范围实施文献搜查。其次，要严格进行文献的搜集，搜索的数据库要确保全面且内容详细。搜索的关键词要严谨切题，分为主要关键词和次要关键词，另外对未发表出版的论文也要尽可能地搜寻，避免出版偏倚。再次，对搜集的文献进行阅读和筛选。去除不符合研究主题的文献，对符合研究主题的文献进行编码并纳入 CMA 3.0 元分析软件数据库中。最后，操作元分析软件对数据实施分析和处理。

（二）研究过程

1. 文献搜集

使用音乐训练（music learning）、音乐活动（musical activities）、音乐教学（music teaching）、语音意识（phonological awareness）、音节意识（syllable awareness）、首尾音意识（onset-rime awareness）、音位意识（phonemic awareness）为重点词在 CNKI、万方、维普、Springer、Elsevier、Wiley、Emerald、ProQuest、Google 学术等中英文数据库中查找 1990 年 1 月至 2020 年 12 月的相关主题文献。

2. 纳入标准

（1）所查找的文献要有数据支撑。（2）所查找的文献要报告两者的相关系数 r 值，或能转化为 r 的 F 值、t 值或 χ^2 值。（3）所查找的文献要数据完整，数据不重复。依照以上标准，共得到 31 篇文献（中文 7 篇、英文 24 篇），共有 134 个独立效应量。具体文献检索及筛选流程见图 3-1。

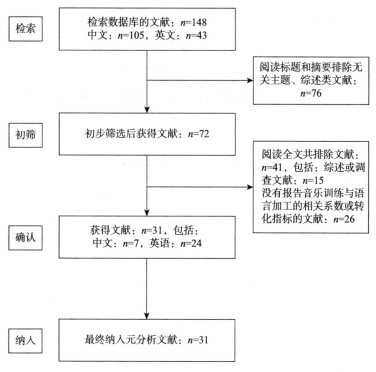

图 3-1　文献检索及筛选流程

3. 文献编码

对纳入元分析的文献进行如下编码：（1）研究名；（2）样本量；（3）语言文化背景。

具体编码要求如下：（1）不同研究群体产生多个研究结果，将分别独立编码。（2）确保研究的准确性和有效性，文献信息编码将由两位研究人员一同提取和校正。（3）被试年龄分为学龄前儿童（3—6岁）、青少年儿童（7—18岁）和成人（18岁以上）。（4）语音加工成分主要分成音节意识、首尾音意识、音位意识和语音意识整体。（5）音乐训练时长主要分成短暂（3个月以下）、6个月、12个月、12个月以上。（6）音乐训练方式主要分成音乐欣赏（听音乐为主）、器乐学习（乐器为主）、声乐学习（唱歌为主）和综合性音乐训练，具体内容详见表3-1。

表3-1 纳入元分析研究的基本资料

研究名	样本量（个）	语言文化背景	被试年龄	语音加工成分	音乐训练时长	音乐训练方式	出版时间	效应量 r
李文辉(2016)a	40	E	学龄前儿童	音位意识	12个月以上	器乐学习	2016	0.779
李文辉(2016)b	40	E	学龄前儿童	音位意识	12个月以上	器乐学习	2016	0.577
李文辉(2016)c	40	E	学龄前儿童	音位意识	12个月以上	器乐学习	2016	0.307
李文辉(2016)d	40	E	学龄前儿童	语音意识整体	12个月以上	器乐学习	2016	0.561
李文辉(2017)a	55	E	学龄前儿童	音位意识	短暂	音乐欣赏	2017	-0.840
李文辉(2017)b	55	E	学龄前儿童	音位意识	短暂	音乐欣赏	2017	-0.569
姚尧(2020)a	40	E	学龄前儿童	音位意识	12个月	器乐学习	2020	0.040

研究名	样本量(个)	语言文化背景	被试年龄	语音加工成分	音乐训练时长	音乐训练方式	出版时间	效应量 r
姚尧(2020)b	40	E	学龄前儿童	音位意识	12个月	器乐学习	2020	−0.413
张辉(2015)a	53	E	青少年儿童	音节意识	短暂	音乐欣赏	2015	0.701
张辉(2015)b	98	E	成人	音节意识	短暂	音乐欣赏	2015	0.247
张辉(2015)c	98	E	青少年儿童	音节意识	短暂	音乐欣赏	2015	0.670
张辉(2015)d	53	E	成人	音节意识	短暂	音乐欣赏	2015	0.317
张政华(2020)a	50	E	成人	首尾音意识	12个月以上	器乐学习	2020	0.038
张政华(2020)b	50	E	成人	首尾音意识	12个月以上	器乐学习	2020	0.270
张政华(2020)c	50	E	成人	首尾音意识	12个月以上	器乐学习	2020	0.270
张政华(2020)d	50	E	成人	首尾音意识	12个月以上	器乐学习	2020	0.981
张政华(2020)e	50	E	成人	首尾音意识	12个月以上	器乐学习	2020	0.981
吴寒(2012)a	62	E	青少年儿童	音节意识	12个月以上	声乐学习	2012	0.402
吴寒(2012)b	62	E	青少年儿童	音节意识	12个月以上	综合性音乐训练	2012	0.063

续表

研究名	样本量（个）	语言文化背景	被试年龄	语音加工成分	音乐训练时长	音乐训练方式	出版时间	效应量 r
吴寒(2012)c	62	E	青少年儿童	音节意识	12个月以上	综合性音乐训练	2012	0.810
李胜楠(2020)a	60	E	成人	语音意识整体	12个月以上	综合性音乐训练	2020	−0.207
李胜楠(2020)b	60	E	成人	语音意识整体	12个月以上	综合性音乐训练	2020	−0.193
李胜楠(2020)c	60	E	成人	语音意识整体	12个月以上	综合性音乐训练	2020	−0.093
李胜楠(2020)d	60	E	成人	语音意识整体	12个月以上	综合性音乐训练	2020	−0.119
李胜楠(2020)e	60	E	成人	语音意识整体	12个月以上	综合性音乐训练	2020	−0.229
Gromko(2005)a	103	W	学龄前儿童	音位意识	6个月	声乐学习	2005	−0.047
Gromko(2005)b	103	W	学龄前儿童	音位意识	6个月	声乐学习	2005	0.100
Gromko(2005)c	103	W	学龄前儿童	音位意识	6个月	声乐学习	2005	−0.360
Patscheke(2018)a	40	W	学龄前儿童	语音意识整体	6个月	器乐学习	2018	0.220

续表

研究名	样本量（个）	语言文化背景	被试年龄	语音加工成分	音乐训练时长	音乐训练方式	出版时间	效应量 r
Patscheke (2018)b	40	W	学龄前儿童	语音意识整体	6个月	器乐学习	2018	0.204
Patscheke (2018)c	40	W	学龄前儿童	语音意识整体	6个月	器乐学习	2018	0.216
Hutchins (2018)a	90	W	学龄前儿童	语音意识整体	12个月	器乐学习	2018	0.350
Hutchins (2018)b	90	W	学龄前儿童	语音意识整体	12个月	器乐学习	2018	−0.077
Hutchins (2018)c	90	W	学龄前儿童	语音意识整体	12个月	器乐学习	2018	−0.098
Hutchins (2018)d	90	W	学龄前儿童	语音意识整体	12个月	器乐学习	2018	0.374
Hutchins (2018)e	90	W	学龄前儿童	语音意识整体	12个月	器乐学习	2018	0.306
Hutchins (2018)f	90	W	学龄前儿童	语音意识整体	12个月	器乐学习	2018	0.007
Hutchins (2018)g	90	W	学龄前儿童	语音意识整体	12个月	器乐学习	2018	−0.321
Hutchins (2018)h	90	W	学龄前儿童	语音意识整体	12个月	器乐学习	2018	−0.106
Hutchins (2018)i	90	W	学龄前儿童	语音意识整体	12个月	器乐学习	2018	−0.076
Forgeard (2008)a	44	W	青少年儿童	音位意识	12个月	器乐学习	2008	0.291
Forgeard (2008)b	10	W	青少年儿童	音位意识	12个月	器乐学习	2008	0.535

续表

研究名	样本量（个）	语言文化背景	被试年龄	语音加工成分	音乐训练时长	音乐训练方式	出版时间	效应量 r
Forgeard (2008)c	15	W	青少年儿童	音位意识	12个月	器乐学习	2008	0.684
Forgeard (2008)d	15	W	青少年儿童	音位意识	12个月	器乐学习	2008	0.872
Bolduc (2009)a	104	W	学龄前儿童	语音意识整体	6个月	综合性音乐训练	2009	0.970
Bolduc (2009)b	104	W	学龄前儿童	音节意识	6个月	综合性音乐训练	2009	1.000
Bolduc (2009)c	104	W	学龄前儿童	首尾音意识	6个月	综合性音乐训练	2009	1.000
Flaugnacco (2015)a	46	W	学龄前儿童	音位意识	12个月	器乐学习	2015	−0.018
Flaugnacco (2015)b	46	W	学龄前儿童	音位意识	12个月	器乐学习	2015	−0.123
Dege (2011)a	41	W	学龄前儿童	首尾音意识	6个月	综合性音乐训练	2011	0.546
Dege (2011)b	41	W	学龄前儿童	音节意识	6个月	综合性音乐训练	2011	0.633
Dege (2011)c	41	W	学龄前儿童	音位意识	6个月	综合性音乐训练	2011	0.286

续表

研究名	样本量（个）	语言文化背景	被试年龄	语音加工成分	音乐训练时长	音乐训练方式	出版时间	效应量 r
Herrera (2011)a	97	W	学龄前儿童	首尾音意识	12个月以上	器乐学习	2011	0.656
Herrera (2011)b	97	W	学龄前儿童	音节意识	12个月以上	器乐学习	2011	0.250
Herrera (2011)c	97	W	学龄前儿童	音位意识	12个月以上	器乐训练	2011	0.219
Sima H. (2002)a	105	W	学龄前儿童	首尾音意识	12个月	音乐欣赏	2002	0.590
Sima H. (2002)b	105	W	学龄前儿童	首尾音意识	12个月	音乐欣赏	2002	0.360
Sima H. (2002)c	105	W	学龄前儿童	音位意识	12个月	音乐欣赏	2002	0.330
Bolduc (2012)a	100	W	学龄前儿童	音节意识	短暂	音乐欣赏	2012	0.510
Bolduc (2012)b	100	W	学龄前儿童	音节意识	短暂	音乐欣赏	2012	0.620
Bolduc (2012)c	100	W	学龄前儿童	音节意识	短暂	音乐欣赏	2012	0.620
Bolduc (2012)d	100	W	学龄前儿童	首尾音意识	短暂	音乐欣赏	2012	−0.993
Delogu (2006)a	46	W	成人	首尾音意识	短暂	音乐欣赏	2006	0.945
Delogu (2006)b	46	W	成人	首尾音意识	短暂	音乐欣赏	2006	0.597
Delogu (2006)c	46	W	成人	首尾音意识	短暂	音乐欣赏	2006	0.464

续表

研究名	样本量（个）	语言文化背景	被试年龄	语音加工成分	音乐训练时长	音乐训练方式	出版时间	效应量 r
Delogu (2006)d	46	W	成人	首尾音意识	短暂	音乐欣赏	2006	0.492
Mara E (2017)a	17	W	青少年儿童	首尾音意识	6个月	综合性音乐训练	2017	0.549
Mara E (2017)b	17	W	青少年儿童	首尾音意识	6个月	综合性音乐训练	2017	0.483
Mara E (2017)c	17	W	青少年儿童	音位意识	6个月	综合性音乐训练	2017	0.588
Mara E (2017)d	17	W	青少年儿童	音位意识	6个月	综合性音乐训练	2017	0.485
Moritz (2013)a	30	W	学龄前儿童	首尾音意识	短暂	声乐学习	2013	0.510
Moritz (2013)b	30	W	学龄前儿童	首尾音意识	短暂	声乐学习	2013	0.486
Moritz (2013)c	30	W	学龄前儿童	音位意识	短暂	声乐学习	2013	0.486
Moritz (2013)d	30	W	学龄前儿童	音节意识	短暂	声乐学习	2013	0.557
Moritz (2013)e	30	W	学龄前儿童	音节意识	短暂	声乐学习	2013	0.510
Moritz (2013)f	30	W	学龄前儿童	音节意识	短暂	声乐学习	2013	0.497

研究名	样本量（个）	语言文化背景	被试年龄	语音加工成分	音乐训练时长	音乐训练方式	出版时间	效应量 r
Moritz (2013)g	30	W	学龄前儿童	首尾音意识	短暂	声乐学习	2013	0.065
Moritz (2013)h	30	W	学龄前儿童	首尾音意识	短暂	声乐学习	2013	0.142
Moritz (2013)i	30	W	学龄前儿童	音位意识	短暂	声乐学习	2013	0.385
Moritz (2013)j	30	W	学龄前儿童	音节意识	短暂	声乐学习	2013	0.375
Moritz (2013)k	30	W	学龄前儿童	音位意识	短暂	声乐学习	2013	0.363
Moritz (2013)l	30	W	学龄前儿童	音节意识	短暂	声乐学习	2013	0.373
ZhengweiPei (2016)a	128	E	成人	首尾音意识	短暂	音乐欣赏	2016	0.150
ZhengweiPei (2016)b	128	E	成人	首尾音意识	短暂	音乐欣赏	2016	0.167
ZhengweiPei (2016)c	128	E	成人	首尾音意识	短暂	音乐欣赏	2016	0.123
ZhengweiPei (2016)d	128	E	成人	首尾音意识	短暂	音乐欣赏	2016	0.128
ZhengweiPei (2016)e	128	E	成人	首尾音意识	短暂	音乐欣赏	2016	0.040
ZhengweiPei (2016)f	128	E	成人	首尾音意识	短暂	音乐欣赏	2016	0.103
ZhengweiPei (2016)g	128	E	成人	首尾音意识	短暂	音乐欣赏	2016	0.151

研究名	样本量（个）	语言文化背景	被试年龄	语音加工成分	音乐训练时长	音乐训练方式	出版时间	效应量 r
Patscheke (2016)a	39	W	学龄前儿童	语音意识整体	短暂	综合性音乐训练	2016	0.780
Patscheke (2016)b	39	W	学龄前儿童	语音意识整体	短暂	综合性音乐训练	2016	0.093
Patscheke (2016)c	39	W	学龄前儿童	语音意识整体	短暂	综合性音乐训练	2016	0.725
Patscheke (2016)d	39	W	学龄前儿童	语音意识整体	短暂	综合性音乐训练	2016	0.192
Patscheke (2016)e	39	W	学龄前儿童	语音意识整体	短暂	综合性音乐训练	2016	0.808
Patscheke (2016)f	39	W	学龄前儿童	语音意识整体	短暂	综合性音乐训练	2016	0.082
Patscheke (2016)g	39	W	学龄前儿童	音位意识	短暂	综合性音乐训练	2016	0.716
Patscheke (2016)h	39	W	学龄前儿童	音位意识	短暂	综合性音乐训练	2016	0.124
Patscheke (2016)i	39	W	学龄前儿童	音位意识	短暂	综合性音乐训练	2016	0.245

研究名	样本量（个）	语言文化背景	被试年龄	语音加工成分	音乐训练时长	音乐训练方式	出版时间	效应量 r
Patscheke (2016)j	39	W	学龄前儿童	音位意识	短暂	综合性音乐训练	2016	0.790
Patscheke (2016)k	39	W	学龄前儿童	音节意识	短暂	综合性音乐训练	2016	0.076
Patscheke (2016)l	39	W	学龄前儿童	音节意识	短暂	综合性音乐训练	2016	0.626
Eccles (2020)a	42	W	学龄前儿童	首尾音意识	12个月	器乐学习	2020	0.000
Eccles (2020)b	42	W	学龄前儿童	音位意识	12个月	器乐学习	2020	0.103
Eccles (2020)c	42	W	学龄前儿童	音位意识	12个月	器乐学习	2020	0.000
Eccles (2020)d	42	W	学龄前儿童	音位意识	12个月	器乐学习	2020	0.000
Eccles (2020)e	42	W	学龄前儿童	音位意识	12个月	器乐学习	2020	0.171
Eccles (2020)f	42	W	学龄前儿童	音位意识	12个月	器乐学习	2020	0.000
Eccles (2020)g	42	W	学龄前儿童	音节意识	12个月	器乐学习	2020	−0.048
Eccles (2020)h	42	W	学龄前儿童	音位意识	12个月	器乐学习	2020	−0.176

研究名	样本量（个）	语言文化背景	被试年龄	语音加工成分	音乐训练时长	音乐训练方式	出版时间	效应量 r
Eccles (2020)i	42	W	学龄前儿童	音节意识	12个月	器乐学习	2020	−0.020
Eccles (2020)j	42	W	学龄前儿童	首尾音意识	12个月	器乐学习	2020	−0.079
Eccles (2020)k	42	W	学龄前儿童	语音意识整体	12个月	器乐学习	2020	−0.097
Escalda (2010)a	56	W	学龄前儿童	音节意识	6个月	器乐学习	2010	0.142
Escalda (2010)b	56	W	学龄前儿童	音节意识	6个月	器乐学习	2010	0.311
Escalda (2010)c	56	W	学龄前儿童	语音意识整体	6个月	器乐学习	2010	0.286
Escalda (2010)d	56	W	学龄前儿童	语音意识整体	6个月	器乐学习	2010	0.571
Escalda (2010)e	56	W	学龄前儿童	语音意识整体	6个月	器乐学习	2010	−0.128
Escalda (2010)f	56	W	学龄前儿童	首尾音意识	6个月	器乐学习	2010	0.454
Escalda (2010)g	56	W	学龄前儿童	音位意识	6个月	器乐学习	2010	0.558
Escalda (2010)h	56	W	学龄前儿童	音位意识	6个月	器乐学习	2010	0.086
Escalda (2010)i	56	W	学龄前儿童	音位意识	6个月	器乐学习	2010	0.464
Vidal (2020)	44	W	学龄前儿童	音节意识	短暂	器乐学习	2020	0.376

续表

研究名	样本量(个)	语言文化背景	被试年龄	语音加工成分	音乐训练时长	音乐训练方式	出版时间	效应量 r
Christine (2011)a	112	W	青少年儿童	音位意识	12个月以上	器乐学习	2011	0.047
Christine (2011)b	112	W	青少年儿童	音位意识	12个月以上	器乐学习	2011	0.115
Christine (2011)c	112	W	青少年儿童	语音意识整体	12个月以上	器乐学习	2011	0.364
Christine (2011)d	112	W	青少年儿童	音节意识	12个月以上	器乐学习	2011	0.402
Christine (2011)e	112	W	青少年儿童	首尾音意识	12个月以上	器乐学习	2011	0.349
Christine (2011)f	112	W	青少年儿童	音位意识	12个月以上	器乐学习	2011	0.227
David (2007)a	53	W	青少年儿童	首尾音意识	12个月以上	音乐欣赏	2007	0.400
David (2007)b	53	W	青少年儿童	首尾音意识	12个月以上	音乐欣赏	2007	0.500
Susannah (1993)	18	W	学龄前儿童	音位意识	12个月	音乐欣赏	1993	0.600
Loui (2011)	32	W	青少年儿童	音位意识	12个月以上	音乐欣赏	2011	0.582
Riia (2010)	46	W	成人	音位意识	12个月以上	综合性音乐训练	2010	−0.641
Overy (2003)	28	W	青少年儿童	音位意识	6个月	音乐欣赏	2003	0.540

注：W 表示西方语言文化背景，E 表示东方语言文化背景。

4. 效应量计算

将 r 作为元分析的效应值，通过直接提取或采用相关公式来计算 r 值。具体转换公式如下：$r = [t^2 / (t^2 + df)]^{1/2}$，$df = n_1 + n_2 - 2$；$r = [F / (F + df (\text{error}))]^{1/2}$，$r = [\chi^2 / (\chi^2 + N)]^{1/2}$。此外，因为相关系数 r 的样本分布呈偏态，且研究中的方差依赖于相关，所以需要通过相关系数合成的方法（r–Fisher's Z），再进行元分析。

5. 模型的选定

元分析采用固定效应模型或随机效应模型，固定效应模型又叫共同效应模型，是指假设所有相同研究的结果都是真实的结果，并且所有研究的差异都来自抽样误差。随机效应模型则指不同的研究有不同的效应量，不同的研究设计或不同的群体之间有各自的抽样误差，即研究的差异是由不同的效应量和各自的抽样误差共同引起的，[1] 在本研究中，由于语言文化背景、被试年龄、语音加工成分、音乐训练时长、音乐训练方式以及出版时间等研究设计、研究群体以及测量工具的不同，因此本研究选用随机效应模型。

6. 出版偏倚

出版偏倚（Publication Bias）是指元分析研究的样本不能代表该领域已经完成的研究总体，即缺乏代表性。避免出版偏倚的有效手段就是尽可能提高样本的代表性，多纳入结果不显著或未发表的论文。检验出版偏倚一般采用漏斗图（Funnel

---

[1] BORENSTEIN M, HEDGES L, HIGGINS J. Effect sizes based on means. Introduction to meta–analysis [M]. New York：John Wiley & Sons, Ltd, 2009.

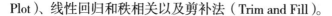

Plot）、线性回归和秩相关以及剪补法（Trim and Fill）。

7.统计分析

本研究采用 CMA 3.0 软件进行元分析，选取 r 作为效应量指标，共获得 134 个音乐训练与语音加工关系的效应值。对数据进行处理和分析，包括异质性检验、出版偏倚检验、主效应检验和调节效应检验。

（三）研究结果

1.异质性检验

异质性检验通常采用 q 检验和 I2 检验。若 q 值显著（$P < 0.05$），或 I^2 值在 75% 以上，研究则存在异质性；若 q 值不显著（$P > 0.05$），研究则存在同质性。[1] 异质性检验结果见表 3–2，音乐训练与语音加工的 q 值达到显著水平，$q_{(134)} = 6673.5$，$P < 0.001$，表明研究存在异质性。同时，音乐训练与语音加工的 I^2 值为 98.007%，高于 75%，说明研究的异质性较高。综上，音乐训练与语音加工之间效应量存在异质性，因此本研究选择随机效应模型。

表 3–2　音乐训练与语音加工的异质性检验结果

结果变量	k	q	df	P	I^2	Tau-squared
语音加工	134	6673.500	133	0.000	98.007	0.854

注：k 表示纳入的研究个数。

[1] HUEDO-MEDINA T B, SÁNCHEZ-MECA J, MARÍN-MARTÍNEZ F. Assessing heterogeneity in meta-analysis：Q statistic or I2 index？［J］. Psychological Methods，2006，11（2）：193–206.

2. 出版偏倚检验

首先，通过漏斗图来检查本元分析的出版偏倚，详见图3-2，漏斗图的横轴代表效应量，纵轴为标准误。从漏斗图中可以看出研究的效应值集中在漏斗图的顶端，而且基本分布在总效应量的两侧，具有比较明显的对称性，表明音乐训练与语音加工的研究不存在严重的出版偏倚。由于漏斗图只能从主观的角度来初步检查出版偏差，为了获得更准确的检验结果，接下来需要进一步使用 Classic Fail-safe N 检验、Begg 检验、Egger's 检验和 Trill and fill（剪补法）来检验出版偏误。

表 3-3 结果显示，在 Classic Fail-safe N 上，Z-value = 32.77442，$P < 0.001$，本研究需要再纳入大量（>7336），即额外需要相应数量效果量不显著的文章才能让音乐训练与语音加工之间的关系不显著，表明样本具有代表性，不存在出版偏倚。从 Begg 值来看，语音加工结果变量在 Begg 上的 P 值为 0.00067，当 P 值不显著（$P > 0.05$）时，表明不存在出版偏倚。此检验结果中的 $P < 0.05$，所以两者之间存在出版偏倚。从 Egger's regression 值来看，语音加工结果变量在 Egger's regression 上的 P 值为 0.985，当 P 值不显著（$P > 0.05$）时，则表明不存在出版偏倚，因此本研究不存在出版偏倚。剪补法的结果发现，向右侧剪补47 项研究后，r 调整为 0.598，95% CI 为（0.497，0.683），结果显著。剪补后效应量略高于矫正前的效应量（$r = 0.374$），但两者相差 0.224，且修正后的结果仍为高相关，说明本研究不存在明显的出版偏差。

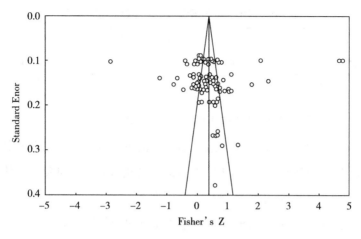

图 3-2　出版偏倚漏斗图

表 3-3　音乐训练与语音加工的出版偏倚检验结果

结果变量	k	Classic Fail-safe N	Begg	Egger's regression	Trill and fill
语音加工	134	7336	0.00067	0.985	[0.230, 0.501]

注：k 表示纳入的研究个数。

3. 音乐训练与语音加工的主效应检验

音乐训练与语音加工的主效应检验结果见表 3-4，共有 134 项独立的效应量，结果显示两者的相关系数 $r = 0.374$（$CI = 0.230 \sim 0.502$，$Z = 4.857$，$P < 0.001$），由此可知二者存在中等程度的正相关关系。

表3-4　音乐训练与语音加工的主效应检验结果

结果变量	k	r	LL	UL	Z	p
语音加工	134	0.374	0.230	0.502	4.857	0.000

注：k 表示纳入的研究个数，LL、UL 表示 r 的 95% 置信区间的下限与上限。

4. 音乐训练与语音加工的调节效应检验

采用调节效应检验来进一步分析两者间异质性的来源和其他因素带来的影响。本研究将对语言文化背景、被试年龄、语音加工成分、音乐训练时长、音乐训练方式进行分类变量的调节效应检验，对出版时间进行连续变量的调节效应检验。

（1）分类变量调节效应检验。

调节效应分析的结果表明，语言文化背景对音乐训练与语音加工关系的调节作用不显著（$q_b = 0.735$，$P = 0.391$），即音乐训练与语音加工的关系不受语言文化背景的影响；被试年龄对音乐训练与语音加工关系的调节作用不显著（$q_b = 1.828$，$P = 0.401$），即音乐训练与语音加工的关系不受被试年龄的影响；语音加工成分对音乐训练与语音加工关系的调节作用不显著（$q_b = 4.316$，$P = 0.229$），即音乐训练与语音加工的关系不受语音意识成分的影响；音乐训练时长对音乐训练与语音加工关系的调节作用显著（$q_b = 10.652$，$P < 0.05$），即音乐训练与语音加工的关系受到音乐训练时间的影响；音乐训练方式对音乐训练与语音加工关系的调节作用不显著（$q_b = 1.225$，$P = 0.747$），即音乐训练与语音加工的关系不受音乐训练方式的影响，具体结果见表3-5。

表3-5 音乐训练与语音加工关系的分类调节变量分析

调节变量	类别	k	r	95%CI	q_b	P
语言文化背景	东方	32	0.288	(0.084, 0.469)	0.735	0.391
	西方	102	0.400	(0.219, 0.555)		
被试年龄	学龄前儿童	87	0.350	(0.127, 0.538)	1.828	0.401
	青少年儿童	23	0.469	(0.361, 0.566)		
	成人	24	0.341	(0.107, 0.539)		
语音加工成分	首尾音意识	34	0.491	(0.110, 0.746)	4.316	0.229
	音节意识	25	0.554	(0.184, 0.787)		
	音位意识	45	0.230	(0.102, 0.351)		
	语音意识整体	30	0.243	(0.044, 0.423)		
音乐训练时长	短暂	46	0.334	(0.127, 0.513)	10.652	0.014
	6个月	26	0.636	(0.107, 0.885)		
	12个月	32	0.118	(0.012, 0.222)		
	12个月以上	30	0.389	(0.202, 0.548)		
音乐训练方式	器乐学习	61	0.439	(0.179, 0.642)	1.225	0.747
	声乐学习	15	0.291	(0.122, 0.444)		
	音乐欣赏	30	0.278	(0.008, 0.511)		
	综合性音乐训练	28	0.355	(0.178, 0.510)		

注：k 表示效应量的个数，95%CI 表示 r 的 95% 置信区间的下限与上限。

（2）连续变量调节效应检验。

对出版时间进行元回归分析发现，出版时间对音乐训练与语音加工关系的调节作用显著（$Coeff = -0.034$，$Z = -2.590$，

$P = 0.010$），即音乐训练与语音加工的关系受出版时间的影响。结果见表3-6。

表3-6　出版时间的调节效应元回归分析

调节变量	结果变量	*Coeff*	*SE*	*LL*	*UL*	*Z*	*P*
出版年份	语音加工	−0.035	0.013	−0.061	−0.008	−2.590	0.010

注：*k*表示纳入的研究个数，*LL*、*UL*表示*r*的95%置信区间的下限与上限。

（四）讨论

本研究采用元分析的研究方法，对音乐训练与语音加工的整体相关程度和其他因素是否对两者关系存在影响等问题进行探索和回答。两者间主效应分析结果表明，音乐训练与语音加工呈中等程度正相关。调节效应的分析结果表明，音乐训练时长和出版时间对两者关系的调节作用显著，语言文化背景、被试年龄、语音加工成分和音乐训练方式对二者的调节作用不显著。

1. 音乐训练与语音加工的相关关系

通过对国内外共31篇音乐训练与语音加工的文献进行综合定量分析。研究结果显示，音乐训练与语音加工呈中等程度正相关，阐明了两者之间具有密切的关系，音乐训练对语音加工发展的影响十分重要，并与以往研究结果相一致。❶得出这一结果的原因在于，首先，音乐训练的核心是听觉经验，包括声音辨别能力，对音乐主题的感知能力，对节奏、质感和音色的敏感度，以及创作或演奏音乐的能力，而听觉经验也是语言习得和发展的有利条件之一。音乐训练能够促使听觉的敏感度得到提高，而音乐和语言都依赖于声音感知系统，对音乐感知的敏感度增加，同时会作用到语言的理解，有助于语音感知能力的提升。❷其次，本研究与OPERA理论的观点相同，它认为音乐和语言是有共同的神经回路的；对声音编码具有更高的准确性和重复性；突出对情绪的表达和注意力集中的重要性，使音乐训练对语音加工的提高有重要影响。❸

此外，音乐训练也表现在对阅读能力发展的影响上。博纳奇纳（Bonacina）的研究发现，基于节奏的音乐训练使得阅读的速度和准确性有所提高。❹综上，本研究证实了音乐训练与语音加工确有一定的联系，并为研究结果作了解释和进一步的推论，有利于增进教育者对音乐教育开展的重视，加深受教育

❶ CLÉMENT F, JULIE C, MIREILLE B. Music training for the development of speech segmentation [J]. Cerebral Cortex, 2013, 23 (9): 2038–2043; TIERNEY A, KRAUS N. Music training for the development of reading skills [J]. Progress in Brain Research, 2013, 207 (207): 209–241.

❷ MIREILLE B, JULIE C, CÉLINE M. Transfer of training between music and speech: common processing, attention, and memory [J]. Frontiers in Psychology, 2011, 2 (94): 94.

❸ PATEL A D. Why would musical training benefit the neural encoding of speech? the OPERA hypothesis [J]. Frontiers in Psychology, 2011, 2 (142): 142.

❹ BONACINA S, CANCER A, LANZI P L. Improving reading skills in students with dyslexia: the efficacy of a sublexical training with rhythmic background [J]. Frontiers in Psychology, 2015 (6): 1510.

者对音乐内容的理解和体验，从而帮助他们加强语音能力。

2. 音乐训练与语音加工关系的影响因素

（1）语言文化背景对音乐训练与语音加工关系的影响。

语言文化背景对音乐训练与语音加工的调节作用不显著，即两者之间的关系产生跨文化趋同效应，表明语言文化背景不能调节音乐训练和语音加工之间的关系。这可能是因为语音不仅与拼音文字密切相关，在象形文字中也发挥同样重要的作用。虽然汉字不具有表音的特征，但是在汉语系统中拼音训练是汉字发音以及将形与音建立起来的重要工具和桥梁，与源于拼音文字的语音作用有必然的联系，❶即语音对象形文字体系有影响。此外，从不同语言文字的构成来看，西方拼音文字是通过对语音中音位的组成来实现对语言的理解，而汉字则通过语音和汉字的对应关系来实现对汉语的表达，语音在象形文字中也是必不可少的。因此，音乐训练与语音加工的关系不受语言文化背景的影响。

（2）被试年龄对音乐训练与语音加工关系的影响。

被试年龄对音乐训练与语音加工的调节作用不显著，与以往研究结果不一致。❷这可能是因为不同年龄被试的音乐训练强度不同所导致的。有研究显示，长期密集的音乐训练，对增

---

❶ 唐珊，伍新春.不同的拼音教学方式对幼儿拼音水平及汉语语音意识发展的影响［J］.心理发展与教育，2009，25（2）：68-72.

❷ CHEN F, PENG G, YAN N, et al. The development of categorical perception of Mandarin tones in four-to seven-year-old children ［J］. Journal of Child Language, 2016, 44（6）: 1413-1434.

强被试的大脑发育指数尤为显著。[1]凯尔奇对儿童组（具有不同音乐训练强度）、成人音乐家组（9年以上音乐经验）、非音乐训练组进行音乐听辨任务，结果发现成人音乐家组和受不同音乐训练强度儿童组对音乐的敏感度都高于非音乐训练组，即音乐训练对大脑产生的影响与音乐的强度呈正相关，音乐训练的经验越强对大脑可塑性的调节就越强。[2]也有研究表明，强化音乐的学习可以使大脑的结构和功能改变，音乐训练对大脑结构和功能的改变并不局限于大脑发育的关键期，成年后的强化音乐技能学习也会导致可塑性的改变。综上，音乐训练与语音加工的关系不受被试年龄的影响。

（3）语音加工成分对音乐训练与语音加工关系的影响。

语音加工成分对音乐训练与语音加工的调节作用不显著，音乐训练与语音加工的关系不受语音加工成分的影响，与以往研究结果相矛盾。[3]这或许是因为在语音的结构中，不同水平的语音技能是可以同步进行提升的，即音乐训练能够促进语音加工水平的三个层次同时发展，以达到语音整体的提高。[4]随着学术研究的不断完善，研究者对考察语音的实验材料设计逐渐做到多样性和等级化。亚当斯（Adams）从语音能力测量的

[1] 李继鹏，李颖，张东颖，等.基于脑电信号溯源分析的音乐类型对学习记忆影响的研究［J］.中国生物医学工程学报，2019，38（6）：679-686.

[2] KOELSCH S, FRITZ T, SCHULZE K. Adults and children processing music：an fMRI study［J］.Neuroimage，2005，25（4）：1068-1076.

[3] VIDAL M M, LOUSADA M, VIGÁRIO M. Music effects on phonological awareness development in 3-year-old children［J］.Applied Psycholinguistics，2020，41（2）：1-20.

[4] ANTHONY J L, FRANCIS D J. Development of phonological awareness［J］.Current Directions in Psychological Science，2005，14（5）：255-259.

角度，将语音任务测试分为五级，并针对语音水平的三个层次
进行多任务、多角度的测量，避免测试任务单一化而造成结果
的差异性。❶因此，音乐训练会通过提升不同语音层次的发展，
来促进语音加工的整体水平。

（4）音乐训练时长对音乐训练与语音加工关系的影响。

音乐训练时长对音乐训练与语音加工的调节作用显著，音
乐训练时长的设置会对音乐训练与语音加工的关系有显著影
响，与以往研究结果一致。❷这可能是因为相比短期的音乐训
练，长期的音乐训练更能够充分体现出对个体语音加工的影
响，本研究发现短暂的音乐训练也能促进语音加工的提高，同
时也发现音乐时长在6个月时两者相关性更强，训练效果最
佳。因此，音乐训练的时间长短对于能否有效促进语音加工有
至关重要的作用。

（5）音乐训练方式对音乐训练与语音加工关系的影响。

音乐训练方式对音乐训练与语音加工的调节作用不显著，
音乐训练与语音加工的关系不受音乐训练方式的影响。研究结
果与之前研究不一致。❸这可能是因为音乐训练方式都以声音
和节奏为基础，能够刺激大脑的语言相关区域，打通多种感官
通道，从而提升语音的发展。在音乐教学中使用器乐演奏的方

❶ ADAMS M J. Beginning to read: thinking and learning about print [M]. Cambridge, MA: MIT Press, 1990.
❷ SCHELLENBERG E G. Music lessons enhance IQ [J]. Psychological Science, 2004, 15（8）: 511-514.
❸ ANVARI S H, TRAINOR L J, WOODSIDE J, et al. Relations among musical skills, phonological processing, and early reading ability in preschool children [J]. J Exp Child Psychol, 2002, 83（2）: 111-130.

式，来引导学生在打击乐器中感知音乐的长短、轻重、急慢，从而与语言的节奏相匹配，促使他们语言技能的培养。❶ 音乐教学多以声乐学习为主，将本土音乐与民族语言相结合，能够更加凸显音乐训练对语音水平的影响。因此，不同的音乐训练形式都会影响语音能力的发展。

（6）出版时间对音乐训练与语音加工关系的影响。

出版时间对音乐训练与语音加工的调节作用显著，即出版时间会对音乐训练与语音加工的关系有显著影响。随着出版时间的更新，音乐训练与语音加工之间的相关性越来越强。这可能是因为两者关系研究随时间在不断深入，同时也推动音乐在活动方式和内容选择上的日益更新，音乐训练的内容从1993年简单的音乐欣赏活动逐渐过渡到2020年的使用琴类、鼓类等演奏的器乐学习，表明音乐训练能够针对语音水平的层次进行内容上的调整，进而增强音乐训练对语音加工的影响效果，使二者的相关性逐渐提高。此外，出版时间的不断更新还表明通过音乐训练来促进语音加工提高的方式，已逐渐地走到教师、学生以及家长面前，充分得到教育领域的认可，促进小学阶段的音乐教学质量不断提升，进而改善小学生语音的水平，同时也增强其阅读能力。

---

❶ 吴妍. 奥尔夫教学法融入小学器乐合奏教学的可行性探究［D］. 呼和浩特：内蒙古师范大学，2020.

第四章 音乐训练促进发展性阅读障碍儿童阅读的行为研究

一、音乐训练对发展性阅读障碍儿童抑制控制与阅读能力的影响

随着社会经济的发展，音乐训练对个体发展的影响越来越受到人们的重视。[1] 父母为了让自己的孩子变得更聪明，纷纷让孩子们加入音乐训练的队伍当中。[2] 许多研究也证实了音乐训练的好处。早在 20 世纪 90 年代《自然》杂志就发表了一篇有关音乐好处的文章，文章提到在聆听莫扎特的奏鸣曲后，人们的空间推论能力有了短暂提高，这便是音乐产生的莫扎特效

---

[1] DITTINGER E，BARBAROUX M，D'LMPERIO M，et al. Professional music training and novel word learning：from faster semantic encoding to longer-lasting word representations［J］. Journal of Cognitive Neuroscience，2016，28（10）：1584-1602.

[2] 王杭，江俊，蒋存梅.音乐训练对认知能力的影响［J］.心理科学进展，2015，23（3）：419-429.

应。❶ 在后来的研究中人们发现音乐训练所带来的好处可以迁移到除音乐之外的其他领域。❷ 比如经过音乐训练的人在记忆、书写能力、阅读能力、适应性及学业成绩等方面表现更好。但也有研究者对音乐训练的好处产生了怀疑，皮耶希尼等通过元分析否定了莫扎特效应的存在。❸ 不可否认的是，音乐训练对大脑发育及音乐认知确实有一定的帮助，然而音乐训练的好处是否能延伸到阅读能力方面还有待研究。

音乐训练是一个长期的学习过程，主要由器乐训练和声乐训练两部分组成。阅读能力主要是对语言进行加工的能力，主要包括两个方面：一是发音的好坏即单词解码能力，二是对阅读理解的能力。发音的好坏主要是通过语音意识实现对单词的解码，阅读理解除了语音意识之外，还包括记忆、注意力等更高级的认知过程。❹ 所以说语音意识是阅读能力的一个子技能。有关学龄前儿童阅读能力的研究发现，语音意识是阅读能力的重要预测指标，而它与音乐感知有着密切的联系。❺ 能够对语音进行分类是语音意识的重要能力。音乐训练恰好可以提升语

❶ RAUSCHER F H, SHAW G L, KY C N. Music and spatial task performance ［J］. Nature, 1993, 365（6447）: 611–611.

❷ SCHELLENBERG E G, WEISS M W. Music and cognitive abilities ［M］// DEUTSCH D. The psychology of music . San Diego: Academic Press, 2013: 499–550.

❸ PIETSCHNIG J, VORACEK M, FORMANN A K. Mozart effect–Shmozart effect: a meta–analysis ［J］.Intelligence, 2010, 38（3）: 314–323.

❹ SESMA H W, MAHONE E M, LEVINE T, et al. The contribution of executive skills to reading comprehension ［J］. Child Neuropsychology, 2009, 15（3）: 232–246.

❺ DEGÉ F, KUBICEK C, SCHWARZER G. Associations between musical abilities and precursors of reading in preschool aged children ［J］. Frontiers in Psychology, 2015, 6: 1220.

音的分类能力，因为在音乐训练的过程中可以把声音分为不同的音符，从而提高了对声音的分析和归类能力。[1] 除此之外音乐训练也能促进语言理解能力的提高。[2] 根据 OPERA 理论，语言与音乐能够共享处理资源，包括多种感知（如听觉及有关的动作表征）和认知加工过程，在音乐训练的过程中对声音、情绪、注意力等有很高的要求，发生学习迁移从而提高语言加工的能力。[3] 总之，已有研究证明音乐训练可以在一定程度上促进语音意识和语言理解能力，从而提高阅读能力。

为什么阅读能力有高低之分呢？有研究者以阅读障碍儿童和普通儿童为研究对象进行对比研究，发现阅读障碍儿童的反应抑制能力低于普通儿童。[4] 博雷拉（Borella）等进一步研究发现，反应抑制可能对解码能力有影响，特别是阅读理解能力，主要表现为阅读理解能力差的人对无关信息的抑制存在问题。[5] 近年来有研究发现，经过音乐训练后的儿童在 Go/No-go

[1] FORGEARD M, SCHLAUG G, NORTON A, et al. The relation between music and phonological processing in normal-reading children and children with dyslexia [J]. Music Perception, 2008, 25 (4): 383-390.

[2] SWAMINATHAN S, GOPINATH J K. Music training and second-language English comprehension and vocabulary skills in Indian children [J]. Psychological Studies, 2013, 58 (2): 164-170.

[3] PATEL A D. Can nonlinguistic musical training change the way the brain processes speech? the expanded OPERA hypothesis [J]. Hearing Research, 2014, 308: 98-108.

[4] 朱冬梅，王晶，吴汉荣. 汉语阅读障碍儿童抑制功能特征分析 [J]. 中国学校卫生，2011, 32 (9): 1061-1062.

[5] BORELLA E, CARRETTI B, PELEGRINA S. The specific role of inhibition in reading comprehension in good and poor comprehenders [J]. Journal of Learning Disabilities, 2010, 43 (6): 541-552.

任务中表现更好。❶ 就是说音乐训练可能会与反应抑制能力的提升有关系。一方面，经过音乐训练的人在器乐表演时需要不断地监控自己的表演动作，利用感官对接下来的演奏进行调整。同时也需要抑制内外部信息的干扰，使自己保持一个较好的状态，这些过程都与反应抑制相关。❷ 另一方面，脑成像技术的研究结果显示经过音乐训练的人右侧额下回与扣带回的功能联结加强，❸ 这些脑区均会涉及反应抑制的参与。长期的音乐训练使受训者从听觉感知发展到高级加工（注意、记忆等），从而促进阅读能力的提高。❹ 但是也有一些研究者发现音乐训练对反应抑制能力的提升没有作用，如祖克（Zuk）等研究发现，与控制组相比，经过音乐训练的儿童在色－词 Stroop 任务中没有表现更好。❺ 斯莱夫（Slevc）等通过探究执行功能与音

❶ JASCHKE A C, HONING H, SCHERDER E J A. Longitudinal analysis of music education on executive functions in primary school children ［J］. Frontiers in neuroscience, 2018: 103.

❷ OKADA B M, SLEVC L R. Music training: contributions to executive function ［M］// BUNTING M F, NOVICK J M, DOUGHERTY M R, et al. An integrative approach to cognitive and working memory training: perspectives from psychology, neuroscience, and human development. New York: Oxford University Press, 2017: 1–16.

❸ FAUVEL B, GROUSSARD M, CHÉTELAT G, et al. Morphological brain plasticity induced by musical expertise is accompanied by modulation of functional connectivity at rest ［J］. Neuroimage, 2014, 90: 179–188.

❹ MORENO S, BIDELMAN G M. Examining neural plasticity and cognitive benefit through the unique lens of musical training ［J］. Hearing Research, 2014, 308: 84–97.

❺ ZUK J, BENJAMIN C, KENYON A, et al. Behavioral and neural correlates of executive functioning in musicians and non-musicians ［J］. Plos One, 2014, 9 （6）: e99868.

乐训练的关系，发现反应抑制与音乐训练并没有显著相关性。[1]因此，关于音乐训练与抑制控制的关系还存在争议。

综上所述，音乐训练促进阅读能力的原因主要分为三点：一是音乐训练能够提高语音意识，从而促进阅读能力的发展；二是音乐训练可以促进两者共同的感觉通道，[2]在音乐训练中会加强训练者听觉和与听觉有关的动作表征，因而更有效率；[3]三是音乐训练可以提升注意、记忆等高级认知加工水平，[4]即音乐训练提高反应抑制的能力，从而促进阅读。在西方国家的阅读能力研究中，对阅读障碍小学生阅读能力的研究有比较长的历史，且越来越多的研究者开始研究反应抑制对阅读障碍小学生的影响，有诸多学者以及专业性研究机构逐步开展对阅读障碍儿童进行矫治的研究，并积极寻求解决此问题的办法，且更多学者发现音乐与语言之间存在本质上的关联，根据两者融通性的特点，研究者认为音乐对语言的发展具有一定的促进作用，音乐对反应抑制的提升也有一定的促进作用。因此，在分析整理文献时发现，有相关研究表明音乐训练通过影响反应抑制能

❶ SLEVC L R, DAVEY N S, BUSCHKUEHL M, et al. Tuning the mind: exploring the connections between musical ability and executive functions [J]. Cognition, 2016, 152: 199-211.

❷ BESSON M, CHOBERT J, MARIE C. Transfer of training between music and speech: common processing, attention, and memory [J]. Frontiers in Psychology, 2011, 2: 94.

❸ LEE H L, NOPPENEY U. Long-term music training tunes how the brain temporally binds signals from multiple senses [J]. Proceedings of the National Academy of Sciences, 2011, 108 (51): E1441-E1450.

❹ BESSON M, CHOBERT J, MARIE C. Transfer of training between music and speech: common processing, attention, and memory [J]. Frontiers in Psychology, 2011, 2: 94.

力，对阅读能力的提升产生积极的促进作用，且近十年来，学者的观点相对统一。所以本研究通过探究音乐训练对阅读能力是否有帮助，从而促进小学生更好地阅读。

（一）研究被试

本研究中的发展性阅读障碍组儿童和阅读匹配组儿童均选取自沈阳市某小学 3—6 年级小学生。首先，采用《小学生识字量测试题库及评价量表》，选出识字量低于平均值 1.5 个标准差的学生。其次，利用《联合瑞文推理测验修订版》选取智力水平在中等以上的学生，且语文成绩在全班成绩中倒数 5% 的学生。这些学生均未受过专业的音乐课程训练。最终阅读障碍组学生共 25 名。将阅读障碍组的智力水平与识字量作为指标来匹配阅读匹配组的被试。最终阅读匹配组学生共有 24 名。通过对两组被试的智力与识字量进行独立样本 t 检验，结果表明，两组学生在智力方面并无显著差异（$P > 0.05$）；两组学生在识字量方面差异也不显著（$P > 0.05$），说明阅读障碍组儿童与阅读匹配组儿童在智力与识字量方面是相匹配的。

（二）筛选标准

1. 识字量测验

该测验采用《小学生识字量测试题库及评价量表》，其中的汉字按照由易到难排序。被试需要用试卷上的汉字组词或者造句，作答时间为 50 分钟。该测试采用集体测试。

2. 瑞文标准推理测验

该测验主要为排查出智力低于正常水平的儿童，保证学生的智力水平正常，选取智力在中等以上水平的学生进行测验。整个测验总共有 60 道题目，每道题 1 分。测验题目主要是"拼图"，在一个大图形中缺了一小部分，选项中有 6 个或 8 个备选，被试要根据大图案内缺少的部分选择最合适的图形填充完整。该测验采用的是集体测试，要求被试在 45 分钟内完成测验。

（三）实验设计

1. 反应抑制能力测验

反应抑制能力测验采用四因素混合实验设计，2（刺激类型：符号，汉字）×2（被试组别：阅读障碍组，阅读匹配组）×2（反应：go，nogo）×2（测试阶段：前测，后测）。被试组别为被试间变量，测试阶段、刺激类型、反应为被试内变量。因变量为 go/nogo 任务的正确率和反应时。

2. 阅读能力测验

阅读能力测验采用两因素混合实验设计，2（被试类型：阅读障碍组，阅读匹配组）×2（测试阶段：前测，后测），被试类型为被试间变量，测试阶段为被试内变量。因变量为阅读能力测试的成绩。

（四）实验材料

1. 反应抑制能力测验

研究反应抑制的两大实验范式之一是 Go-Nogo 任务。**❶** 本研究所设置的实验刺激分别为符号的刺激和汉字的刺激，从两个不同的方面较全面地考察被试的反应抑制能力。Go-Nogo 任务与其他范式的不同之处在于被试不用抑制一个反应而做另一个反应，他们只需要简单地抑制一个反应，不必做其他事情。在 Go-Nogo 的测试任务中，如果目标刺激的频率比较高，那么被试就会对这种刺激产生习惯性反应，而如果刺激的频率比较低，那么被试会对反应进行抑制。当刺激出现时，个体的认知系统会对刺激行为进行辨别，此时认知系统也会被激活，对刺激行为进行判断，判断形成后，进而决定对刺激进行反应还是抑制，大脑会发出指令来对相应的行为进行执行。具体到任务中，被试应对 go 试次作出既定的反应，对 nogo 试次不作任何反应。对 go 试次作出的行为的次数能够衡量被试的坚持性，它能够增强相关任务的设置，减少无关行为和刺激的干扰；nogo 试次的结果能够衡量个体对于反应的抑制能力，刺激类型分为以下两种。（1）符号刺激：实验材料为四种形状和两种颜色不同的刺激，分别是圆形、三角形、长方形和菱形，靶子为三角形。大小相等，均为灰色背景。（2）汉字刺激：实验材料的靶子字为"爸"字，其他干扰刺激是与"爸"字有相同

---

❶ 史艺荃，周晓林．执行控制研究的重要范式：任务切换［J］．心理科学进展，2004（5）：672-679.

字音或者字形的字，分别为"罟、坝、斧、色"四个字。大小相等，均为灰色背景。

2. 阅读能力测验

阅读能力测验主要包括三个方面的内容：阅读流畅性测试，即对词语及句子进行流畅性测试；阅读准确性；阅读理解。在进行正式的测验时，主要测试两组任务，分别是一分钟快速阅读词语和三分钟句子阅读。

一分钟快速阅读词语采用个别施测的形式。有 90 个常见且较容易理解的词语，按照一定格式整齐地呈现在一张 A4 纸上。要求被试能在一分钟之内快速而准确地读出纸上的单词。如果被试在一分钟之内未读完，则记录所读到的词语，读对计分，读错不计分。如果被试在一分钟之内读完，则记录读完时所用时长。用公式：词语正确数 / 读完所有单词所需时间 × 60 计算每分钟内正确的单词数，该得分作为被试的词语流畅性指标。

三分钟句子阅读同样采用个别施测的形式，材料参考了德国匹兹堡阅读理解测验的资料，结合实际自编了简单的陈述句。该测试作为阅读句子流畅性、准确性以及阅读理解能力的指标。该测验共有 70 个题目，每项测试题目都是一个较为简单的句子，由 7~14 个字组成，总字数为 704 字。所有题目中正确陈述（如：1 分钟有 60 秒）与错误陈述（如：橘子树上长着香蕉）各有一半。学生需要根据常识判断句子的正误。正式测验前先用三个句子练习熟悉一下，正式测验时需要记录被试所读的总字数，然后再迅速对所读题目的正误做出判断，正确打"√"，错误则打"×"。测试总时长为三分钟。记录时应注意被试在要求时间内正确做出判断的句子个数及在朗读过程中出现的错误，如漏读、错读、添读。将三分钟内阅读句子的总字数作为句子流畅性的衡量标准；对所读字数中的正确率进行计算，将其作为阅读准确性的衡量标准；将判断句子正误的正确率作为阅读理解的衡量标准。

（五）实验程序

1.Go-Nogo 任务

本实验在弱光、安静的实验室中，利用 E-prime 2.0 对测试的程序进行编制，每位被试学生前均放置一台电脑，被试端坐于电脑前方，将手指放于电脑键盘上，电脑键盘的可视距离大约是 75cm。要求每一位测试人员将注意力集中于屏幕上，并平视实验装置的屏幕中央。在每一位测试人员打开程序之后，研究者会向其讲清楚实验的要求，整个实验包括练习实验和正式实验两部分。测试程序被打开之后，被试根据指导语进行练习，确保每一位测试人员都能 100% 正确地完成练习，然后才能开始正式实验。实验过程一共有 12 个 nogo 试次，68 个 go 试次，以随机的方式出现在屏幕的中央。当 go 试次出现时，被试使用食指以较快的速度进行按键，而当 nogo 试次出现时，被试不用按键，每次测试刺激持续时间为 2000 ms。正式实验开始之前呈现实验指导语，随后出现 800 ms 白色"+"，然后呈现 2000 ms 的刺激。

2. 音乐训练任务

音乐训练任务是围绕奥尔夫音乐教育法为主展开的。以节奏训练为基础，使听、唱、动、奏相结合，设计了一系列适合3—6年级学生阅读能力和反应抑制能力发展的音乐训练课程，主要包括视唱学习、身体律动、情景表演和合唱学习四个模块。在进行音乐训练的过程中，要确保主要授课教师接受过奥尔夫音乐教育法的培训，熟知音乐训练的训练流程、教学重点和难点，以鼓励的形式引导学生充满兴趣、循序渐进地学习音乐。同时还要确保所有被试接受相同时间、强度和内容的学习。

音乐训练的课程由W学校的声乐教师进行教学。两组被试一起学习，一周开展2次，每次音乐训练时长为50分钟，音乐训练时间共持续2个月。每周开始的第一节课为新授课；第二节课为陪练课，主要是教师指导学生对新课内容进行反复练习，发现问题并加以解决。为了保证训练时间一致，所有学生统一安排在中午接受集体学习，课后不鼓励学生在家中练习，确保所有学生在学习结束时保持基本相当的水平。音乐训练具体安排有以下几方面。（1）视唱学习：听音乐并唱谱，感知音乐的高低、强弱和快慢；（2）身体律动：以一定的节奏唱出有节律的歌曲，如"动物的叫声"等，配合身体律动；（3）情境表演：教师示范打击简单有节奏的序列后，鼓励学生自己创造，并相互表演；（4）合唱学习：提升演奏曲目的长度，使用电钢琴辅助教学，从整首歌曲出发，学生分声部进行合唱。具体课程计划见表4-1。音乐课程全部结束之后对所有被试进行后测。

表 4-1　音乐训练课程计划

阶段	时间	课程内容
视唱学习	2周	课程先让学生放松，然后开始歌唱，重点让学生关注音乐中的音高、音程和节奏，从一首歌中识谱、视唱，再融入歌词，最后学生能够完整地演唱出一首歌的谱。歌曲先以简单的儿歌为基础，再加入简单的流行音乐，旋律从慢到快
身体律动	2周	身体律动主要以身体打击乐来完成教学，用身体适应不同的节奏和旋律，协调不同的声色，通过拍手、拍腿、跺脚的形式，不断训练学生对节奏的掌控力和感知力，进而让学生亲自参与到音乐活动中，感受音乐带来的乐趣
情境表演	2周	通过艺术表演创设情境的方式引导学生进行表演，将音乐的教学内容与语言、动作结合起来，丰富课堂内容，展示学生活力，同时培养学生对音乐以及语言的感知和想象能力，进而使学生获得学习的乐趣，提升自身在语言表达方面的能力
合唱学习	2周	根据实际情况的需要进行合唱训练，在合唱的过程中，以电钢琴辅助训练教学，将学生的注意力集中在训练的相关信息中，比如乐曲中的音符、音高、节奏、速度等，并且对这些信息进行加工和整合。学生需要在抑制不相关的音乐信息和处理的同时，更加专注于音乐本身和发音合唱。也就是说，在合唱训练中，为了提高集中力，应该最大限度地抑制对场景中相关的其他训练信息的处理

（六）数据分析

被试对于 Go-Nogo 试次反应的数据直接被保存在 E-prime

软件中，在接收到数据之后将其输入到 SPSS 软件里，接着录入有关阅读能力的数据，利用 SPSS 26.0 对被试的所有数据进行统计分析。

（七）研究结果

首先，对两组被试在阅读能力方面的前测和后测成绩进行描述性统计分析；其次，对阅读能力测验任务进行2（被试类型：阅读障碍组，阅读匹配组）×2（测试阶段：前测，后测）重复测量方差分析，分别对前测和后测结果的词语流畅性、句子流畅性、阅读准确性和阅读理解进行比较，结果分析如下。

1. 阅读能力的统计结果

（1）描述性统计结果。

两组被试在阅读能力上描述性统计结果具体见表4-2。

表4-2　两组被试在阅读能力上描述性统计结果

测验项目	前测				后测			
	阅读障碍组 (n=25)		阅读匹配组 (n=24)		阅读障碍组 (n=25)		阅读匹配组 (n=24)	
	M	SD	M	SD	M	SD	M	SD
词语流畅性	71.56	12.21	76.62	11.08	78.16	6.60	81.73	12.86
句子流畅性	412.56	91.26	514.54	80.31	32.52	73.07	59.54	81.92
阅读准确性	95.19	1.98	97.42	1.05	95.75	1.44	98.1	1.05
阅读理解	93.99	3.43	94.14	1.99	94.37	2.64	94.36	1.86

（2）重复测量方差分析结果。

对阅读能力测验任务进行2（被试类型：阅读障碍组，阅读匹配组）×2（测试阶段：前测，后测）重复测量方差分析，结果分析如下。对词语流畅性进行重复测量方差分析，结果显示：①前测、后测主效应极其显著 $[F(1,47)=19.996，P<0.01]$，前测成绩为 $75.592±1.667$，后测成绩为 $79.948±1.452$，说明前测和后测之间存在显著性差异，后测时的表现比前测时的表现好，说明音乐训练是有效果的；②组间部分输出结果显示，被试类型主效应边缘显著 $[F(1,47)=3.836，P=0.056>0.05]$，阅读障碍组的成绩为 $74.860±2.080$，阅读匹配组的成绩为 $80.680±2.123$，说明阅读匹配组的成绩要高于阅读障碍组；③前测、后测与被试类型之间并不存在显著的交互作用 $[F(1,47)=5.360，P=0.260>0.05]$。

对句子流畅性进行重复测量方差分析，结果显示：①前测、后测主效应极其显著 $[F(1,47)=79.167，P<0.01]$，前测成绩为 $463.551±12.300$，后测成绩为 $497.531±11.078$，说明前测和后测之间存在显著性差异，两组被试在该任务的后测比前测表现得好，说明音乐训练是有效果的；②组间部分输出结果显示，被试类型主效应极其显著 $[F(1,47)=23.939，P<0.01]$，阅读障碍组的成绩为 $424.040±16.164$，阅读匹配组的成绩为 $537.042±16.497$，说明阅读匹配组的表现好于阅读障碍组；③前测、后测与被试类型之间存在显著的交互作用 $[F(1,47)=8.326，P=0.006<0.01]$。对其进行进一步的简单效应分析，结果表明：前测时，阅读障碍组和阅读

匹配组之间存在极其显著性差异，阅读匹配组的前测成绩（514.54±80.31）高于阅读障碍组的前测成绩（412.56±91.26）；后测时，阅读匹配组的后测成绩（559.54±81.92）高于阅读障碍组的后测成绩（432.52±73.07）。在阅读障碍组中，前测、后测成绩之间差异性显著（$P = 0.004 < 0.05$），和前测成绩相比，后测成绩明显更高；在阅读匹配组中，前测成绩和后测成绩之间的差异性也显著（$P < 0.001$），和前测成绩相比，后测成绩明显更高。说明音乐训练无论是对阅读障碍组还是对阅读匹配组，都是有效的。具体交互作用见图4-1。

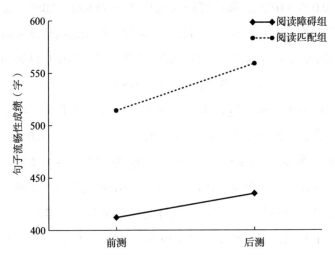

图4-1 前测、后测与被试类型之间在句子流畅性成绩上的交互作用

对阅读准确性的重复测量方差分析结果显示：①前测、后测主效应极其显著 [$F_{(1, 47)} = 17.054$，$P < 0.01$]，前测时的正确率为96.310±0.228，后测时的正确率为96.927±0.181，说

明前测和后测之间存在显著性差异，两组被试在该任务的后测比前测表现得好；②组间部分输出结果显示，被试类型主效应极其显著 $[F(1,47)=35.469,\ P<0.01]$，阅读障碍组的正确率为 95.477 ± 0.268，阅读匹配组的正确率为 97.760 ± 0.274，说明阅读匹配组的正确率要高于阅读障碍组；③前测、后测与被试类型之间的交互作用不显著 $[F(1,47)=0.135,$ $P=0.715>0.05]$。

对阅读理解能力的重复测量方差分析结果显示：①前测、后测主效应不显著 $[F(1,47)=1.587,\ P>0.05]$，说明前测和后测之间不存在差异；②组间部分输出结果显示，被试类型主效应不显著 $[F(1,47)=0.011,\ P>0.05]$；③前测、后测与被试类型之间的交互作用也不显著 $[F(1,47)=0.119,$ $P=0.732>0.05]$。

2. 反应抑制的统计结果

（1）描述性统计结果。

两组被试在 Go-Nogo 实验任务上的描述性统计结果具体见表 4-3。

（2）正确率上的重复测量方差分析结果。

为探查两组被试在测验任务上前后测的变化情况，对 Go-Nogo 测验任务进行 2（刺激类型：符号，汉字）×2（被试组别：阅读障碍组，阅读匹配组）×2（反应：go，nogo）×2（测试阶段：前测，后测）重复测量方差分析，对前后测结果中的正确率和反应时进行分析。对正确率的重复测量方差分析结果显示：①刺激类型主效应不显著 $[F(1,47)=0.478,$

表 4-3　两组被试在 Go-Nogo 实验任务上的描述性统计结果

测验项目	前测				后测			
	阅读障碍组 (n=25)		阅读匹配组 (n=24)		阅读障碍组 (n=25)		阅读匹配组 (n=24)	
	M	SD	M	SD	M	SD	M	SD
符号 go 正确率	1.0000	0.000	1.0000	0.000	1.0000	0.000	0.9996	0.0020
符号 nogo 正确率	0.7468	0.1545	0.8267	0.1721	0.7868	0.1411	0.8438	0.1313
汉字 go 正确率	0.9980	0.0064	0.9983	0.0038	1.0000	0.000	0.9996	0.0020
汉字 nogo 正确率	0.7503	0.1488	0.7923	0.1344	0.7879	0.1402	0.8455	0.1309
符号 go 反应时	554.923	78.701	516.626	57.828	463.148	67.327	492.928	93.645
汉字 go 反应时	531.022	93.645	513.946	79.434	71.949	86.064	506.905	84.523

$P > 0.05$］；②前测、后测主效应不显著［$F(1, 47) = 2.121$，$P > 0.05$］；③ Go-Nogo 主效应极其显著［$F(1, 47) = 210.455$，$P < 0.01$］，go 的正确率为 0.999 ± 0.000，nogo 正确率为 0.797 ± 0.014，说明两次任务 go 条件下的正确率要显著高于 nogo 条件下的正确率；④组间部分的输出结果显示，被试类型的主效应显著［$F(1, 47) = 4.387$，$P < 0.05$］，阅读障碍组的正确率为 0.884 ± 0.010，阅读匹配组的正确率为 0.913 ± 0.010，说明阅读匹配组的正确率比阅读障碍组的正确率高，阅读障碍组表现较差。

结果中所显示的交互作用有：①刺激类型与被试类型之间的交互作用不显著［$F(1, 47) = 0.642$，$P > 0.05$］；②刺激类型与前测、后测之间的交互作用不显著［$F(1, 47) = 0.605$，$P > 0.05$］；③刺激类型与 Go-Nogo 之间的交互作用不显著［$F(1, 47) = 0.289$，$P > 0.05$］；④前测、后测与被试类型之间的交互作用不显著［$F(1, 47) = 0.009$，$P > 0.05$］；⑤前测、后测与 Go-Nogo 之间的交互作用不显著［$F(1, 47) = 1.988$，$P > 0.05$］；⑥ Go-Nogo 与被试类型之间的交互作用不显著［$F(1, 47) = 4.481$，$P > 0.05$］；⑦刺激类型与前测、后测及被试类型三重交互作用不显著［$F(1, 47) = 0.631$，$P > 0.05$］；⑧刺激类型与 Go-Nogo 及被试类型三重交互作用不显著［$F(1, 47) = 0.289$，$P > 0.05$］；⑨前测、后测与 Go-Nogo 及被试类型三重交互作用不显著［$F(1, 47) = 0.005$，$P > 0.05$］；⑩刺激类型与前测、后测及 Go-Nogo 三重交互作用不显著［$F(1, 47) = 0.387$，$P > 0.05$］；⑪四因素之间的四重交互作用不显著（$F < 1$）。上述的交互作用均不显著，所以不进行下一步的分析。

（3）反应时上的重复测量方差分析结果。

①刺激类型主效应不显著 [$F(1,47) = 1.977$，$P > 0.05$]；②前测、后测主效应显著 [$F(1,47) = 10.620$，$P < 0.01$]，前测时的反应时为 529.130 ± 9.917，后测时的反应时为 483.73 ± 11.321，说明两组被试在该任务的后测反应时比前测反应时少，通过音乐训练提高了被试在反应时上的表现；③组间部分的输出结果显示，被试类型的主效应显著 [$F(1,47) = 9.863$，$P < 0.01$]，阅读障碍组在该任务上的反应时为 512.61 ± 11.706，阅读匹配组在该任务上的反应时为 505.26 ± 11.947，说明阅读障碍组的表现比阅读匹配组表现差。

结果中所显示的交互作用有：①刺激类型与被试类型之间的交互作用不显著 [$F(1,47) = 3.705$，$P = 0.065 > 0.05$]；②前测、后测与被试类型之间的交互作用边缘显著 [$F(1,47) = 3.561$，$P = 0.060 > 0.05$]。进一步简单效应分析发现：前测时，阅读障碍组和阅读匹配组之间存在显著性差异，阅读障碍组的前测成绩（542.97 ± 86.17）低于阅读匹配组的前测成绩（515.28 ± 68.78）；后测时，阅读障碍组的后测成绩（467.54 ± 76.70）高于阅读匹配组的后测成绩（499.91 ± 89.08）。在阅读障碍组中，前测、后测成绩之间存在显著差异（$P = 0.002 < 0.05$），后测的成绩显著好于前测；在阅读匹配组中，前测、后测成绩不显著（$P = 0.316 > 0.05$）。以上数据说明音乐训练对阅读障碍儿童反应抑制能力的提升是有明显效果的，具体交互作用见图4-2。③刺激类型与前测、后测之间的交互作用不显著［$F(1, 47) = 0.660$，$P > 0.05$］，三因素之间的三重交互作用不显著（$F < 1$）。上述的交互作用均不显著，所以不进行下一步的分析。

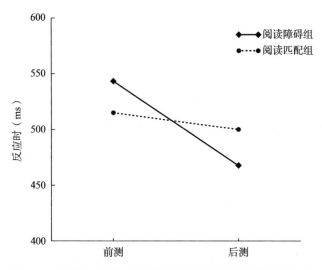

图4-2　前测、后测与被试类型之间在反应时上的交互作用

（八）讨论

反应抑制是影响阅读能力的重要因素，所以本研究主要通过探讨音乐训练对反应抑制的关系，从而发现音乐训练对阅读能力的影响。通过对阅读能力进行的前测与后测，从而发现音乐训练对阅读能力提升的作用。

本研究采用的阅读能力测试涵盖了较为全面的阅读测试内

容，主要包含三个方面，分别为阅读流畅性、阅读准确性和阅读理解。本研究结果表明，就阅读流畅性和阅读准确性而言，两组被试的前测成绩与后测成绩均有显著性差异，前测和后测成绩之间也有显著性差异，后测时阅读能力的成绩显著高于前测，说明经过音乐训练之后，被试的阅读能力提高了。阅读理解成绩前测、后测结果表明，两组被试之间以及前测、后测之间差异不大，产生这种现象可能是由于在三分钟句子阅读中，计算判断句子的正确率作为被试的阅读理解指标，而选取的句子多包含常识性知识，意思相对简单，出现了"天花板效应"，因此两组测试对象的正确率都非常高，前测、后测结果没有显著差异。格雷文（Greven）等的研究认为，学生对于单个字词的解码能力在很大程度上影响其阅读能力的发展，主要就表现在阅读的准确性和流畅性方面。学生首先应当掌握对单个字词的解码能力，在此基础上才能获得较高的阅读理解能力，对文本含义进行理解，从而在阅读理解方面获得较好的效果。因此，要想获得较强的阅读能力，首先应当在解码方面具有较强的能力和水平。❶唐宁（Downing）在心理学领域的研究同样认为，读者对书面文字进行编码，转化并逐渐理解句义的过程即为阅读，他着重强调先对单个字词或句子的解码，再进一步理

---

❶ GREVEN C U, HARLAAR N, DALE P S, et al. Genetic overlap between ADHD symptoms and reading is largely driven by inattentiveness rather than hyperactivity-impulsivity［J］. Journal of the Canadian Academy of Child and Adolescent Psychiatry, 2011, 20（1）: 6.

解，强调对汉字解码的过程。● 把阅读看成按照词的书写形式创造词的声音形式，阅读是把书写的符号翻译成声音的符号，是将视觉符号转变成声音符号。本研究中词语和句子的流畅性均包括调整重音和语调的能力，比如句子中使用问号或者感叹号这类选择正确句式的能力，这些需要较为发达的视觉听觉处理技能，这是可以通过音乐训练来增强的。此外，以往的研究表明，接受过音乐训练的学生有稳定的节奏感，他们会比不能稳定打节奏的孩子更适应阅读活动，往往体现在阅读速度和阅读准确两个方面，因此阅读流畅性和阅读准确性的提高可以说明音乐训练能够促进小学生阅读能力的提升。

很多研究都表明，音乐和阅读能力之间具有内在相关性，使得音乐训练提高小学生的阅读能力成为可能，这与本研究的结果一致。基于这一理论，更多的学者逐渐关注到使用音乐来治疗阅读障碍儿童的可行性。其中道格拉斯（Douglas）和威利特（Willatts）的研究发现，在对 6 位存在阅读障碍的学生进行了实验研究，对其进行长达 6 个月的音乐训练，和没有进行音乐训练的普通学习者进行对比，经过音乐训练的学生获得的阅读成绩明显更高。● 而赫维茨（Hurwitz）等的研究也对这一现象给予了证实，在对 20 位孩子进行音乐训练之后，其在阅读

❶ DOWNING J. Children's concepts of language in learning to read［J］. Educational Research, 1970, 12（2）: 106-112.
❷ DOUGLAS S, WILLATTS P. The relationship between musical ability and literacy skills［J］. Journal of Research in Reading, 1994, 17（2）: 99-107.

测试中的成绩也明显更高。❶ 也有研究对 50 个小学班级的学生进行研究，增加实验对象的音乐课程，减少学校其他课程的设置，持续三年后发现，实验对象获得的学习成绩并不比学了所有课程的同一年龄段的孩子差，反而在语言以及阅读方面具有更好的表现。

前人的研究结果和本研究结果均有力揭示了音乐训练的干预训练可以有效地改善小学生的阅读能力。是否能够通过进一步训练，从不同阅读层次测试其阅读能力，阅读困难学生是否能够达到普通学生的阅读水平，这还需要进一步的追踪研究。

（九）教育建议

1. 应该重视音乐对阅读的促进作用，以乐促读

教师和家长要多关注阅读障碍儿童，改变传统对阅读障碍儿童的教育观念，对于音乐训练对小学生阅读能力的促进作用给予充分的重视。全面发展的素质教育提倡"以情忧教、以乐促读"，这表明音乐在阅读教学中的作用得到重视。

在家庭教育中，加强学生音乐训练的重要性，也应该充分引起家长的注意。家庭教育对孩子身体和精神的发展影响最深，是直接或间接影响孩子目标确定和实现的一种教育形式。家长是否肯定并支持学生的音乐训练，在很大程度上能够影响学生的发展，良好能力的发展离不开良好的家庭教育。家

---

❶ HURWITZ I, WOLFF P H, BORTNICK B D, et al. Nonmusicol effects of the kodaly music curriculum in primary grade children ［J］. Journal of Learning Disabilities，1975, 8（3）: 167–174.

长应尽最大努力为学生创造条件，加强学生综合能力的培养和提高，尤其是要重视阅读障碍儿童的音乐训练和阅读能力的培养，培养他们的音乐兴趣，良好的音乐兴趣可以提高阅读的效率、专注力以及持久性，阅读兴趣的激发是其他能力发展和提升的准备与基础，这对孩子未来的全面发展将有很好的促进作用。

2.转变教师教学方式，加强学科融合

本研究证实了音乐训练的干预训练课程能够提高小学生的阅读能力，和普通儿童相比，阅读上存在障碍的学生在阅读的各个方面均表现得较差，他们通常也会存在执行上的缺陷，反应抑制能力较差，传统的教育方式并不能完全满足他们对于学习和阅读的需求。

学校应重视音乐课程与阅读的融合，音乐训练不仅能够提升小学生阅读能力的表现，也能促进他们的全面发展。当前所倡导的素质教育，提倡"用一切可能的方法"全面充分地发展和提高学生的素质，要更加重视学生基本能力的提高，关注学生的整体发展和身心健康的发展，阅读障碍儿童更需要接受全面发展的素质教育。在实际教学中，教师应当转变自身的教学方式，加强音乐与阅读之间的融合，注意将音乐巧妙地融合到语文教学中去，增添语文教学的艺术性。

二、音乐训练对发展性阅读障碍儿童干扰控制与语文成绩的影响

语言文字是人类进行交际与传递信息的重要载体，在科学与信息技术迅速发展的社会背景下，语言文字的运用能力越来越被重视。教育心理学研究表明，9—11岁是语言、思维、能力发展的关键期，这一时期，学生主要由"学习阅读的方法"向"通过阅读进行学习"转变。而发展性阅读障碍儿童在小学又很常见，小学中高年段正是发展性阅读障碍儿童在语文学习上出现困难的明显时期，因此对于发展性阅读障碍儿童的转化成为当下需要解决的重要课题。然而，随着现代教育体制改革的不断发展与深入，传统提升小学生阅读能力的方式已经无法完全适应当前学生的发展需要。研究发现音乐训练的干预课程能够通过提升小学生的干扰控制能力，从而促进小学生阅读能力的提升。由于音乐活动对小学生来说非常易于亲近，能够很好地激发他们的学习动机，促进有效支撑学习的执行功能的发展，体验到更多的积极情绪并促进阅读能力的发展，是一种非常好的干预手段，在特殊教育领域被广泛应用。干扰控制能力作为执行功能的核心子成分，是人类重要的认知功能。戴蒙德（Diamond）在其综述研究中指出"干扰控制"包括对注意的调节控制和对无关想法和记忆的控制，是用来衡量个体抵抗分心或干扰刺激的能力。它能使个体将注意集中于目标物，控制注

意转移到其他无关刺激上。[1] 干扰控制在学生的学习过程中起着重要的作用。有研究者发现学生的干扰控制能力对于学生的学业成绩有着一定的预测作用。干扰控制能力较差的学生在学习中容易分心，课上爱讲话，导致他们学业成绩相对较差。[2] 此外，干扰控制能力是具有可塑性的，并对学生的学习成绩产生重要的影响。例如有研究结果显示，干扰控制训练在一定程度上能够提升学业不良儿童的语文成绩，并缩小其与普通儿童在学习上的差距。[3]

音乐与人类生活以及发展有着紧密关联，当前主流的理论研究成果认为，音乐训练的迁移作用体现在执行功能的中介作用上。近几年来，研究人员发现音乐家在干扰控制能力方面表现得异常突出，如斯莱夫等因此提出了音乐训练能够提升干扰控制能力的观点。[4] 也有研究结果表明音乐训练对抑制控制能力的提升没有明显的效果。例如，祖克等设置了一组对比实验，一部分成人和儿童接受音乐训练，另一部分没有接受，研究结果发现这两组的实验人员在 Stroop 任务上的行为没有明显

[1]　DIAMOND A. Executive functions［J］.Annual Review of Psychology，2013，64：135–168.

[2]　王素霞.小学生自我调控能力对学业成绩的影响［D］.大连：辽宁师范大学，2014.

[3]　王翠萍.执行功能训练对儿童早期认知发展和学业成绩的影响［D］.杭州：浙江大学，2019.

[4]　SLEVC L R，OKADA B M. Processing structure in language and music：a case for shared reliance on cognitive control［J］.Psychonomic Bulletin & Review，2015，22（3）：637–652.

的差异性。[1]对于此种研究结果，研究者存在着较大的分歧。陈杰等表示测试任务的选择是测试结果产生差异的重要原因。多数研究者在研究中只通过一种任务测量被试的抑制控制能力，然而，抑制控制成分不是唯一的，不同的任务测量的抑制控制成分也不尽相同。[2]例如，Go-Nogo 任务主要测量的是抑制控制中的反应抑制，Stroop 任务主要是测量抑制控制中的冲突控制。这几种任务的实施对于大脑中神经基础的需求有差异性。以往研究只笼统考察了音乐训练与抑制控制之间的关系，并没有对抑制控制的成分进行细分，所以研究结果存在一定的差异性。

作为和人类关系紧密的声音范畴，音乐与语言之间有着一定的相似关联性，这也为音乐训练对语言的加工促进提供了一定的理论基础。帕特尔在研究中表明音乐与语言二者在组成要素与组织原则上有许多相似的地方，这使得音乐训练促进语言学习成为可能。[3]以往研究发现，音乐训练经验对于个体的语言能力有着积极的促进作用，主要表现在语音意识、词汇理解、段落理解、第二语言学习、言语记忆等方面。[4]在音乐训练与语言学习内在联系发展的追踪研究中发现音乐训练对于语

[1] ZUK J, BENJAMIN C, KENYON A, et al. Behavioral and neural correlates of executive functioning in musicians and non-musicians [J]. Plos One, 2014, 9 (6): e99868.
[2] 陈杰，陈洁佳，伍可，等.音乐训练对大学生执行功能的影响[J].心理科学，2020, 43 (3): 629-636.
[3] PATEL A D. Language, music, syntax and the brain [J]. Nature Neuroscience, 2003, 6 (7): 674.
[4] 吴寒，张林军，舒华.音乐经验对言语加工能力的促进作用[J].心理与行为研究，2012, 10 (4): 284-288.

言加工的积极作用非常明显。有研究指出音乐训练不仅能够促进普通个体的语言加工，对于阅读障碍儿童这一特殊群体也有一定的积极作用。音乐训练的时间也是能否促进个体语言发展的重要原因。以往有研究发现4周与8周的音乐训练不能提高儿童的段落理解能力。但谢伦贝格（Schellenberg）在研究中以年龄为6岁的儿童作为被试，并将其分为控制组与训练组，训练一年后指出经过音乐训练的被试在段落理解能力等方面较控制组在段落理解能力方面有明显的优势。❶上述研究表明短期的音乐训练效果可能并不显著，并且具体产生音乐训练效果的训练时间周期也是依据语言能力的不同方面出现一定的差别。

综上所述，以往学者从多个角度对发展性阅读障碍儿童的成因与转化策略进行研究，但很少有学者从干扰控制角度对发展性阅读障碍儿童进行研究且研究结果仍旧存在争议。鉴于音乐训练与语文学习之间密切的关联且语文学习对于儿童发展的重要性，本研究采用经典的 Flanker 范式，以沈阳市某小学4—6年级的小学生为研究对象，探究音乐训练是否有利于发展性阅读障碍儿童语文学习成绩及干扰控制能力的提高。

（一）研究被试

选取沈阳市某小学4—6年级共400余名小学生为被试，采用《小学生识字量测试题库及评价量表》及《联合瑞文推理测验修订版》进行识字量和智力测验，继而筛选出32名发展

---

❶ SCHELLENBERG E G. Music lessons enhance IQ［J］. Psychological Science，2004，15（8）：514.

性阅读障碍儿童参与实验。

（二）实验设计

本研究在干扰控制能力上使用 2（刺激类型：符号、汉字）×2（测试阶段：前测、后测）的两因素被试内设计。所有发展性阅读障碍儿童在本实验之前均未参加过任何音乐训练，根据实验研究的需要，对所有被试进行为期 2 个月共计 16 课时的音乐训练。

（三）实验程序

1. 语文成绩前测任务

本研究收集整理了 2020—2021 学年第一学期沈阳市某小学 4—6 年级期中和期末考试语文成绩。

2. 干扰控制能力前测任务

该实验采用经典的 Flanker 范式，采用 E-prime 对实验程序进行编写。该范式的测试内容旨在研究被试在实验时，中间目标刺激受两边无关刺激的干扰程度。根据实验的最终数据，被试受到两边无关刺激的干扰越大则越能表明被试干扰控制能力越低，反过来则表明被试干扰控制能力越高。

实验地点选择在该小学的信息室中进行，实验所使用的显示器为联想笔记本电脑，分辨率为 1600×900 像素。在实验开始之前，主试将实验规则以及操作方法告知被试，待被试完全清楚实验操作后开始进行实验。整个实验持续时间约 8 分钟，视距约为 80 cm。

本实验的中间靶子刺激分为符号与汉字。在符号任务中，如果中间出现的符号为"<"，学生随即按下"F"键，出现的符号为">"，学生随即按下"J"键，即为正确。在汉字任务中，如果中间出现的汉字为"烦"，学生随即按下"F"键，出现的汉字不是"烦"，随即按下"J"键，即为正确。符号任务结束后进入汉字任务。被试在汉字与符号任务中的反应时和正确率均由 E-prime 程序自动记录，为音乐训练后进行前后测数据对比分析，从而继续研究。实验的材料随机抽取，整个实验流程图如图 4-3 所示。

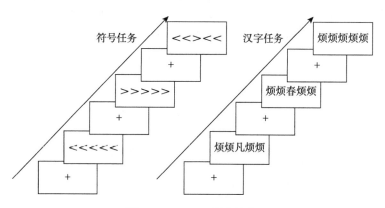

图 4-3　Flanker 任务流程

3.音乐训练研究计划

前测任务结束之后，所有被试均进行音乐训练。鉴于实践研究的需要，本实验的音乐训练计划由毕业于辽宁师范大学音乐学院、扎根于一线教学的 W 老师指导设计，以保证实验具有较强的专业性和可行性。本次音乐训练以奥尔夫音乐教学理论为基础，从四个方面来进行音乐训练，即节奏学习、动作学习、运用表演形式创设情境学习以及合唱学习。本次音乐训练共计2个月16个课时，待音乐训练结束之后，对所有被试进行后测。音乐训练计划如表4–4所示。

表4–4　音乐训练研究计划

时间	教学阶段	教学概况
11月2—15日	节奏学习	将节奏学习作为本次音乐训练的第一阶段，从语言节奏入手，一共分为4个课时：第1、2课时从字词、姓名、成语、谚语等让学生初步接触语言节奏带来的乐趣；第3、4课时在前面学习基础之上运用学生熟悉的歌谣、诗歌等做节奏朗诵练习，加深学生对音乐节奏的感知。在每一课时的音乐训练中，以"问题导入—整体感知—深入学习—拓展延伸—课堂小结"五个教学步骤进行
11月16—30日	动作学习	将声势动作与身体动作运用于动作学习中，教学内容从简单的律动到律动与歌曲相结合，发展性阅读障碍儿童通过拍手、踩脚与捻指等方式利用多种感觉器官参与音乐训练，对于发展性阅读障碍儿童的洞察力与注意力以及思维能力的发展与锻炼有积极作用。这也能使4—6年级发展性阅读障碍儿童在进行语文学习时逻辑思维更清晰
12月1—14日	运用表演形式创设情境学习	通过艺术表演创设情境的方式进行音乐训练，教学内容将音乐、语言与动作进行融合。从学生感兴趣的故事情境再现出发，通过创设情境让学生表演，逐渐消除发展性阅读障碍儿童的自卑心理，改变以往"照着做、不思考"等习惯的现状。培养与提高发展性阅读障碍儿童的自信心、创造能力以及语言表达能力

时间	教学阶段	教学概况
12月15—28日	合唱学习	通过合唱方式进行学习，教学内容选择二声部合唱曲目，这对于正处在元认知能力和具体运算水平发展时期的发展性阅读障碍儿童来说其主观能动性和创造性的思维能得到更好地锻炼。同时，在合唱中需要对歌曲中的节奏、音高等进行整合，学生需要注意力高度集中，注意歌曲本身和发音合唱，这对于发展性阅读障碍儿童的干扰控制能力有较好的锻炼

（四）研究结果

1. 语文成绩的前后测统计结果

（1）描述性统计结果。

将32名发展性阅读障碍儿童语文成绩转换成Z分数后的前测与后测进行描述分析，将描述性统计结果绘制成表格可以更加直观地对比，如表4-5所示。无论是从最小值、最大值还是平均值来看，后测语文成绩均高于前测语文成绩。因此，可以看出经过音乐训练后，被试的语文成绩高于音乐训练前。

表4-5　发展性阅读障碍儿童语文成绩前测与后测的描述性统计

测试阶段	n	最小值	最大值	平均值	标准偏差
前测	32	−4.89	−0.13	−1.57	1.00
后测	32	−3.21	0.64	−0.96	0.92

（2）配对样本 t 检验结果。

为进一步探究音乐训练对发展性阅读障碍儿童语文成绩的影响，本研究以音乐训练前后两次语文成绩为因变量，采用配对样本 t 检验的方法进行对比分析。首先，将 32 名被试的语文成绩转换成 Z 分数后对语文成绩的前测与后测进行配对样本 t 检验，结果如表 4-6 所示。结果表明，音乐训练对发展性阅读障碍儿童语文成绩产生了影响，具体表现在被试的语文成绩在前测与后测上具有显著性差异（$P = 0.001$）。

表 4-6 发展性阅读障碍儿童语文成绩前测与后测配对样本 t 检验结果

项目	配对差值					t	df	显著性（双尾）
	平均值	标准偏差	标准误差平均值	置信区间下限	上限			
前测－后测	−0.60	0.88	0.15	−0.92	−0.28	−3.88	31	0.001

注：**$P<0.01$，$0.01<$*$P<0.05$，下同。

2. 干扰控制能力前后测统计结果

（1）描述性统计结果。

①干扰控制任务前测与后测符号正确率的平均数。

对干扰控制任务前测与后测符号正确率进行分析，描述性统计结果如表 4-7 所示。从平均值来看，后测符号正确率的平均值（0.96）大于前测符号正确率的平均值（0.84）。因此，可以看出经过音乐训练后，被试在干扰控制任务中符号正确率的平均值高于音乐训练前。

表 4-7 发展性阅读障碍儿童干扰控制任务前测与后测符号正确率的
描述性统计

测试阶段	n	最小值	最大值	平均值	标准偏差
前测	32	0.22	1.00	0.84	0.20
后测	32	0.90	1.00	0.96	0.03

②干扰控制任务前测与后测汉字正确率的平均数。

对干扰控制任务前测与后测汉字正确率进行分析,描述性统计结果如表 4-8 所示。从平均值来看,后测汉字正确率的平均值(0.95)小于前测汉字正确率的平均值(0.96)。因此,可以看出经过音乐训练后,被试在干扰控制任务中汉字正确率的平均值低于音乐训练前。

表 4-8 发展性阅读障碍儿童干扰控制任务前测与后测汉字正确率的
描述性统计

测试阶段	n	最小值	最大值	平均值	标准偏差
前测	32	0.90	1.00	0.96	0.03
后测	32	0.86	1.00	0.95	0.03

③干扰控制任务前测与后测符号反应时的平均数。

对干扰控制任务前测与后测符号反应时进行分析,描述性统计结果如表 4-9 所示。从平均值来看,后测符号反应时的平均值(814.23)高于前测符号反应时的平均值(704.32)。因此,可以看出经过音乐训练后,被试在干扰控制任务中符号反应时的平均值长于音乐训练前。

表 4-9 发展性阅读障碍儿童干扰控制任务前测与后测符号反应时的描述性统计

测试阶段	n	最小值	最大值	平均值	标准偏差
前测	32	262.73	947.53	704.32	125.41
后测	32	656.80	947.31	814.23	74.38

④干扰控制任务前测与后测汉字反应时的平均数。

对干扰控制任务前测与后测汉字反应时进行分析，描述性统计结果如表 4-10 所示。从平均值来看，后测汉字反应时的平均值（732.62）高于前测汉字反应时的平均值（663.59）。因此，可以看出经过音乐训练后，被试在干扰控制任务中汉字反应时的平均值长于音乐训练前。

表 4-10 发展性阅读障碍儿童干扰控制任务前测与后测汉字反应时的描述性统计

测试阶段	n	最小值	最大值	平均值	标准偏差
前测	32	377.92	1165.95	663.59	204.40
后测	32	487.04	1256.48	732.62	179.13

（2）配对样本 t 检验结果。

为进一步探究音乐训练对发展性阅读障碍儿童干扰控制能力的影响，本研究以音乐训练前后两次干扰控制能力测试成绩为因变量，采用配对样本 t 检验的方法对在干扰控制任务中被试在符号与汉字上的正确率与反应时的前测与后测成绩进行差异性分析。

①干扰控制任务前测与后测符号正确率差异性检验结果。

首先，对干扰控制任务前测与后测符号的正确率进行配对样本 t 检验，结果如表 4–11 所示。结果表明，可认为音乐训练对发展性阅读障碍儿童干扰控制能力任务中符号正确率产生了影响，具体表现在被试在干扰控制能力任务中符号正确率上的前测与后测具有显著性差异（$P = 0.004 < 0.01$）。

表 4–11　发展性阅读障碍儿童干扰控制任务前测与后测符号正确率的配对样本 t 检验结果

项目	配对差值					t	df	显著性（双尾）
	平均值	标准偏差	标准误差平均值	置信区间				
				下限	上限			
前测－后测	−0.11	−0.21	−0.03	−0.19	−0.03	−3.06	31	0.004

②干扰控制任务前测与后测汉字正确率差异性检验结果。

首先，对干扰控制任务前测与后测汉字的正确率进行配对样本 t 检验，结果如表 4–12 所示。结果表明，可认为音乐训练对发展性阅读障碍儿童干扰控制能力任务中汉字正确率没有产生显著影响，具体表现在被试在干扰控制能力任务中汉字正确率上的前测与后测不具有显著性差异（$P = 0.067 > 0.05$）。

表 4-12　发展性阅读障碍儿童干扰控制任务前测与后测汉字正确率的
配对样本 t 检验结果

| 项目 | 配对差值 | | | | | t | df | 显著性（双尾） |
| | 平均值 | 标准偏差 | 标准误差平均值 | 置信区间 | | | | |
				下限	上限			
前测－后测	0.01	0.03	−0.001	−0.00	0.02	1.90	31	0.067

③干扰控制任务前测与后测符号反应时差异性检验结果。

首先，对干扰控制任务前测与后测符号的反应时进行配对样本 t 检验，结果如表 4-13 所示。结果表明，可认为音乐训练对发展性阅读障碍儿童干扰控制能力任务中符号反应时产生了影响，具体表现在被试在干扰控制能力任务中符号反应时上的前测与后测有极其显著性差异（$P=0.000<0.01$）。

表 4-13　发展性阅读障碍儿童干扰控制任务前测与后测符号反应时的
配对样本 t 检验结果

| 项目 | 配对差值 | | | | | t | df | 显著性（双尾） |
| | 平均值 | 标准偏差 | 标准误差平均值 | 置信区间 | | | | |
				下限	上限			
前测－后测	−109.91	137.46	24.30	−159.47	−60.35	−4.52	31	<0.001

④干扰控制任务前测与后测汉字反应时差异性检验结果。

首先，对干扰控制任务前测与后测汉字的反应时进行配对样本 t 检验，结果如表 4–14 所示。结果表明，可认为音乐训练对发展性阅读障碍儿童干扰控制能力任务中汉字反应时产生了影响，具体表现在被试在干扰控制能力任务中汉字反应时上的前测与后测具有显著性差异（$P = 0.002 < 0.01$）。

表 4–14　发展性阅读障碍儿童干扰控制任务前测与后测汉字反应时的配对样本 t 检验结果

项目	配对差值					t	df	显著性（双尾）
	平均值	标准偏差	标准误差平均值	置信区间				
				下限	上限			
前测–后测	−69.03	118.19	20.89	−111.64	−26.41	−3.30	31	0.002

（五）讨论

本研究以音乐训练课程作为干预被试语文学习的方式，采用经典的 Flanker 范式和语文学习成绩的测试，探讨音乐训练对 4—6 年级发展性阅读障碍儿童语文成绩的影响，并试图从干扰控制能力的视角出发，分析音乐训练促进发展性阅读障碍儿童语文成绩提高的背后原因。结果显示，与前测相比，经过两个月音乐训练，发展性阅读障碍儿童的语文成绩有所提升，同时音乐训练通促进对发展性阅读障碍儿童干扰控制能力的提高从而促进发展性阅读障碍儿童语文成绩的提升。

1. 音乐训练对发展性阅读障碍儿童语文成绩的影响

研究结果显示，经过两个月音乐训练，发展性阅读障碍儿童的后测语文成绩与前测相比具有显著性差异，后测语文成绩与前测相比有所提升。这表明，音乐训练能够促进发展性阅读障碍儿童语文成绩的提升，该研究结果与以往研究以及本研究的研究假设基本一致。例如有学者通过研究发现，与未经过音乐训练的学生相比，经过音乐训练的学生的语文成绩与英语成绩均明显高于未经过音乐训练的学生，且差异性检验结果显示经过音乐训练的学生与未经过音乐训练的学生在语文、英语成绩上差异性显著。[1]

音乐与语言是人类意识活动的产物，是交流与沟通的重要工具，其在构成要素与组织原则上是相通的。音乐与语言都是复杂的感知运动的加工过程，这使得音乐训练促进语言的学习有了基础与可能。帕特尔在研究中指出音乐训练对语言影响的五方面重要且必要的条件，我们称其为音乐训练的 OPERA 理论，这五方面条件分别为重叠、精度、情绪、重复与注意。从行为层面来看，OPERA 理论可以用来解释本次实践研究中音乐训练促进发展性阅读障碍儿童语文成绩提升这一研究结果。OPERA 理论认为，在音乐训练中感知觉与认知加工的过程与语言学习中感知觉与认知加工过程是共享的，通过音乐训练中学生注意力的高度集中与不断重复，语言的加工水平也会有所提升。有学者在音乐训练对于认知能力影响的研究中也指出，

---

[1] 刘桂君. 音乐训练对音乐句法与语言句法内隐学习的影响及应用性研究 [D]. 济宁：曲阜师范大学，2019.

因为音乐与语言二者在加工过程中的认知资源与神经机制是相通与共享的，所以音乐的学习对于学生在语言学习中的语音能力、段落理解能力以及词汇方面的能力都是具有积极促进作用的。[1]这就使得学生在音乐训练中习得的技能通过学习迁移到语言学习中来，从而促进语文的学习。随着学生们在音乐训练上时间的增长，学生在书面书写上语言的产生能力与言语输出能力都会有较好的提升。还有研究者表明接受过音乐训练的学生在节拍等稳定感上强于未接受过音乐训练的学生，同时，这些接受过音乐训练的学生在阅读活动中表现得更为适应。莫雷诺（Moreno）等在其研究中发现经过20天音乐训练的儿童相较于艺术训练的儿童其言语智商更高，同时音乐训练的经历一定程度上能够改变脑的功能与结构。[2]

2. 音乐训练对发展性阅读障碍儿童干扰控制能力的影响

研究结果发现，在音乐训练后，发展性阅读障碍儿童在干扰控制任务中的反应时与前测相比具有显著性差异，后测的反应时要显著长于前测。该研究结果表明，经过音乐训练后发展性阅读障碍儿童在干扰控制任务中面对目标物更加专注，从而在反应时上要长于前测，这说明音乐训练对于发展性阅读障碍儿童的干预是有效果的，也说明了音乐训练能够促进干扰控制

❶ 王杭, 江俊, 蒋存梅. 音乐训练对认知能力的影响［J］. 心理科学进展, 2015, 23（3）: 419-429.
❷ MORENO S, BIALYSTOK E, BARAC R, et al. Short-term music training enhances verbal intelligence and executive function.［J］. Psychol, 2011, 22（11）: 1425-1433.

能力的提升。该研究结果与以往研究结果基本一致。❶

音乐训练是中小学教育中比较普遍的活动，是多种感官参与的强化活动，其过程包括对感知觉以及认知的加工处理。在音乐训练中学生不仅能够学习音乐知识与技能，同时学生需要控制住其他无关信息的干扰从而认真听讲与模仿活动，这一学习过程对于学生的注意力、记忆力以及认知灵活性等都有很好的锻炼作用。所以音乐训练对于学生个体干扰控制能力发展有积极影响。在近几年的研究中，多数研究者持有执行功能的核心成分是音乐训练迁移的桥梁的观点。❷ 已有学者通过实证研究证明了音乐训练能够促进学生的自我控制能力。李美善在音乐训练对儿童工作记忆的实验研究中表明合唱的训练能够提高学生的注意与抑制能力。❸ 特拉维斯（Travis）等在研究中发现与非专业从事音乐的人相较，专业从事音乐的人在 Stroop 任务中对无关颜色与词的抗干扰能力更强，这也表明专业从事音乐的人在抑制控制能力上优于非专业人士。❹ 在音乐训练中，学生需要对音乐活动进行长时间的监控，需要根据所听到的与自

❶ 陈洁佳，周翔，陈杰 . 音乐训练与抑制控制的关系：来自 ERPs 的证据 ［J］. 心理学报，2020，52（12）：1365–1376.

❷ HANNON E E, TRAINOR L J. Music acquisition: effects of enculturation and formal training on development ［J］. Trends in Cognitive Sciences, 2007, 11（11）: 466–472.

❸ 李美善 . 音乐训练对儿童工作记忆影响的研究 ［D］. 长春：东北师范大学，2015.

❹ TRAVIS F, HARUNG H S, LAGROSEN Y. Moral development, executive functioning, peak experiences and brain patterns in professional and amateur classical musicians: interpreted in light of a unified theory of performance ［J］. Consciousness and Cognition, 20（4）: 1256–1264.

身感受进行快速反应与调整以进行下一个音乐活动，同时学生还要抑制与音乐活动无关的内部信息与外部信息的干扰，这些过程都涉及抑制控制的参与。在本研究中，笔者从音乐训练前后干扰控制能力测试中反应时上的显著差异性得到了音乐训练对于发展性阅读障碍儿童干扰控制能力的积极影响。这一结果也支持音乐训练的 OPERA 理论。但与前人研究结果不同的是，本研究是从发展性阅读障碍儿童在干扰控制任务中反应时上后测比前测用时较长证实了音乐训练促进发展性阅读障碍儿童干扰控制能力的提升。而且，研究还发现被试在汉字正确率上无显著性差异。出现这一差异，究其原因，我们猜测可能与发展性阅读障碍儿童在音乐训练期间建立的注意控制有关。❶ 正是因为发展性阅读障碍儿童在两个月的音乐训练中要专注于节奏的训练与身势律动等活动，专注于合唱的学习，所以发展性阅读障碍儿童的注意力得到了很好的锻炼，其对于既定的目标符号与汉字更加专注，更加用心地去控制无关刺激和无关任务设置的干扰，从而导致在反应时上后测长于前测这一结果。同时实验范式的选择、被试的年龄层次，以及对于专业音乐教学者和非专业音乐教学者的划分都会导致差异化结果。本研究从反面证明了音乐训练对于发展性阅读障碍儿童干扰控制能力提升的促进作用，尽管证实的角度不一样，但出发点都是一样的，结果都证明了音乐训练能够提升个体的干扰控制能力。

---

❶ 许晋邦，林怡杉. 音乐训练对小学儿童自我控制的影响及教育建议［J］. 中小学心理健康教育，2020（9）：69–70.

3. 音乐训练通过干扰控制能力对发展性阅读障碍儿童语文成绩的影响

干扰控制在学生个人的认知发展与社会性适应中有着举足轻重的作用。作为抑制竞争刺激在总体上不受干扰的一种能力，干扰控制是认知加工的主动控制过程，如果受损将导致无关信息的激活、保持与提取，从而影响对目标信息的加工。从学生学习的角度看，其指学生在学习过程中，个体通过控制住强烈的内在反应惯性或外在诱惑，从而更好地完成目标任务的心理过程。干扰控制能力作用于学生整个认知加工过程，是学习活动快速有效进行的保证。以往有研究者根据自己的研究成果从多个方面提出了导致发展性阅读障碍儿童语文成绩差的原因，但很少有学者从执行功能子成分干扰控制能力方面去研究发展性阅读障碍儿童。本研究结果发现，与前测相比，经过两个月音乐训练后，发展性阅读障碍儿童在干扰控制任务中干扰控制能力增强，从而出现发展性阅读障碍儿童的语文学习成绩也得到了一定的提高。因此本研究结果也表明了音乐训练通过干扰控制能力的提高对于提升发展性阅读障碍儿童语文成绩的积极影响作用。

王雁在《对学习困难儿童在工作记忆任务中抑制机制的研究》一文中表明，由于学习困难儿童的抑制控制能力较弱，所以使得任务中无关信息与相关信息在工作记忆中处于较高激活状态，影响了工作记忆对相关信息编码的质量，这也是造成学习困难儿童对目标词的记忆效果较差的原因所在，而抑制控制的缺陷正是造成他们工作记忆缺陷的重要原因。[1] 也就是说，与普通学生相比，发展性阅读障碍儿童抑制竞争刺激干扰的能力比较差。由此我们认为，如果发展性阅读障碍儿童的干扰控制能力出现缺陷，可能会导致其控制无关信息出现困难，从而造成控制指向目标刺激的能力差，进而抑制无关干扰信息的能力就差，这是导致发展性阅读障碍儿童在语文学习上出现困难与语文成绩差的原因之一，这一结果也支持抑制控制理论。

　　本次实践研究结果也表明了发展性阅读障碍儿童的语文学习成绩与干扰控制能力紧密相关。干扰控制能力越强，发展性阅读障碍儿童的语文学习成绩就会越好。在学习中，高效率的分心信息控制可能使被试快速地把注意集中在目标知识并对其做出反应。而发展性阅读障碍儿童正是由于在语文学习中较少的控制来自分心信息的干扰，所以语文学习成绩上较落后于普通学生。以阅读学习为例，在阅读中由于发展性阅读障碍儿童不能够控制已经加工过的与目标阅读没有关系的信息，导致这些不必要的信息在工作记忆中处于较活跃状态，这使工作记忆对阅读内容中重要信息的编码产生了很大的质量影响，也使得工作记忆容量增大，在之后的阅读加工中无法提供必要的材料输入，最后使得发展性阅读障碍儿童出现阅读困难的情况。同时，在阅读篇幅较大、内容较为复杂的文章时，发展性阅读障碍儿童的这种缺陷表现得越来越突出，也就出现了笔者看到的语文学习困难学生在阅读学习中只能单纯地关注某个句子段落

---

[1]　王雁. 对学习困难儿童在工作记忆任务中抑制机制的研究［D］.济南：山东师范大学，2000.

的内容，对于整篇文章的理解监控能力有明显缺陷。再比如，在写作训练中，由于发展性阅读障碍儿童不能控制与所写文章主题不相关的联想，出现了流水文章、词不答意的现象。李美华在探讨青少年学生抑制控制能力发展状况的研究中也揭示了学生个人的抑制控制能力对学生的学业成绩有着重要的影响。[1] 学生个体的抑制控制能力越强，其学业成绩越好。这说明了语文学习成绩与干扰控制能力的关系。另外，王翠萍在研究中也表明了干扰控制能力的训练是提高学生语文成绩的有效方法。[2] 这启示我们有必要找到科学的干预方法，以便更好地帮助发展性阅读障碍儿童对无关信息干扰进行控制，促使其更好地进行语文学习。

音乐训练作为促进发展性阅读障碍儿童干扰控制能力提升的一种新的视角，本次实践研究很好地证明了音乐训练通过促进4—6年级发展性阅读障碍儿童干扰控制能力的提高从而促进发展性阅读障碍儿童语文成绩的提升。为此，在对发展性阅读障碍儿童的转化中，教育者可以对发展性阅读障碍儿童加强音乐的学习与训练，以便更好地帮助发展性阅读障碍儿童在音乐训练过程中锻炼其干扰控制能力，从而在语文学习中有效地对干扰信息进行排除，专注于目标学习，促使语文成绩有所进步。

综上所述，音乐训练对于发展性阅读障碍儿童的语文成绩

---

[1] 李美华.执行功能发展与学科学习［M］.武汉：华中师范大学出版社，2009.
[2] 王翠萍.执行功能训练对儿童早期认知发展和学业成绩的影响［D］.杭州：浙江大学，2019.

有积极的影响，在音乐训练中通过干扰控制能力的提高从而促进发展性阅读障碍儿童语文成绩的提升。因此，在对发展性阅读障碍儿童的转化中应多进行音乐的学习以帮助发展性阅读障碍儿童提高干扰控制能力，进而促进语文学习的进步与语文成绩的提升。

第五章 音乐训练促进发展性阅读障碍儿童阅读的眼动研究

一、音乐训练对阅读障碍儿童在高限制语境中汉字语音加工的影响

阅读障碍是学习障碍的一种，阅读障碍儿童往往由于语音结构的识别不清、对形音联结规则无法掌握以及语音判断能力上的落后，致使不能对语言内容进行有效的加工、理解和表达，最终形成阅读障碍。而音乐能够像语言一样传递信息和表达情感，与语言之间存在特殊的关系，长时间的音乐熏陶会提高人的语音能力。

当前，关于音乐训练与语音加工的关系拥有两种观点。一种观点认为日常音乐训练会使语音能力得到广泛的提高，即音乐训练与语音加工意识存在正相关。[1]格罗科（Gromko）的研

---

[1] MORITZ C, YAMPOLSKY S, PAPADELIS G, et al. Links between early rhythm skills, musical training, and phonological awareness [J]. Reading and Writing, 2013, 26（5）: 739–769.

究显示，接受过 4 个月音乐训练的儿童对照没有接受过音乐训练的儿童，在音位意识的流畅性方面有明显的提高。[1]赫雷拉（Herrera）等在语音教学中加入音乐元素，结果表明音乐确实能够强调单词结尾的押韵，促进语音能力的提高。[2]此外，也有研究者从考察儿童阅读理解能力的角度来研究音乐训练与语音的关系。龙（Long）以阅读障碍儿童作为被试，进行 6 周的音乐节奏任务训练，他的研究结果发现阅读障碍儿童不仅在语音语调能力上的提升效果显著，还在阅读准确度和流畅度上都有进步。[3]

另一种观点否认音乐训练与语音的相关性。斯瓦米纳坦（Swaminathan）发现，音乐组的印度儿童与非音乐组的印度儿童相比，在英语语音检验上并没有明显不同。[4]科斯塔（Costa）报告了一项对四年级学生为期三年的研究，结果表明音乐训练对语音成绩并没有影响。[5]莫雷诺等的研究表明 4—6 岁的儿童

---

[1] GROMKO J E. The effect of music instruction on phonemic awareness in beginning readers [J]. Journal of Research in Music Education, 2005, 53（3）: 199–209.

[2] HERRERA L, LORENZO O, DEFIOR S, et al. Effects of phonological and musical training on the reading readiness of native–and foreign–Spanish–speaking children [J]. Psychology of Music, 2011, 39（1）: 68–81.

[3] LONG M. I can read further and there's more meaning while I reading: an exploratory study investigating the impact of a rhythm based music intervention on children's reading [J]. Research Studies in Music Education, 2014, 36（1）: 107–124.

[4] SWAMINATHAN J K. Music training and second–language English comprehension and vocabulary skills in Indian children [J]. Psychological Studies, 2013, 58（2）: 164–170.

[5] COSTA–GIOMI E. Effects of three years of piano instruction on children's academic achievement, school performance and self–esteem [J]. Psychology of Music, 2015, 32（2）: 139–152.

在语音押韵评估任务上，音乐组和对照组之间没有显著差异。❶
从以往研究的理论和观点来看，音乐训练对语音加工的影响越来越受到学者们的关注。然而，两者的相关性各方仍各执一词。另外，我们认为两者关系可能还受其他因素影响。所以，音乐训练和语音加工关系的调节变量也需要进一步分析。

综上，音乐与语言的相似性将二者紧密地联系在一起。因为语音是语言发音的基础和突破口，所以本研究将进一步探讨音乐训练对语音加工的影响，选用音乐训练作为研究阅读障碍儿童语音加工的新视角，探究音乐训练对阅读障碍儿童在高限制语境中汉字语音加工的影响，丰富该领域的研究成果。

（一）研究被试

本研究选取沈阳市 W 小学 3—6 年级阅读障碍儿童为实验被试筛选对象，依照《联合瑞文推理测验修订版》来测查被试的智力水平，分数在常模的 25% 以上的即为正常智力，则被选定到阅读障碍组。采用《小学生识字量测试题库及评价量表》来测查被试的整体识字量水平，识字量得分低于同年级 1.5 个标准差时被认定有阅读障碍。采用《学习障碍筛查量表》对被试进行筛选，得分低于 65 分即为有学习障碍。根据测试结果初步确定实验被试为 56 名，所有被试视力均正常。由于部分被试的眼动实验采样率在 75% 以下，因此删除无效眼动数据 9 个。最终确定实验被试为 47 名，其中阅读匹配组儿童 22 名，阅读

---

❶ MORENO S, FRIESEN D, BIALYSTOK E. Effect of music training on promoting preliteracy skills: preliminary causal evidence [J]. Music Perception, 2011, 29（2）: 165-172.

障碍组儿童 25 名。两组被试同时接受音乐训练，每节课时长为 60 分钟，每周进行 2 次，共设置 16 个课时，教学持续时间为 2 个月。

（二）实验设计

采用 2（被试类型：阅读匹配组，阅读障碍组）×2（测验时间：前测，后测）×4（高频高限制语境中目标词类型：一致，音同，形似，无关）三因素混合实验设计。其中被试类型为被试间变量，测试阶段为被试内变量，目标词类型为被试内变量。实验的因变量为汉语句子阅读判断任务的眼动指标。

（三）实验仪器

本实验所使用的仪器是 Tobii TX 300 眼动仪，采样率为 300Hz，显示器分辨率为 1600×900 像素。要求被试坐在距离眼动仪屏幕 64cm 左右的椅子上，被试眼睛瞳孔定标采用 5 点定标法，当被试的注视点与要求注视的彩色圆点重叠时为理想定标，反之则为定标点缺失或偏大需要重新定标。阅读材料格式设置为宋体 40 号、1.5 倍行距。材料整体为灰色布局和黑色字体的图片呈现在屏幕中央。

（四）实验材料

材料主要参照任桂琴的研究❶，并结合小学生的识字量整体

---

❶ 任桂琴. 句子语境中汉语词汇识别的即时加工研究［D］. 大连：辽宁师范大学，2006.

水平，共选取 16 个基础句子。依据每个基础句中的末尾字分别匹配同音异形字、同形异音字和无关干扰字等高频字，并由此得到一致、音同、形似和无关等四种字词类型。最终得到 64 个汉语句子，句子的语境设置为高限制语境，即对句尾的不同字词有较高的限制性，见表 5–1。

表 5–1　高频高限制句子语境水平实验材料列举

句末字词类型	高频高限制语境关键句
一致	燕子飞到南方过冬。
音同	燕子飞到南方过东。
形似	燕子飞到南方过务。
无关	燕子飞到南方过仇。

（五）实验程序

本实验分为三个阶段依次进行。首先，对被试进行高频高限制句子语境条件下的句子阅读判断任务的前测；其次，实施音乐训练的干预训练；最后，对被试进行高频高限制句子语境条件下的句子阅读判断任务的后测。

1. 句子阅读判断任务

实验在一间绝对安静的教室进行，所有被试均为自愿参与实验，被试依次有序地单独进入教室，并且独立完成实验。具体实验流程如下：

在正式实验开始前，对被试与屏幕之间的距离控制在 64cm。对被试的眼睛瞳孔进行 5 点定标法，当注视点与要求注视的彩色圆点重叠时即为定标成功。主试者在眼动仪屏幕上呈现本实验的指导语，并确认被试通过指导语的阅读，能够对本实验的内容有清晰的认识。进行初步练习实验，练习的目的是确保被试能够完全理解实验。

正式实验开始时，屏幕中心出现注视点"+"，被试眼睛需要集中于该注视点。待注视点"+"消失后，呈现阅读材料，屏幕出现的阅读材料以幻灯片形式随机自动播放，即在每一张幻灯片的中央会出现一个汉语句子，共呈现64个，整个实验大约需要进行8分钟。被试需要大声朗读屏幕中显示的句子，并对句子快速做出判断，对认为错误的句子需要做出按键反应。实验结束后，主试者对每一位参加测试的人员给予奖励。

2. 音乐训练的干预训练

前测结束后，所有被试进行音乐训练的干预训练。研究者邀请一位教学经验丰富的音乐教师进行课程讲授。音乐内容设计主要基于"奥尔夫音乐理论"，并结合张超、王靖文等❶设计的音乐教学内容，即把音乐、语言和律动有效地结合在一起。由此我们将教学内容设置为节奏视唱学习、声势律动学习、情景表演学习以及团体合唱学习等四个训练阶段。具体学习内容如下：

（1）第一阶段：节奏视唱学习（共4课时）。

节奏视唱是指对完成歌曲演唱中的识谱、读谱和唱谱等技

❶ 张超.音乐训练对3—6年级小学生阅读能力的影响、原因分析及教育对策［D］.沈阳：沈阳师范大学，2021；王靖文.基于音乐训练的语困生语文成绩提升的实践研究：以W小学4—6年级为例［D］.沈阳：沈阳师范大学，2021.

能的一种训练学习。首先，学生在教师的引导下，能够对乐谱进行正确发声和清晰的咬字吐字。其次，在学生识谱的基础上填入歌词，进行有节奏的视唱练习。在视唱过程中，教师用手势不断地对歌曲中不同音阶强弱的节奏变化进行划分演示，从而充分调动学生对音乐节奏的深刻感知。最后，学生能够熟悉音乐中的节奏感并独立完成歌曲的演唱。

（2）第二阶段：声势律动学习（共4课时）。

声势律动是指用拍手、拍腿、踩脚、捻指等肢体动作来发出有节奏的声响，并将这一系列动作与歌曲演唱相结合的一种训练。首先，教师对整首歌曲进行识谱教学，确保学生对乐谱完全掌握。其次，播放一段歌曲让学生演唱，同时尝试跟随音乐的律动加上拍手和拍腿等动作形成声势律动；提高学生的身体协调性，锻炼学生对节奏感的控制力，以及对学生注意力集中的培养。最后，学生能够以唱歌与身体动作结合的形式独自完成歌曲的演唱。

（3）第三阶段：情景表演学习（共4课时）。

情景表演是在传统音乐教学中创设真实的情景，它将语言、动作、音乐三者结合，是一种综合化的动态艺术。首先，教师根据实际条件编排故事情节、设计表演场景，进行人物和道具的设置以及语言运用等；促使学生在教师的指导下能够初步体验语言、动作以及音乐节奏上的简单模仿。其次，教师引导学生主动进行情景故事演绎，大胆地进行语言的表达，从而加深对音乐的理解。最后，教师鼓励学生尝试改编情景对话，在教师提供的原有故事情节的基础上进行改造，从而丰富学生的想象力和语言创造能力。

（4）第四阶段：团体合唱学习（共4课时）。

团体合唱是由集体采用不同的旋律来演唱多声部的歌曲，并加入乐器进行辅助教学。首先，教师要按照学生的年龄特点选择合适的歌曲。其次，在合唱过程中，教师要根据歌曲的音高和旋律来规范学生的音准、节奏、咬字吐字等问题，提高发声的准确性；加强合唱声部间的协调性和统一性，提升学生的整体信息加工能力。最后，教师用钢琴伴奏与学生合唱相结合，不仅有利于调动学生音乐训练的热情，还能促进学生专注力的增强。

（六）数据处理

本实验剔除采样率低于75%的无效眼动数据9个，最终保留有效数据47个。实验主要分析六个眼动指标，分别为：注视时间、总注视时间、总注视次数、总访问时间、访问次数和访问时间。眼动数据将由眼动仪中Tobii Studio导出，并进一步利用SPSS 22.0对所导出的数据进行描述统计和方差分析。本研究的兴趣区为整个句子，具体兴趣区划分如图5-1所示。

图5-1　兴趣区划分

（七）研究结果

1. 注视时间

由表 5-2 的数据结果可知：字类一致的控制条件下，两组被试的注视时间前测（0.328±0.125）长于注视时间后测（0.303±0.09）；字类音同的控制条件下，两组被试的注视时间前测（0.336±0.139）长于注视时间后测（0.333±0.130）；字类形似的控制条件下，两组被试的注视时间前测（0.344±0.156）长于注视时间后测（0.337±0.132）；字类无关的控制条件下，两组被试的注视时间前测（0.347±0.128）长于注视时间后测（0.328±0.103）。

表 5-2　高频高限制语境中注视时间的描述性统计（$M±SD$）

测试阶段	分组	一致	音同	形似	无关
前测	阅读匹配组（$n=22$）	0.314±0.149	0.317±0.169	0.314±0.177	0.339±0.154
	阅读障碍组（$n=25$）	0.340±0.100	0.353±0.108	0.371±0.131	0.355±0.103
	两组总计（$n=47$）	0.328±0.125	0.336±0.139	0.344±0.156	0.347±0.128
后测	阅读匹配组（$n=22$）	0.287±0.110	0.334±0.160	0.337±0.156	0.316±0.129
	阅读障碍组（$n=25$）	0.317±0.070	0.331±0.101	0.336±0.110	0.337±0.075
	两组总计（$n=47$）	0.303±0.09	0.333±0.130	0.337±0.132	0.328±0.103

由表 5-3 的方差结果得出：字类各水平之间主效应显著 $[F(3,135)=5.131，P<0.01]$；前后测之间主效应不显著 $[F(1,45)=0.455，P>0.05]$；被试分类主效应不显著 $[F(1,45)=0.608，P>0.05]$；字类与被试分类之间的交互效应不显著 $[F(3,135)=0.356，P>0.05]$；字类与前后测之间的交互效应不显著 $[F(3,135)=1.787，P>0.05]$；前后测与被试分类之间的交互效应不显著 $[F(1,45)=0.295，P>0.05]$；字类、前后测和被试分类之间的三重交互效应显著 $[F(3,135)=3.721，P<0.05]$。

表 5-3　高频高限制语境中注视时间的方差分析

分项	Ⅲ类平方和	df	均方	F	P
字类	0.036	3	0.012	5.131	0.002
前后测	0.017	1	0.017	0.455	0.504
被试分类	0.049	1	0.049	0.608	0.439
字类 × 被试分类	0.003	3	0.001	0.356	0.785
字类 × 前后测	0.009	3	0.003	1.787	0.153
前后测 × 被试分类	0.011	1	0.011	0.295	0.590
字类 × 前后测 × 被试分类	0.018	3	0.006	3.721	0.013

由于字类各水平之间主效应显著 $(P=0.002)$，因此要继续对其做事后检验，两两比较不同字类水平在注视时间眼动指标上的差异。其中，一致与音同两种字类水平之间差异显著，字类一致的均值 $(0.314±0.013)$ 显著低于字类音同的均

值（0.334 ± 0.017），$P < 0.05$；形似与一致两种字类水平之间存在显著性差异，字类形似的均值（0.339 ± 0.017）要显著高于字类一致的均值（0.314 ± 0.013），$P < 0.01$；无关与一致两种字类水平之间差异显著，字类无关的均值（0.337 ± 0.014）显著高于字类一致的均值（0.314 ± 0.013），$P < 0.01$。详见表5-4。

表5-4　注视时间眼动指标不同字类水平之间差异的事后检验

字类	字类	均值差值	P
一致	音同	−0.020	0.021
	形似	−0.025	0.004
	无关	−0.023	< 0.001
音同	一致	0.020	0.021
	形似	−0.005	0.441
	无关	−0.003	0.662
形似	一致	0.025	0.004
	音同	0.005	0.441
	无关	0.003	0.700
无关	一致	0.023	< 0.001
	音同	0.003	0.662
	形似	−0.003	0.700

由于字类 × 前后测 × 被试分类的三重交互作用显著（$P = 0.013$），因此需要进一步做简单简单效应分析。

在前测阶段的阅读障碍组被试中，字类主效应差异不显著 [$F(3, 135) = 2.07$，$P = 0.107$]，在前测阶段的阅读匹配组被试中，字类主效应差异也不显著 [$F(3, 135) = 1.56$，

$P = 0.201$）；在后测阶段的阅读障碍组被试中，字类主效应差异不显著［$F(3,135) = 1.09$，$P = 0.354$］，在后测阶段的阅读匹配组被试中，字类主效应差异极其显著［$F(3,135) = 5.99$，$P = 0.001$］。因此，需要再进一步对后测阅读匹配组的不同字类水平做分析和比较。结果得出，一致与音同两水平之间差异显著，字类一致得分（0.288 ± 0.091）低于字类音同得分（0.329 ± 0.134），$P < 0.05$；一致与形似两水平之间差异显著，字类一致得分（0.288 ± 0.091）低于字类形似得分（0.329 ± 0.129），$P < 0.01$；一致与无关两水平之间差异显著，字类一致得分（0.288 ± 0.091）低于字类无关得分（0.313 ± 0.109），$P < 0.01$，详见表5-5。

表5-5　后测阅读匹配组在不同字类水平之间差异的配对样本t检验

字类水平	t	P
字类一致 vs 字类音同	−2.689	0.014
字类一致 vs 字类形似	−3.126	0.005
字类一致 vs 字类无关	−2.868	0.009
字类音同 vs 字类形似	0.008	0.993
字类音同 vs 字类无关	1.107	0.281
字类形似 vs 字类无关	−1.545	0.137

　　阅读障碍组被试在字类一致水平中，前后测主效应差异不显著（$F < 1$，$P > 0.05$），阅读匹配组被试在字类一致水平中，前后测主效应差异也不显著［$F(1,45) = 1.06$，$P = 0.308$］；阅读障碍组被试和阅读匹配组被试在字类音同水平中，前后测

主效应差异均不显著（$F < 1$，$P > 0.05$）；阅读障碍组被试在字类形似水平中，前后测主效应差异不显著 [$F(1, 45) = 1.14$，$P = 0.291$]，阅读匹配组被试在字类形似水平中，前后测主效应差异也不显著（$F < 1$，$P > 0.05$）；阅读障碍组被试和阅读匹配组被试在字类无关水平中，前后测主效应差异均不显著（$F < 1$，$P > 0.05$）。

在字类一致水平中的前测阶段，被试类型主效应差异不显著（$F < 1$，$P > 0.05$），在字类一致水平中的后测阶段，被试类型主效应差异不显著 [$F(1, 45) = 1.34$，$P = 0.254$]；在字类音同水平的前测阶段和后测阶段，被试类型主效应差异均不显著（$F < 1$，$P > 0.05$）；在字类形似水平的前测阶段，被试类型主效应差异不显著 [$F(1, 45) = 1.60$，$P = 0.212$)]；在字类形似水平的后测阶段，被试类型主效应差异不显著（$F < 1$，$P > 0.05$）；在字类无关水平的前测阶段和后测阶段，被试类型主效应差异均不显著（$F < 1$，$P > 0.05$）。

2. 总注视时间

由表5-6的数据结果可知：字类一致的控制条件下，两组被试的总注视时间前测（3.750 ± 1.249）长于总注视时间后测（3.679 ± 1.118）；字类音同的控制条件下，两组被试的总注视时间前测（3.618 ± 1.344）长于总注视时间后测（3.540 ± 1.163）；字类形似的控制条件下，两组被试的总注视时间前测（3.721 ± 1.235）长于总注视时间后测（3.533 ± 1.017）；字类无关的控制条件下，两组被试的总注视时间前测（3.757 ± 1.175）长于总注视时间后测

（ 3.631 ± 1.118 ）。

表 5-6　高频高限制语境中总注视时间的描述性统计（ $M \pm SD$ ）

测试阶段	分组	一致	音同	形似	无关
前测	阅读匹配组（n=22）	3.304 ± 1.511	3.147 ± 1.611	3.344 ± 1.516	3.356 ± 1.413
	阅读障碍组（n=25）	4.141 ± 0.804	4.032 ± 0.899	4.052 ± 0.816	4.110 ± 0.789
	两组总计（n=47）	3.750 ± 1.249	3.618 ± 1.344	3.721 ± 1.235	3.757 ± 1.175
后测	阅读匹配组（n=22）	3.482 ± 1.362	3.301 ± 1.488	3.366 ± 1.259	3.343 ± 1.452
	阅读障碍组（n=25）	3.851 ± 0.839	3.750 ± 0.747	3.680 ± 0.740	3.883 ± 0.638
	两组总计（n=47）	3.679 ± 1.118	3.540 ± 1.163	3.533 ± 1.017	3.631 ± 1.118

由表 5-7 的方差结果得出：字类各水平之间主效应显著 $[F_{(3,135)} = 4.091, P < 0.01]$ ；前后测之间主效应不显著 $[F_{(1,45)} = 0.267, P > 0.05]$ ；被试分类主效应显著 $[F_{(1,45)} = 5.471, P < 0.05]$ ；字类与被试分类之间的交互效应不显著 $[F_{(3,135)} = 1.266, P > 0.05]$ ；字类与前后测之间的交互效应不显著 $[F_{(3,135)} = 1.135, P > 0.05]$ ；前后测与被试分类之间的交互效应不显著 $[F_{(1,45)} = 0.882, P > 0.05]$ ；字类、前后测和被试分类之间的三重交互效应不显著 $[F_{(3,135)}$

$= 1.204$，$P > 0.05$]。

表 5-7　高频高限制语境中总注视时间的方差分析

分项	III 类平方和	df	均方	F	P
字类	1.083	3	0.361	4.091	0.008
前后测	1.009	1	1.009	0.267	0.608
被试分类	34.522	1	34.522	5.471	0.024
字类 × 被试分类	0.335	3	0.112	1.266	0.289
字类 × 前后测	0.217	3	0.072	1.135	0.337
前后测 × 被试分类	3.338	1	3.338	0.882	0.353
字类 × 前后测 × 被试分类	0.230	3	0.077	1.204	0.311

由于字类各水平之间主效应显著（$P = 0.008$），因此要继续对其做事后检验，两两比较不同字类水平在总注视时间眼动指标上的差异。其中，一致与音同两种字类水平之间差异显著，字类一致的均值（3.695 ± 0.133）显著高于字类音同的均值（3.558 ± 0.143），$P < 0.01$；无关与音同两种字类水平之间存在显著性差异，字类无关的均值（3.673 ± 0.127）要显著高于字类音同的均值（3.558 ± 0.143），$P < 0.01$，详见表 5-8。

表 5-8　总注视时间眼动指标不同字类水平之间差异的事后检验

字类	字类	均值差值	P
一致	音同	0.137	0.002
	形似	0.084	0.072
	无关	0.022	0.582

字类	字类	均值差值	P
音同	一致	−0.137	0.002
	形似	−0.053	0.312
	无关	−0.115	0.009
形似	一致	−0.084	0.072
	音同	0.053	0.312
	无关	−0.062	0.127
无关	一致	−0.022	0.582
	音同	0.115	0.009
	形似	0.062	0.127

3. 总注视次数

由表5-9的数据结果可知：字类一致的控制条件下，两组被试的总注视次数前测（12.533±3.737）低于总注视次数后测（12.947±4.068）；字类音同的控制条件下，两组被试的总注视次数前测（11.837±4.148）低于总注视次数后测（12.332±4.506）；字类形似的控制条件下，两组被试的总注视次数前测（12.272±4.781）高于总注视次数后测（11.971±3.946）；字类无关的控制条件下，两组被试的总注视次数前测（12.103±3.829）高于总注视次数后测（12.090±3.868）。

表5-9　高频高限制语境中总注视次数的描述性统计（$M \pm SD$）

测试阶段	分组	一致	音同	形似	无关
前测	阅读匹配组（$n=22$）	11.335 ± 4.264	10.625 ± 4.523	12.022 ± 6.034	11.101 ± 4.449
	阅读障碍组（$n=25$）	13.587 ± 2.895	12.904 ± 3.541	12.493 ± 3.444	12.986 ± 3.008
	两组总计（$n=47$）	12.533 ± 3.737	11.837 ± 4.148	12.272 ± 4.781	12.103 ± 3.829
后测	阅读匹配组（$n=22$）	12.780 ± 5.126	11.339 ± 4.866	10.979 ± 4.020	11.160 ± 4.341
	阅读障碍组（$n=25$）	13.092 ± 2.946	13.206 ± 4.062	12.844 ± 3.744	12.908 ± 3.271
	两组总计（$n=47$）	12.947 ± 4.068	12.332 ± 4.506	11.971 ± 3.946	12.090 ± 3.868

由表5-10的方差结果得出：字类各水平之间主效应显著 $[F(3,135)=3.483, P<0.05]$；前后测之间主效应不显著 $[F(1,45)=0.053, P>0.05]$；被试分类主效应边缘显著 $[F(1,45)=3.214, P=0.080]$；字类与被试分类之间的交互效应不显著 $[F(3,135)=1.514, P>0.05]$；字类与前后测之间的交互效应不显著 $[F(3,135)=1.587, P>0.05]$；前后测与被试分类之间的交互效应不显著 $[F(1,45)=0.040, P>0.05]$；字类、前后测和被试分类之间的三重交互效应显著 $[F(3,135)=4.399, P<0.05]$。

表 5–10 高频高限制语境中总注视次数的方差分析

分项	Ⅲ类平方和	df	均方	F	P
字类	30.007	3	10.002	3.483	0.018
前后测	2.313	1	2.313	0.053	0.819
被试分类	235.129	1	235.129	3.214	0.080
字类 × 被试分类	13.041	3	4.347	1.514	0.214
字类 × 前后测	11.815	3	3.938	1.587	0.195
前后测 × 被试分类	1.747	1	1.747	0.040	0.842
字类 × 前后测 × 被试分类	32.747	3	10.916	4.399	0.005

　　由于字类各水平之间主效应显著（$P = 0.018$），因此要继续对其做事后检验，两两比较不同字类水平在总注视次数眼动指标上的差异。其中，一致与音同两种字类水平之间差异显著，字类一致的均值（12.699 ± 0.432）要高于字类音同的均值（12.018 ± 0.473），$P < 0.01$；无关与一致两种字类水平之间存在显著性差异，字类无关的均值（12.039 ± 0.425）要高于字类音同的均值（12.018 ± 0.473），$P < 0.01$。详见表 5–11。

表 5–11 总注视次数眼动指标不同字类水平之间差异的事后检验

字类	字类	均值差值	P
一致	音同	0.681	0.007
	形似	0.614	0.077
	无关	0.660	0.001

字类	字类	均值差值	P
音同	一致	−0.681	0.007
	形似	−0.066	0.771
	无关	−0.020	0.920
形似	一致	−0.614	0.077
	音同	0.066	0.771
	无关	0.046	0.863
无关	一致	0.660	0.001
	音同	0.020	0.920
	形似	−0.046	0.863

由于字类 × 前后测 × 被试分类的三重交互作用显著（P=0.005），因此需要进一步做简单简单效应分析。

在前测阶段的阅读障碍组被试中，字类主效应差异不显著 [$F_{(3,135)}$ =1.53, P = 0.210]，在前测阶段的阅读匹配组被试中，字类主效应差异边缘显著 [$F_{(3,135)}$ = 2.23, P = 0.087]；在后测阶段的阅读障碍组被试中，字类主效应差异不显著（$F < 1$, $P > 0.05$），在后测阶段的正常组被试中，字类主效应差异极其显著 [$F_{(3,135)}$ = 7.39, $P < 0.001$]。因此，需要再进一步对后测阅读匹配组的不同字类水平做分析和比较。结果表明：一致与音同两水平之间差异显著，字类一致（12.780 ± 5.125）高于字类音同（11.339 ± 4.866），$P < 0.01$；一致与形似两水平之间差异显著，字类一致（12.780 ± 5.125）高于字类形似（10.979 ± 4.019），$P < 0.01$；一致与无关两水

平之间差异显著，字类一致（12.780±5.125）高于字类无关（11.160±4.341），$P < 0.01$。详见表 5–12。

表 5–12　后测阅读匹配组在不同字类水平之间差异的配对样本 t 检验

字类水平	t	P
字类一致 vs 字类音同	3.040	0.006
字类一致 vs 字类形似	3.580	0.002
字类一致 vs 字类无关	3.411	0.003
字类音同 vs 字类形似	1.208	0.240
字类音同 vs 字类无关	0.712	0.484
字类形似 vs 字类无关	−0.541	0.594

　　阅读障碍组被试在字类一致水平中，前后测主效应差异不显著（$F < 1$，$P > 0.05$），阅读匹配组被试在字类一致水平中，前后测主效应差异也不显著 $[F_{(1, 45)} = 1.86$，$P = 0.180]$；阅读障碍组被试和阅读匹配组被试在字类音同水平中，前后测主效应差异均不显著（$F < 1$，$P > 0.05$）；阅读障碍组被试在字类形似水平中，前后测主效应差异不显著（$F < 1$，$P > 0.05$），阅读匹配组被试在字类形似水平中，前后测主效应差异也不显著 $[F_{(1, 45)} = 1.02$，$P = 0.321]$；阅读障碍组被试和阅读匹配组被试在字类无关水平中，前后测主效应差异均不显著（$F < 1$，$P > 0.05$）。

　　在字类一致水平中的前测阶段，被试类型主效应差异显著 $[F_{(1, 45)} = 4.58$，$P = 0.038]$，阅读障碍组（13.587±2.895）对关键句的总注视次数明显高于阅读匹配组（11.335±4.264）。

在字类一致水平中的后测阶段，被试类型主效应差异不显著（$F < 1$，$P > 0.05$）。在字类音同水平中的前测阶段，被试类型主效应差异边缘显著 $[F(1, 45) = 3.74, P = 0.059]$，阅读障碍组（$12.904 \pm 3.541$）对关键句的总注视次数明显高于阅读匹配组（$10.625 \pm 4.523$）。在字类音同水平的后测阶段，被试类型主效应差异不显著 $[F(1, 45) = 2.05, P = 0.159]$。在字类形似水平的前测阶段，被试类型主效应差异不显著（$F < 1$，$P > 0.05$），在字类形似水平的后测阶段，被试类型主效应差异不显著 $[F(1, 45) = 2.71, P = 0.107]$。在字类无关水平的前测阶段，被试类型主效应差异边缘显著 $[F(1, 45) = 2.96, P = 0.092]$，阅读障碍组（$12.986 \pm 3.008$）对关键句的总注视次数高于阅读匹配组（$11.101 \pm 4.449$）。在字类无关水平的后测阶段，被试类型主效应差异不显著 $[F(1, 45) = 2.47, P = 0.123]$。

4. 总访问时间

由表 5-13 的数据结果可知：字类一致的控制条件下，两组被试的总访问时间前测（3.873 ± 1.275）高于总访问时间后测（3.826 ± 1.119）；字类音同的控制条件下，两组被试的总访问时间前测（3.761 ± 1.370）高于总访问时间后测（3.731 ± 1.169）；字类形似的控制条件下，两组被试的总访问时间前测（3.873 ± 1.232）高于总访问时间后测（3.714 ± 1.058）；字类无关的控制条件下，两组被试的总访问时间前测（3.900 ± 1.183）高于总访问时间后测（3.794 ± 1.143）。

表 5-13　高频高限制语境中总访问时间的描述性统计（$M \pm SD$）

测试阶段	分组	一致	音同	形似	无关
前测	阅读匹配组（$n=22$）	3.400 ± 1.527	3.256 ± 1.635	3.468 ± 1.490	3.487 ± 1.421
	阅读障碍组（$n=25$）	4.290 ± 0.831	4.206 ± 0.905	4.229 ± 0.830	4.262 ± 0.788
	两组总计（$n=47$）	3.873 ± 1.275	3.761 ± 1.370	3.873 ± 1.232	3.900 ± 1.183
后测	阅读匹配组（$n=22$）	3.629 ± 1.364	3.516 ± 1.510	3.540 ± 1.318	3.508 ± 1.497
	阅读障碍组（$n=25$）	3.999 ± 0.840	3.920 ± 0.738	3.868 ± 0.757	4.046 ± 0.632
	两组总计（$n=47$）	3.826 ± 1.119	3.731 ± 1.169	3.714 ± 1.058	3.794 ± 1.143

由表 5-14 的方差结果得出：字类各水平之间主效应边缘显著 $[F(3,135) = 2.469, P = 0.065]$；前后测之间主效应不显著 $[F(1,45) = 0.120, P > 0.05]$；被试分类主效应显著（$F(1,45) = 5.833, P < 0.05$）；字类与被试分类之间的交互效应不显著 $[F(3,135) = 0.863, P > 0.05]$；字类与前后测之间的交互效应不显著 $[F(3,135) = 1.294, P > 0.05]$；前后测与被试分类之间的交互效应不显著 $[F(1,45) = 1.106, P > 0.05]$；字类、前后测和被试分类之间的三重交互效应不显著 $[F(3,135) = 1.715, P > 0.05]$。

表 5–14 高频高限制语境中总访问时间的方差分析

分项	Ⅲ类平方和	df	均方	F	P
字类	0.688	3	0.229	2.469	0.065
前后测	0.481	1	0.481	0.120	0.730
被试分类	36.830	1	36.830	5.833	0.020
字类 × 被试分类	0.241	3	0.080	0.863	0.462
字类 × 前后测	0.261	3	0.087	1.294	0.279
前后测 × 被试分类	4.420	1	4.420	1.106	0.299
字类 × 前后测 × 被试分类	0.345	3	0.115	1.715	0.167

由于字类各水平之间主效应边缘显著（$P=0.065$），因此要继续对其做事后检验，两两比较不同字类水平在总访问时间眼动指标上的差异。其中，一致与音同两种字类水平之间差异显著，字类一致的均值（3.830 ± 0.133）显著高于字类音同均值（3.724 ± 0.144），$P<0.05$；音同与无关两种字类水平之间存在显著性差异，字类音同均值（3.724 ± 0.144）明显低于字类无关均值（3.826 ± 0.126），$P<0.05$。详见表 5–15。

表 5–15 总访问时间眼动指标不同字类水平之间差异的事后检验

字类	字类	均值差值	P
一致	音同	0.106	0.016
	形似	0.053	0.261
	无关	0.004	0.922

续表

字类	字类	均值差值	P
音同	一致	−0.106	0.016
	形似	−0.052	0.332
	无关	−0.102	0.028
形似	一致	−0.053	0.261
	音同	0.052	0.332
	无关	−0.049	0.228
无关	一致	−0.004	0.922
	音同	0.102	0.028
	形似	0.049	0.228

5. 访问次数

由表 5-16 的数据结果可知：字类一致的控制条件下，两组被试的访问次数前测（2.334±1.420）低于访问次数后测（2.519±1.770）；字类音同的控制条件下，两组被试的访问次数前测（2.365±1.521）低于访问次数后测（2.933±2.146）；字类形似的控制条件下，两组被试的访问次数前测（2.653±1.822）低于访问次数后测（2.760±1.893）；字类无关的控制条件下，两组被试的访问次数前测（2.468±1.441）低于访问次数后测（2.582±1.686）。

表 5-16 高频高限制语境中访问次数的描述性统计（M±SD）

测试阶段	分组	一致	音同	形似	无关
前测	阅读匹配组 (*n*=22)	2.712 ± 1.378	2.623 ± 1.317	2.945 ± 2.111	2.665 ± 1.351
	阅读障碍组 (*n*=25)	2.001 ± 1.400	2.137 ± 1.673	2.395 ± 1.522	2.294 ± 1.522
	两组总分 (*n*=47)	2.334 ± 1.420	2.365 ± 1.521	2.653 ± 1.822	2.468 ± 1.441
后测	阅读匹配组 (*n*=22)	2.870 ± 2.297	3.026 ± 2.151	2.782 ± 1.906	2.731 ± 2.042
	阅读障碍组 (*n*=25)	2.211 ± 1.086	2.850 ± 2.182	2.741 ± 1.921	2.451 ± 1.326
	两组总分 (*n*=47)	2.519 ± 1.770	2.933 ± 2.146	2.760 ± 1.893	2.582 ± 1.686

由表 5-17 的方差结果得出：字类各水平之间主效应显著 $[F_{(3,135)} = 2.758, P < 0.05)$；前后测之间主效应不显著 $[F_{(1,45)} = 0.787, P > 0.05]$；被试分类主效应不显著 $[F_{(1,45)} = 1.085, P > 0.05]$；字类与被试分类之间的交互效应不显著 $[F_{(3,135)} = 1.610, P > 0.05]$；字类与前后测之间的交互效应不显著 $[F_{(3,135)} = 2.380, P > 0.05]$；前后测与被试分类之间的交互效应不显著 $[F_{(1,45)} = 0.205, P > 0.05]$；字类、前后测和被试分类之间的三重交互效应不显著 $[F_{(3,135)} = 0.562, P > 0.05]$。

表 5–17　高频高限制语境中访问次数的方差分析

分项	Ⅲ类平方和	df	均方	F	P
字类	4.088	3	1.363	2.758	0.045
前后测	5.223	1	5.223	0.787	0.380
被试分类	15.673	1	15.673	1.085	0.303
字类 × 被试分类	2.386	3	0.795	1.610	0.190
字类 × 前后测	3.348	3	1.116	2.380	0.072
前后测 × 被试分类	1.361	1	1.361	0.205	0.653
字类 × 前后测 × 被试分类	0.790	3	0.263	0.562	0.641

　　由于字类各水平之间主效应显著（$P = 0.045$），因此要继续对其做事后检验，两两比较不同字类水平在访问次数眼动指标上的差异。其中，一致与形似两种字类水平之间差异显著，字类一致的均值（2.448 ± 0.184）显著低于字类形似均值（2.716 ± 0.237），$P < 0.05$。详见表 5–18。

表 5–18　访问次数眼动指标不同字类水平之间差异的事后检验

字类	字类	均值差值	P
一致	音同	−0.211	0.055
	形似	−0.268	0.045
	无关	−0.087	0.242
音同	一致	0.211	0.055
	形似	−0.057	0.583
	无关	0.124	0.187
形似	一致	0.268	0.045
	音同	0.057	0.583
	无关	0.181	0.088

续表

字类	字类	均值差值	P
无关	一致	0.087	0.242
	音同	−0.124	0.187
	形似	−0.181	0.088

6. 访问时间

由表 5-19 的数据结果可知：字类一致的控制条件下，两组被试的访问时间前测（2.927±1.404）高于访问时间后测（2.735±1.289）；字类音同的控制条件下，两组被试的访问时间前测（2.757±1.444）高于访问时间后测（2.457±1.278）；字类形似的控制条件下，两组被试的访问时间前测（2.765±1.483）高于访问时间后测（2.479±1.183）；字类无关的控制条件下，两组被试的访问时间前测（2.887±1.320）高于访问时间后测（2.640±1.212）。

表 5-19 高频高限制语境中访问时间的描述性统计（$M \pm SD$）

测试阶段	分组	一致	音同	形似	无关
前测	阅读匹配组（$n=22$）	2.414 ± 1.539	2.286 ± 1.548	2.354 ± 1.641	2.533 ± 1.461
	阅读障碍组（$n=25$）	3.379 ± 1.119	3.173 ± 1.231	3.127 ± 1.253	3.198 ± 1.121
	两组总计（$n=47$）	2.927 ± 1.404	2.757 ± 1.444	2.765 ± 1.483	2.887 ± 1.320

测试阶段	分组	一致	音同	形似	无关
后测	阅读匹配组 ($n=22$)	2.470 ± 1.541	2.251 ± 1.522	2.298 ± 1.380	2.386 ± 1.566
	阅读障碍组 ($n=25$)	2.968 ± 0.994	2.637 ± 1.015	2.639 ± 0.980	2.863 ± 0.749
	两组总计 ($n=47$)	2.735 ± 1.289	2.457 ± 1.278	2.479 ± 1.183	2.640 ± 1.212

由表 5-20 的方差结果得出：字类各水平之间主效应极其显著 $[F(3,135)=8.196，P<0.001]$；前后测之间主效应不显著 $[F(1,45)=1.334，P>0.05]$；被试分类主效应显著 $[F(1,45)=4.240，P<0.05]$；字类与被试分类之间的交互效应不显著 $[F(3,135)=1.107，P>0.05]$；字类与前后测之间的交互效应不显著 $[F(3,135)=0.413，P>0.05]$；前后测与被试分类之间的交互效应不显著 $[F(1,45)=0.883，P>0.05]$；字类、前后测和被试分类之间的三重交互效应不显著 $[F(3,135)=0.904，P>0.05]$。

表 5-20　高频高限制语境中访问时间的方差分析

分项	Ⅲ类平方和	df	均方	F	P
字类	3.268	3	1.089	8.196	<0.001
前后测	5.571	3	5.571	1.334	0.254

分项	Ⅲ类平方和	df	均方	F	P
被试分类	36.466	1	36.466	4.240	0.045
字类 × 被试分类	0.441	3	0.147	1.107	0.349
字类 × 前后测	0.163	3	0.054	0.413	0.744
前后测 × 被试分类	3.686	1	3.686	0.883	0.352
字类 × 前后测 × 被试分类	0.358	3	0.119	0.904	0.411

由于字类各水平之间主效应极其显著（$P < 0.001$），因此要继续对其做事后检验，两两比较不同字类水平在访问时间眼动指标上的差异。其中，一致与音同两种字类水平之间差异极其显著，字类一致的均值（2.808 ± 0.161）显著高于字类音同的均值（2.587 ± 0.160），$P < 0.001$；一致与形似两种字类水平之间差异极其显著，字类一致的均值（2.808 ± 0.161）显著高于字类形似的均值（2.604 ± 0.152），$P < 0.001$；音同与无关两种字类水平之间差异显著，字类音同的均值（2.587 ± 0.160）低于字类无关的均值（2.745 ± 0.147），$P < 0.05$。详见表 5-21。

表 5-21　访问时间眼动指标不同字类水平之间差异的事后检验

字类	字类	均值差值	P
一致	音同	0.221	$P < 0.001$
	形似	0.204	$P < 0.001$
	无关	0.063	0.266

字类	字类	均值差值	P
音同	一致	−0.221	$P < 0.001$
	形似	−0.018	0.747
	无关	−0.158	0.010
形似	一致	−0.204	$P < 0.001$
	音同	0.018	0.747
	无关	−0.141	0.005
无关	一致	−0.063	0.266
	音同	0.158	0.010
	形似	0.141	0.005

（八）讨论

本实验以小学 3—6 年级普通儿童和阅读障碍儿童为研究对象，开展音乐课程学习作为探究语音加工的方式，以及通过在高频高限制句子语境中控制不同的字类水平，来考察音乐训练对他们在高限制语境汉字识别中语音加工是否有效果，并使用眼动法对儿童整个阅读过程进行实时记录。结果表明，阅读障碍儿童与普通儿童在眼动指标上具有显著性差异；不同字类水平因素对阅读障碍儿童和普通儿童的字词识别和阅读加工有重要影响；阅读障碍儿童在音乐训练干预前后的测试得分差异显著。下面对这些结果进行具体解释和讨论。

1. 高频高限制语境条件下阅读障碍儿童与普通儿童的眼动差异

首先，本研究结果表明阅读障碍儿童在高限制语境条件下的总注视时间要长于普通儿童。总注视时间是指个体对阅读内容的所有注视点的持续时间总和。总注视时间越长说明个体在阅读内容解码上越存在困难，阅读能力下降；总注视时间越短说明个体对所阅读内容更容易加工和理解，阅读效率更高。所以，阅读障碍儿童在阅读过程中对目标文本的注视点杂乱无序，专注力较差，无法对字词句进行正确解码和深度理解，眼睛对文本阅读的总注视时间变长，这与已有研究结果一致。造成眼动异常的原因可能与双眼视觉功能异常有关，其中眼球运动与阅读有着重要的关联。阅读障碍儿童的眼球运动功能存在问题，主要表现为扫视范围小、注视时间久、回视时间频繁等特点。科内利森（Cornelissen）等在视觉任务研究中发现，视觉功能较差会严重影响阅读者对阅读信息的提取和编码，即视觉加工困难与阅读障碍密切相关。[1] 比特施瑙（Bitschnau）从眼动数据分析中得出，阅读障碍儿童的视觉加工速度更慢，在扫视时间眼动指标上存在明显异常。[2] 也有学者从认知神经学角度为眼动异常提供证据。他们认为这是视觉信息传导路径出现了问题，其中大细胞通路是控制双眼注视和眼运动方向的重要路径，而阅读障碍儿童由于大细胞受损，其视觉感知能力下降，注视的稳定性差且眼运动无方向性，进而对字词不能获取

---

[1] CORNELISSEN P L, HANSEN P C, GILCHRIST I. Coherent motion detection and letter position encoding [J]. Vision Research, 1998, 38（14）：2181-2191.

[2] BITSCHNAU W. Experimental study of response latency of visual search processes and premotor decision latency in dyslexic and non-dyslexic children. model of linear regression: derived parametric estimates [J]. Zeitschrift fur Kinder-und Jugendpsychiatrie und Psychotherapie, 1997, 25（2）：82.

和理解，对句子语义不能整合和加工，最终形成阅读障碍。

其次，从总注视次数来看，两组儿童的差异显著。其中阅读障碍儿童的总注视次数多于普通儿童，说明普通儿童对阅读材料的理解更熟练并且能够巧妙地运用阅读策略，这与以往研究相符。而阅读障碍儿童在信息提取过程中通常会出现"内容多次注视"和"内容重复加工"等异常眼动现象。阿伦森（Aaronson）等的实验研究也得出，阅读障碍儿童只停留在简单的字词加工阶段且注视范围小、注视次数多，对句子或篇章加工的整合能力较差，不能有效激活句、段、篇等深层的与语境相结合的加工技能。❶因此，本研究推测阅读障碍儿童总注视次数多可能与工作记忆缺陷有关。工作记忆是个人在认知活动中对信息储存和加工的"统治中心"。麦克纳马拉（Mcnamara）等采用语言类工作任务进行研究，结果得出阅读障碍儿童在视空间工作记忆上表现出异常，即表明了阅读障碍儿童在对来自视觉通道语言信息的接受和输出能力方面存在不良，无法将零散的词句进行有效的组织和整合。❷曾保春采用"资源有限"的观点解释了阅读障碍儿童在阅读过程中加工效率低下、记忆容量较小等问题。❸所以，工作记忆与阅读有关联，当阅读理解能力弱时，儿童的工作记忆容量少，信息的处理速度变慢、

❶　AARONSON D, FERRIS S. Sentence processing in Chinese – American bilinguals［J］. Journal of Memory and Language，1986，25：136–162.

❷　MCNAMARA J K, WONG B. Memory for everyday information in students with learning disabilities［J］. Journal of Learning Disabilities，2003，36（5）：394–406.

❸　曾保春.阅读障碍儿童工作记忆的研究［D］.广州：华南师范大学，2003.

保持量降低，导致对文字的总注视次数就会变多，这与已有的研究结论相同。

最后，本研究还发现，两类儿童在访问时间、总访问时间的眼动指标上差异显著，阅读障碍儿童的访问时间和总访问时间要长于普通儿童，这与之前研究一致。访问时间和总访问时间都是用来评价儿童在完成句子阅读任务时所花费的总阅读时间，是反映儿童对材料的加工程度和阅读整体水平的一项眼动指标。宋子阳的汉语阅读障碍儿童的眼动实验得出，对比普通儿童的语言加工特点，阅读障碍儿童在阅读文章时常常出现停顿、漏读或串行的情况，眼动轨迹缺少计划性，需要投入更多的时间来完成阅读，其访问时间要比普通儿童更长。❶ 相关研究也发现，存在阅读困难的读者其眼跳距离较小、对内容的阅读时间长，总访问时间更长。张明哲通过记录三组不同类型儿童词切分的眼动行为，结果得出阅读障碍组儿童对句子阅读的总访问时间长于其他两组。❷ 因此本研究认为，普通儿童的阅读水平较高，在阅读过程中能够有意识地对文字进行精细加工，信息处理能力强，阅读效率更高。相反，阅读障碍儿童在语言方面上不足，从而导致阅读水平的低下。由此可知阅读障碍儿童在语言任务上表现出吃力，对句子信息的认知加工更浅显，对内容理解和判断更缓慢，其访问时间、总访问时间更长。

---

❶ 宋子阳. 小学高年段汉语发展性阅读障碍儿童与正常儿童英语学习的比较研究 [D]. 沈阳：沈阳师范大学, 2018.

❷ 张明哲. 发展性阅读障碍儿童默读和朗读词切分文本的眼动特征 [D]. 天津：天津师范大学, 2017.

2.阅读障碍儿童对高限制语境条件下汉字阅读中音、形、义加工的差异

本研究在句子阅读任务中设计四种目标字类条件（一致、音同、形似、无关），来综合考察高限制语境中音形义加工对阅读障碍儿童阅读的影响及作用。结果发现，阅读障碍儿童在注视时间、总注视时间、总注视次数、总访问时间、访问次数、访问时间等眼动指标上都存在音形义之间的差异，下面针对结果进行具体分析。首先，在注视时间上，阅读障碍儿童对语义条件的注视时间低于其他三种条件，并与形似、无关之间的差异更显著，表明阅读障碍儿童在语义加工上的用时短、效率高，要好于语音和字形加工；但阅读障碍儿童在语义信息理解上也出现问题，具体表现为眼动控制能力较弱，注视时间较长。也有研究者证实了这一结论，黄海伟采用 ERP 实验发现，阅读障碍儿童在语义加工上的反应时要长于普通儿童，表明阅读障碍儿童在语义加工上存在异常。❶

结果还发现，语音条件的注视时间要高于语义条件且与形似、无关条件之间无显著差异。这是由于阅读障碍儿童在语音上存有劣势，在汉字阅读中不能区分同音词更无法理解形音对应原则，只能提取出单独声旁的读音和简单的形似字，使音形联结的程度较弱从而导致阅读加工的困难。该眼动指标结果也反映出阅读障碍儿童在音同和形似条件的注视时间无差异且都长于语义条件，即可进一步推断阅读障碍儿童可能同时存在语

---

❶ 黄海伟.阅读障碍学生语义加工的事件相关电位研究［D］.开封：河南大学，2012.

音和字形加工上的不足。田学红等的音形义研究也指出，在汉语阅读过程中汉字的加工或输出主要取决于儿童认知中能否实现对汉字音形正确联结的掌握。❶

其次，阅读障碍儿童在总注视时间、总访问时间、总注视次数、访问时间上的数据结果具有相同的特点，四个眼动指标中音同条件的得分均低于其他三种条件，且都与语义条件之间差异显著；阅读障碍儿童在语音条件下汉字加工所用时间最短，在语义条件下汉字加工时间最长，形似条件所用加工时间介于两者中间。可见，阅读障碍儿童在信息提取中主要依赖简单的语音加工和字形加工，与普通儿童仍有差距；在语义加工上的时间最长，语义加工是对词或句子意义的理解和加工，主要考察阅读者的整合能力和综合阅读水平。因此，可推论阅读障碍儿童语义加工的整合能力不足，很难对句子语境进行理解，从而表现出注视时间多、加工时间慢等现象。吴思娜等对阅读障碍儿童语义的研究发现，阅读障碍儿童在语义任务判断上常常出现错误，加工时间比普通儿童更慢。❷隋雪等的眼动研究认为，阅读障碍儿童在信息认知过程中不能将字词与句子语境加工相整合和联系，使得总注视时间和总阅读时间延长；由于阅读障碍儿童词汇知识的缺乏，所阅读的材料超出了其大脑的认知，从而造成认知加工负荷过重，对内容的重复阅读和

---

❶ 田学红，张亚飞. 不同阅读水平儿童汉字音形义联结的研究［J］. 心理发展与教育，2002（3）：53–56.

❷ 吴思娜，舒华，王彧. 4—6年级小学生发展性阅读障碍的异质性研究［J］. 心理发展与教育，2004（3）：46–50.

加工，进而出现注视次数增多和回视频率高等眼动行为。❶

综上所述，在词汇丰富性较强的高限制语境条件下，通过分析各类眼动指标可以看出，阅读障碍儿童在语音条件下字词加工的速度较快，而在语义条件下加工最慢，对词与句子的联系和连贯性较差，阐述阅读障碍儿童在对句子语境信息的总的理解上有问题。但从整体来看，阅读障碍儿童在汉字阅读的音、形、义三方面与普通儿童的眼动指标相比依然具有缺陷。

3. 音乐训练对阅读障碍儿童在高限制语境条件下阅读的影响

本研究进行简单简单效应分析结果发现，阅读障碍儿童在总注视次数眼动指标上差异显著，相比前测，后测阅读障碍儿童在不同条件的语言加工水平上的得分有明显提高，对汉语句子阅读的总注视次数减少，阅读流畅性增强，与普通儿童的差距在逐渐缩短，即表明音乐训练确实能够改善语言阅读能力，提高阅读水平。加布（Gaab）等的研究发现，产生声音变化的音乐练习形式为阅读障碍儿童创造放松和愉快的环境，有助于对语音的处理；唱歌练习实际是把汉语词汇放到音乐中，可以帮助阅读障碍儿童对汉字音节分割的训练；音乐乐谱的识别和朗读与汉字词汇的识别和加工有着同样的解码方式；因此，音乐训练的方式可以很好地概括语言处理和阅读技能的发展。❷
雷吉斯特（Register）等对 41 名小学生实施短期音乐课程学习

---

❶ 隋雪，方娴，任晓倩.发展性阅读障碍儿童阅读过程中的眼动特征［J］.中国特殊教育，2018（6）：53-57，65.

❷ GAAB N, TALLAL P, KIM H. Neural correlates of rapid spectro temporal processing in musicians and nonmusicians［J］. Annals of the New York Academy of Sciences，2010，1060：82-88.

后进行阅读测试，结果发现阅读障碍学生在阅读技能方面得到提升。❶

因此可知，音乐训练确实能够有效改善阅读障碍儿童语言阅读方面能力。音乐作为一种多感官、多维度的活动，音乐训练需要同时调动多种大脑功能的参与。而阅读障碍儿童在听觉、视觉、动觉、语言、认知、交际、社交和情绪等方面都存在一定程度的问题，所以音乐训练能够帮助阅读障碍儿童克服阅读方面的困难，是一种有价值的语言学习方法。

二、音乐训练对阅读障碍儿童在低限制语境中汉字语音加工的影响

阅读障碍是一种以个体对材料不能正常阅读为特点的障碍，一类为获得性阅读障碍，另一类为发展性阅读障碍。发展性阅读障碍是非器质性损伤所引起的阅读障碍。奥尔森（Olson）将发展性阅读障碍的特点概括为：第一，在智力水平和学校教育上无差异；第二，无实质性病症；第三，阅读低于标准杆。❷已有研究表明发展性阅读障碍人群在语音加工上存在缺陷，使得他们无法对字词进行正确拼读和发音，最后导致

---

❶ REGISTER D, DARROW A A , STANDLEY J. The use of music to enhance reading skills of second grade students and students with reading disabilities［J］. Journal of Music Therapy, 2007, 44（1）: 23–37.

❷ OLSON R K. Dyslexia: nature and nurture［J］. Dyslexia, 2002, 8（3）: 143–159.

其阅读困难等问题。❶ 语音加工中包含语音意识，语音意识是指识别和操作语言中声音的能力（例如寻找韵律、音节的组合以及计算单词中的发音数量）。姜涛以汉语阅读障碍儿童和普通儿童为被试进行语音意识测试，得出两组儿童语音差异显著，阅读障碍儿童在小部分语音单位理解上存在问题，语音意识的精密加工技能要落后于普通儿童，即在汉语阅读障碍中仍然能表现出语音方面的欠缺。❷ 栾辉等的研究发现，汉语发展性阅读障碍儿童在音位意识、声调意识和语音短时记忆上表现较弱，在语音意识成分的加工上也有明显的不足。❸

　　语音意识对发展性阅读障碍儿童阅读困难的影响表现在词汇识别上。词汇识别是指以视觉或听觉的形式使人得到词形和语音信息，来获取词义加工的过程。其中，语音意识在词汇识别过程中具有很大的影响。音节作为语音意识中最小的结构单位，会在人们的词汇加工中产生一定影响。音节的频率效应对词汇识别有促进作用，并且在与语音意识相关的任务中产生的效果更明显。❹ 词汇的同音词个数也会改变语音意识在词汇中的辨别。在词汇识别中，句子语境在词汇识别中具有重要作用。句子语境是指通过句子本身来传递语言信息，在句子语境

❶　毛荣建，刘翔平 . 汉语发展性阅读障碍儿童语音意识研究综述［J］. 中国特殊教育，2009（11）：48–55，60.

❷　姜涛 . 汉语语音意识及其与语言能力的关系［D］. 北京：北京师范大学，1998.

❸　栾辉，舒华，黎程正家，等 . 汉语发展性深层阅读障碍的个案研究［J］. 心理学报，2002，34（4）：338–342.

❹　牛雪，任桂琴 . 语音意识对词汇识别的影响：来自中英文的证据［J］. 吉林省教育学院学报，2017，33（10）：131–133.

中对词汇的识别和认知加工会受到句法、语义和语用等信息的影响。并且在句子语境中，不同句子语境条件具有不同强度的限制性，对词汇识别和加工有不同影响。❶ 在高限制性语境条件下，个体能够获取比较丰富的语境信息，即语义线索指向性较强，并通过由上至下的作用来影响词汇加工；在低限制性语境下，个体所能获得的语境信息较少，即语义线索指向性较弱，并通过由下而上的作用来影响词汇加工。❷

基于语音意识在阅读中的重要性，一些研究者开始探究矫正发展性阅读障碍儿童语音意识的干预手段。以提高语音意识为目的的干预方式有音素识别、音素分割、音素删除和转换等。雷洛（Rello）发明了一款词汇小游戏，让阅读障碍儿童在电脑上依据真假字判断、单词替换、词汇分类、词汇派生等不同题目的要求来完成单词填空练习。研究发现，多次训练后，阅读障碍儿童阅读的注意力发生明显改变，同时阅读的正确率也有所提高。❸ 梁（Leong）等的实验结果也显示，对汉字的偏旁教学或句子的结构教学等策略都会使阅读困难者的识字和拼写能力得到发展。❹ 但也有学者认为语音意识干预效果并不可观。

❶ RAYNERK K, DUFFY S A. The effect of clause wrap-up on eye movements during reading［J］. Quarterly Journal of Experimental Psychology, 2000, 53（4）: 1061-1080.

❷ 常敏. 汉语阅读中预测加工认知机制的眼动研究［D］. 天津: 天津师范大学, 2021.

❸ RELLO L. Design of Word Exercises for Children with Dyslexia［J］. Procedia Computer Science, 2014（27）: 74-83.

❹ LEONG C K, LOH K Y, KI W W. Enhancing orthographic knowledge helps spelling production in eight-year-old Chinese children at risk for dyslexia［J］. Annals of Dyslexia, 2011, 61（1）: 136-160.

最新的干预方式是通过音乐训练对发展性阅读障碍儿童的语音意识进行干预。德格等比较了语音和音乐训练在语音意识的发展上是否存在差异，将 41 名 5 — 6 岁的儿童随机分配到音乐、语音或运动训练 3 个小组。经过 20 周的训练后，接受音乐和语音训练的儿童在语音意识测验上的成绩都明显提高，而接受运动训练儿童的成绩没有提高。同时，音乐训练组与语音训练组的分数不存在差异。该研究结果表明，和语音训练一样，音乐训练也可以促进语音知觉能力。❶莫里茨在一项研究中不仅考察了语音意识和音乐技能之间的相关性，而且探究了音乐训练是否会影响语音意识。该研究对两组美国幼儿园的 5 岁儿童进行了测试。一组儿童的学校每周提供 225 分钟的音乐教学，每天 45 分钟。另一组儿童的学校只提供每周一次 35 分钟的音乐教学。接受密集音乐教学的一组儿童在某些语音意识任务中的成绩有更大提高，并且比接受少量音乐教学的一组儿童能够完成更难的语音意识任务。因此，他认为这些研究结果显示了音乐训练对语音意识的显著效应。❷

但有些纵向研究没有发现音乐训练对儿童语音意识有任何促进作用。❸这可能是因为语音意识成分、音乐学习时长、音

---

❶ DEGÉ F, SCHWARZER G. The effect of a music program on phonological awareness in preschoolers［J］. Frontiers in Psychology, 2011, 2: 124.

❷ MORITZ C E. Relationships between phonological awareness and musical rhythm subskills in kindergarten children and comparison of subskills in two schools with different amounts of music instruction［D］. Tufts University, 2007.

❸ MORENO S, FRIESEN D, BIALYSTOK E. Effect of music training on promoting preliteracy skills: preliminary causal evidence［J］. Music Percept, 2011, 29（2）: 165–172.

乐学习方式等因素影响了音乐学习对语音加工的效果。从上述内容可以看出音乐训练对语音意识的影响效果不一致，对于发展性阅读障碍儿童的影响更不可知。因此，本研究为了更深入地了解音乐学习是否在高频低限制语境下对发展性阅读障碍儿童的语音意识产生影响，对 3—6 年级小学生实施音乐干预训练。

（一）研究被试

选取沈阳市 W 小学 3—6 年级阅读障碍儿童为实验被试筛选对象，依照《联合瑞文推理测验修订版》来测查被试的智力水平，分数在常模的 25% 以上的即为正常智力，则被选定到阅读障碍组。采用《小学生识字量测试题库及评价量表》来测查被试的整体识字量水平，识字量得分低于同年级 1.5 个标准差时被认定有阅读障碍。采用《学习障碍筛查量表》对被试进行筛选，得分低于 65 分即为有学习障碍。根据测试结果初步确定实验被试为 56 名，所有被试视力均正常。

由于部分被试的眼动实验采样率在 75% 以下，因此删除无效眼动数据 9 个。最终确定实验被试为 47 名，其中阅读匹配组儿童 22 名，阅读障碍组儿童 25 名。两组被试同时接受音乐学习训练，每节课时长为 60 分钟，每周进行 2 次，共设置 16 课时，教学持续时间为 2 个月。

（二）实验设计

采用 2（被试类型：阅读障碍组，阅读匹配组）×2（测试阶段：前测，后测）×4（高频低限制语境中目标词类型：一致，音同，形似，无关）三因素混合实验设计。其中被试类型为被试间变量，测试阶段为被试内变量，目标词类型为被试内变量。实验的因变量为句子阅读判断任务的眼动指标，具体包括：注视时间、总注视时间、总注视次数、总访问时间、访问次数和访问时间。

（三）实验设备

本实验所使用的仪器是 Tobii TX 300 眼动仪，采样率为 300Hz，显示器分辨率为 1600×900 像素。要求被试坐在与眼动仪屏幕距离 64 cm 左右的椅子上，被试眼睛瞳孔定标采用 5 点定标法，当被试的注视点与要求注视的彩色圆点重叠时为理想定标，反之则为定标点缺失或偏大则需要重新定标。阅读材料格式设置为宋体 40 号字体、1.5 倍行距。材料整体为灰色布局和黑色字体的图片呈现在屏幕中央。

（四）实验材料

材料主要参照任桂琴的研究，❶ 并结合小学生的识字量整体水平，共选取 15 个基础句子。依据每个基础句中的末尾字分别匹配同音异形字、同形异音字和无关干扰字等高频字，并由此得到一致、音同、形似和无关四种字词类型。最终得到 60 个汉语句子，句子的语境设置为低限制语境，即对句尾的不同

---

❶　任桂琴 . 句子语境中汉语词汇识别的即时加工研究［D］. 大连：辽宁师范大学，2006.

字词有较低的限制性。详见表 5-22。

表 5-22　高频低限制句子语境水平实验材料列举

句末字词类型	高频低限制语境关键句
一致	我喜欢朗诵诗。
音同	我喜欢朗诵湿。
形似	我喜欢朗诵详。
无关	我喜欢朗诵垂。

（五）实验程序

本实验分为三个阶段依次进行。首先，对被试进行高频低限制句子语境条件下的句子阅读判断任务的前测；其次，实施音乐学习干预训练；最后，对被试进行高频低限制句子语境条件下的阅读判断任务的后测。

（六）数据处理

本实验剔除采样率低于 75% 的无效眼动数据 9 个，最终保留有效数据 47 个。实验主要分析六个眼动指标，分别为：注视时间、总注视时间、总注视次数、总访问时间、访问次数和访问时间。眼动数据将由眼动仪中 Tobii Studio 导出，并进一步利用 SPSS 22.0 对所导出的数据进行描述统计和方差分析。本研究的兴趣区为关键句区域，具体兴趣区划分见图 5-2 所示。

图 5-2　兴趣区划分

（七）研究结果

1. 注视时间

由表 5-23 的数据结果可知：字类一致的控制条件下，两组被试的注视时间前测（0.338±0.138）长于注视时间后测（0.311±0.128）；字类音同的控制条件下，两组被试的注视时间前测（0.352±0.164）长于注视时间后测（0.324±0.111）；字类形似的控制条件下，两组被试的注视时间前测（0.358±0.155）长于注视时间后测（0.339±0.133）；字类无关的控制条件下，两组被试的注视时间前测（0.366±0.156）长于注视时间后测（0.317±0.093）。

表 5-23　高频低限制语境中注视时间的描述性统计（$M \pm SD$）

测试阶段	分组	一致	音同	形似	无关
前测	阅读匹配组（n=22）	0.308 ± 0.118	0.333 ± 0.198	0.339 ± 0.185	0.359 ± 0.190
	阅读障碍组（n=25）	0.365 ± 0.150	0.368 ± 0.129	0.375 ± 0.124	0.372 ± 0.121
	两组总计（n=47）	0.338 ± 0.138	0.352 ± 0.164	0.358 ± 0.155	0.366 ± 0.156
后测	阅读匹配组（n=22）	0.294 ± 0.10	0.330 ± 0.117	0.331 ± 0.127	0.318 ± 0.10
	阅读障碍组（n=25）	0.326 ± 0.149	0.319 ± 0.107	0.345 ± 0.141	0.317 ± 0.09
	两组总计（n=47）	0.311 ± 0.128	0.324 ± 0.111	0.339 ± 0.133	0.317 ± 0.093

由表 5-24 的方差结果得出：字类各水平之间主效应显著 $[F(3,135)=2.824$，$P<0.05]$；前后测之间主效应不显著 $[F(1,45)=1.446$，$P>0.05]$；被试分类主效应不显著 $[F(1,45)=0.646$，$P>0.05]$；字类与被试分类之间的交互效应不显著 $[F(3,135)=1.910$，$P>0.05]$；字类与前后测之间的交互效应不显著 $[F(3,135)=1.012$，$P>0.05]$；前后测与被试分类之间的交互效应不显著 $[F(1,45)=0.289$，$P>0.05]$；字类、前后测和被试分类之间的三重交互效应不显著 $[F(3,135)=0.289$，$P>0.05]$。

表 5-24　高频低限制语境中注视时间的方差分析

分项	Ⅲ类平方和	df	均方	F	P
字类	0.030	3	0.010	2.824	0.041
前后测	0.084	1	0.084	1.446	0.236
被试分类	0.046	1	0.046	0.646	0.426
字类 × 被试分类	0.021	3	0.007	1.910	0.131
字类 × 前后测	0.011	3	0.004	1.012	0.390
前后测 × 被试分类	0.017	1	0.017	0.289	0.594
字类 × 前后测 × 被试分类	0.003	3	0.001	0.289	0.833

由于字类各水平之间主效应显著（$P < 0.05$），因此要继续对其做事后检验，两两比较不同字类水平在注视时间眼动指标上的差异。其中，一致与形似两种字类水平之间差异显著，字类一致的均值（0.323 ± 0.014）低于字类形似均值（0.347 ± 0.015），$P < 0.05$。详见表 5-25。

表 5-25　注视时间眼动指标不同字类水平之间差异的事后检验

字类	字类	均值差值	P
一致	音同	−0.014	0.187
	形似	−0.024	0.021
	无关	−0.018	0.069
音同	一致	0.014	0.187
	形似	−0.010	0.176
	无关	−0.004	0.502

字类	字类	均值差值	P
形似	一致	0.024	0.021
	音同	0.010	0.176
	无关	0.006	0.414
无关	一致	0.018	0.069
	音同	0.004	0.502
	形似	−0.006	0.414

2. 总注视时间

由表5-26的数据结果可知：字类一致的控制条件下，两组被试的总注视时间前测（4.004±0.867）长于总注视时间后测（3.612±1.148）；字类音同的控制条件下，两组被试的总注视时间前测（3.813±1.094）长于总注视时间后测（3.564±1.037）；字类形似的控制条件下，两组被试的总注视时间前测（3.867±1.034）长于总注视时间后测（3.493±1.068）；字类无关的控制条件下，两组被试的总注视时间前测（4.027±0.865）长于总注视时间后测（3.555±1.111）。

表 5-26　高频低限制语境中总注视时间的描述性统计（$M \pm SD$）

测试阶段	分组	一致	音同	形似	无关
前测	阅读匹配组（$n=22$）	3.663 ± 1.059	3.396 ± 1.292	3.477 ± 1.263	3.782 ± 1.051
	阅读障碍组（$n=25$）	4.305 ± 0.508	4.180 ± 0.729	4.211 ± 0.625	4.242 ± 0.605
	两组总计（$n=47$）	4.004 ± 0.867	3.813 ± 1.094	3.867 ± 1.034	4.027 ± 0.865
后测	阅读匹配组（$n=22$）	3.656 ± 1.148	3.662 ± 0.986	3.560 ± 0.956	3.592 ± 1.013
	阅读障碍组（$n=25$）	3.574 ± 1.171	3.477 ± 1.092	3.434 ± 1.174	3.521 ± 1.211
	两组总计（$n=47$）	3.612 ± 1.148	3.564 ± 1.037	3.493 ± 1.068	3.555 ± 1.111

由表 5-27 的方差结果得出：字类各水平之间主效应显著 [$F(3,135) = 4.881$，$P < 0.01$]；前后测之间主效应边缘显著 [$F(1,45) = 3.371$，$P = 0.073$]；被试分类主效应不显著 [$F(1,45) = 1.561$，$P > 0.05$]；字类与被试分类之间的交互效应不显著 [$F(3,135) = 0.686$，$P > 0.05$]；字类与前后测之间的交互效应不显著 [$F(3,135) = 2.481$，$P > 0.05$]；前后测与被试分类之间的交互效应显著 [$F(1,45) = 4.155$，$P < 0.05$]；字类、前后测和被试分类之间的三重交互效应不显著 [$F(3,135) = 2.309$，$P > 0.05$]。

表 5-27　高频低限制语境中总注视时间的方差分析

分项	Ⅲ类 平方和	df	均方	F	P
字类	1.299	3	0.433	4.881	0.003
前后测	11.291	1	11.291	3.371	0.073
被试分类	6.802	1	6.802	1.561	0.218
字类 × 被试分类	0.183	3	0.061	0.686	0.562
字类 × 前后测	0.672	3	0.224	2.481	0.064
前后测 × 被试分类	13.917	1	13.917	4.155	0.047
字类 × 前后测 × 被试分类	0.626	3	0.209	2.309	0.079

由于字类各水平之间主效应显著（$P = 0.003$），因此要继续对其做事后检验，两两比较不同字类水平在总注视时间眼动指标上的差异。其中，一致与音同两种字类水平之间差异显著，字类一致的均值（3.799 ± 0.114）明显高于字类音同均值（3.679 ± 0.111），$P < 0.01$；一致与形似两种字类水平之间差异显著，字类一致的均值（3.799 ± 0.114）明显高于字类形似均值（3.670 ± 0.109），$P < 0.01$；音同与无关两种字类水平之间差异显著，字类音同的均值（3.679 ± 0.111）要低于字类无关均值（3.784 ± 0.111），$P < 0.05$；形似与无关两种字类水平之间差异显著，字类形似均值（3.670 ± 0.109）低于字类无关均值（3.784 ± 0.111），$P < 0.05$。详见表 5-28。

表 5-28　总注视时间眼动指标不同字类水平之间差异的事后检验

字类	字类	均值差值	P
一致	音同	0.120	0.008
	形似	0.129	0.008
	无关	0.015	0.666
音同	一致	−0.120	0.008
	形似	0.008	0.856
	无关	−0.105	0.033
形似	一致	−0.129	0.008
	音同	−0.008	0.856
	无关	−0.114	0.010
无关	一致	−0.015	0.666
	音同	0.105	0.033
	形似	0.114	0.010

　　由于前后测与字类之间的交互效应边缘显著（$P = 0.064$），因此需要进一步做简单效应检验。在字类一致水平上，前测与后测之间的差异边缘显著 $[F(1,45) = 3.99, P = 0.052]$；在字类音同水平上，前测与后测之间的差异不显著 $[F(1,45) = 1.11, P = 0.298]$；在字类形似水平上，前测与后测之间的差异边缘显著 $[F(1,45) = 2.84, P = 0.099]$；在字类无关水平上，前测与后测之间的差异显著 $[F(1,45) = 5.89, P = 0.019]$。从结果可以看出，字类无关水平的前后测之间的差异最明显，说明音乐学习能促使儿童对无关信息处理的能力增强。

由于前后测与被试分类之间的交互效应显著（$P = 0.047$），因此需要进一步做简单效应分析。在前测阶段，阅读障碍组与阅读匹配组之间差异显著 $[F(1, 45) = 6.40, P = 0.015]$；在后测阶段，阅读障碍组与阅读匹配组之间差异不显著（$F < 1$，$P > 0.05$）。

由于字类、前后测和被试分类之间的三重交互效应边缘显著（$P = 0.079$），因此需要进一步做简单简单效应分析。

（1）在前测阶段的阅读障碍组被试中，字类主效应差异不显著 $[F < 1, P > 0.05]$，在前测阶段的阅读匹配组被试中，字类主效应差异极其显著 $[F(3, 135) = 8.79, P < 0.001]$；在后测阶段的阅读障碍组和阅读匹配组被试中，字类主效应差异均不显著（$F < 1, P > 0.05$）。

（2）阅读障碍组被试在字类一致水平中，前后测主效应差异显著 $[F(1, 45) = 7.30, P = 0.010]$，阅读匹配组被试在字类一致水平中，前后测主效应差异不显著（$F < 1, P > 0.05$）；阅读障碍组被试在字类音同水平中，前后测主效应差异显著 $[F(1, 45) = 5.79, P = 0.020]$，阅读匹配组被试在字类音同水平中，前后测主效应差异不显著 $[F(1, 45) = 1.26, P = 0.267]$；阅读障碍组被试在字类形似水平中，前后测主效应差异显著 $[F(1, 45) = 7.28, P = 0.010]$，阅读匹配组被试在字类形似水平中，前后测主效应差异不显著（$F < 1, P > 0.05$）；阅读障碍组被试在字类无关水平中，前后测主效应差异显著 $[F(1, 45) = 7.04, P = 0.011]$，阅读匹配组被试在字类无关水平中，前后测主效应差异均不显著（$F < 1$，

$P > 0.05$）。

（3）在字类一致水平中的前测阶段，被试类型主效应差异显著 $[F(1,45) = 5.95, P = 0.019]$，在字类一致水平中的后测阶段，被试类型主效应差异不显著（$F < 1, P > 0.05$）；在字类音同水平中的前测阶段，被试类型主效应差异显著 $[F(1,45) = 5.91, P = 0.019]$，在字类音同水平的后测阶段，被试类型主效应差异不显著（$F < 1, P > 0.05$）；在字类形似水平的前测阶段，被试类型主效应差异显著 $[F(1,45) = 7.26, P = 0.010]$，在字类形似水平的后测阶段，被试类型主效应差异不显著（$F < 1, P > 0.05$）；在字类无关水平的前测阶段，被试类型主效应差异边缘显著 $[F(1,45) = 3.29, P = 0.077]$，在字类无关水平的后测阶段，被试类型主效应差异不显著（$F < 1, P > 0.05$）。

3. 总注视次数

由表 5-29 的数据结果可知：字类一致的控制条件下，两组被试的总注视次数前测（14.338 ± 4.708）高于总注视次数后测（12.939 ± 4.471）；字类音同的控制条件下，两组被试的总注视次数前测（12.630 ± 3.706）高于总注视次数后测（12.161 ± 4.277）；字类形似的控制条件下，两组被试的总注视次数前测（13.144 ± 5.219）高于总注视次数后测（11.845 ± 4.638）；字类无关的控制条件下，两组被试的总注视次数前测（13.458 ± 4.315）高于总注视次数后测（12.205 ± 4.299）。

表 5-29　高频低限制语境中总注视次数的描述性统计（$M \pm SD$）

测试阶段	分组	一致	音同	形似	无关
前测	阅读匹配组 (*n*=22)	14.150 ± 3.788	11.994 ± 3.970	12.539 ± 4.312	13.466 ± 3.815
	阅读障碍组 (*n*=25)	14.503 ± 5.465	13.189 ± 3.440	13.677 ± 5.942	13.450 ± 4.792
	两组总计 (*n*=47)	14.338 ± 4.708	12.630 ± 3.706	13.144 ± 5.219	13.458 ± 4.315
后测	阅读匹配组 (*n*=22)	13.364 ± 4.660	12.577 ± 4.386	12.540 ± 5.256	12.595 ± 4.320
	阅读障碍组 (*n*=25)	12.564 ± 4.359	11.796 ± 4.234	11.233 ± 4.028	11.862 ± 4.338
	两组总计 (*n*=47)	12.939 ± 4.471	12.161 ± 4.277	11.845 ± 4.638	12.205 ± 4.299

由表 5-30 的方差结果得出：字类各水平之间主效应显著 $[F(3,135) = 11.592, P < 0.01]$；前后测之间主效应不显著 $[F(1,45) = 1.934, P > 0.05]$；被试分类主效应不显著 $[F(1,45) = 0.014, P > 0.05]$；字类与被试分类之间的交互效应不显著 $[F(3,135) = 0.549, P > 0.05]$；字类与前后测之间的交互效应不显著 $[F(3,135) = 1.782, P > 0.05]$；前后测与被试分类之间的交互效应不显著 $[F(1,45) = 1.075, P > 0.05]$；字类、前后测和被试分类之间的三重交互效应不显著 $[F(3,135) = 1.420, P > 0.05]$。

表 5-30　高频低限制语境中总注视次数的方差分析

分项	Ⅲ类平方和	df	均方	F	P
字类	90.781	3	30.260	11.592	<0.01
前后测	104.137	1	104.137	1.934	0.171
被试分类	1.321	1	1.321	0.014	0.906
字类 × 被试分类	4.300	3	1.433	0.549	0.650
字类 × 前后测	13.455	3	4.485	1.782	0.154
前后测 × 被试分类	57.892	1	57.892	1.075	0.305
字类 × 前后测 × 被试分类	10.724	3	3.575	1.420	0.240

　　由于字类各水平之间主效应显著（$P < 0.01$），因此要继续对其做事后检验，两两比较不同字类水平在总注视次数眼动指标上的差异。其中，一致与音同两种字类水平之间差异显著，字类一致的均值（13.645 ± 0.524）明显高于字类音同均值（12.389 ± 0.451），$P < 0.01$；一致与形似两种字类水平之间差异显著，字类一致的均值（13.645 ± 0.524）要高于字类形似均值（12.497 ± 0.571），$P < 0.01$；一致与无关两种字类水平之间差异显著，字类一致的均值（13.645 ± 0.524）要明显高于字类无关均值（12.843 ± 0.520），$P < 0.01$。详见表 5-31。

表 5-31　总注视次数眼动指标不同字类水平之间差异的事后检验

字类	字类	均值差值	P
一致	音同	1.256	$P < 0.01$
	形似	1.148	$P < 0.01$
	无关	0.802	$P < 0.01$

字类	字类	均值差值	P
音同	一致	−1.256	< 0.01
	形似	−0.108	0.717
	无关	0.239	0.063
形似	一致	−1.148	< 0.01
	音同	0.108	0.717
	无关	−0.346	0.168
无关	一致	−0.802	< 0.01
	音同	0.454	0.063
	形似	0.346	0.168

4. 总访问时间

由表5-32的数据结果可知：字类一致的控制条件下，两组被试的总访问时间前测（4.176±0.873）高于总访问时间后测（3.805±1.179）；字类音同的控制条件下，两组被试的总访问时间前测（3.979±1.129）高于总访问时间后测（3.771±1.067）；字类形似的控制条件下，两组被试的总访问时间前测（4.062±1.014）高于总访问时间后测（3.724±1.109）；字类无关的控制条件下，两组被试的总访问时间前测（4.204±0.857）高于总访问时间后测（3.776±1.146）。

表 5-32 高频低限制语境中总访问时间的描述性统计（$M \pm SD$）

测试阶段	分组	一致	音同	形似	无关
前测	阅读匹配组 （n=22）	3.861 ± 1.092	3.574 ± 1.359	3.663 ± 1.259	3.968 ± 1.046
	阅读障碍组 （n=25）	4.453 ± 0.497	4.336 ± 0.737	4.412 ± 0.556	4.411 ± 0.596
	两组总计 （n=47）	4.176 ± 0.873	3.979 ± 1.129	4.062 ± 1.014	4.204 ± 0.857
后测	阅读匹配组 （n=22）	3.861 ± 1.181	3.919 ± 1.008	3.806 ± 0.982	3.835 ± 1.029
	阅读障碍组 （n=25）	3.756 ± 1.198	3.642 ± 1.121	3.651 ± 1.225	3.723 ± 1.259
	两组总计 （n=47）	3.805 ± 1.179	3.771 ± 1.067	3.724 ± 1.109	3.776 ± 1.146

由表 5-33 的方差结果得出：字类各水平之间主效应显著 $[F_{(3,135)} = 3.802, P < 0.05]$；前后测之间主效应不显著 $[F_{(1,45)} = 2.634, P > 0.05]$；被试分类主效应不显著 $[F_{(1,45)} = 1.146, P > 0.05]$；字类与被试分类之间的交互效应不显著 $[F_{(3,135)} = 0.705, P > 0.05]$；字类与前后测之间的交互效应不显著 $[F_{(3,135)} = 2.528, P > 0.05]$；前后测与被试分类之间的交互效应显著 $[F_{(1,45)} = 4.355, P < 0.05]$；字类、前后测和被试分类之间的三重交互效应显著 $[F_{(3,135)} = 2.937, P < 0.05]$。

表 5-33　高频低限制语境中总访问时间的方差分析

分项	Ⅲ类平方和	df	均方	F	P
字类	1.107	3	0.369	3.802	0.012
前后测	9.025	1	9.025	2.634	0.112
被试分类	5.270	1	5.270	1.146	0.290
字类 × 被试分类	0.205	3	0.068	0.705	0.550
字类 × 前后测	0.700	3	0.233	2.528	0.060
前后测 × 被试分类	14.924	1	14.924	4.355	0.043
字类 × 前后测 × 被试分类	0.813	3	0.271	2.937	0.036

由于字类各水平之间主效应显著（$P < 0.01$），因此要继续对其做事后检验，两两比较不同字类水平在总访问时间眼动指标上的差异。其中，一致与音同两种字类水平之间差异显著，字类一致的均值（3.983 ± 0.117）高于字类音同均值（3.867 ± 0.116），$P < 0.05$；一致与形似两种字类水平之间差异显著，字类一致的均值（3.983 ± 0.117）高于字类形似均值（3.883 ± 0.111），$P < 0.05$；音同与无关两种字类水平之间差异显著，字类音同的均值（3.867 ± 0.116）要低于字类无关的均值（3.984 ± 0.113），$P < 0.05$；形似与无关两种字类水平之间差异显著，字类形似的均值（3.883 ± 0.111）要低于字类无关的均值（3.984 ± 0.113），$P < 0.05$。详见表 5-34。

表 5-34　总访问时间眼动指标不同字类水平之间差异的事后检验

字类	字类	均值差值	P
一致	音同	0.116	0.015
	形似	0.100	0.022
	无关	−0.002	0.966
音同	一致	−0.116	0.015
	形似	−0.016	0.718
	无关	−0.100	0.046
形似	一致	−0.099	0.022
	音同	0.016	0.718
	无关	−0.101	0.033
无关	一致	0.002	0.966
	音同	0.117	0.046
	形似	0.101	0.033

由于字类与前后测之间的交互效应边缘显著（$P = 0.060$），因此需要进一步做简单效应分析。

（1）在前测阶段，不同字类水平之间的差异极其显著 [$F_{(3, 135)} = 6.78$，$P < 0.001$]；在后测阶段，不同字类水平之间的差异不显著（$F < 1$，$P > 0.05$）。

（2）在字类一致水平上，前测与后测之间的差异边缘显著 [$F_{(1, 45)} = 3.42$，$P = 0.071$]；在字类音同水平上，前测与后测之间的差异不显著（$F < 1$，$P > 0.05$）；在字类形似水平上，前测与后测之间的差异不显著 [$F_{(1, 45)} = 2.25$，$P = 0.141$]；在字类无关水平上，前测与后测之间的差异显著 [$F_{(1, 45)}$

$= 4.69$，$P = 0.036$]。

由于前后测与被试分类之间的交互效应显著（$P=0.043$），因此需要进一步做简单效应分析。

（1）在前测阶段，阅读障碍组被试与阅读匹配组被试之间差异显著[$F(1,45) = 6.40$，$P = 0.015$]；在后测阶段，阅读障碍组被试与阅读匹配组被试差异不显著（$F < 1$，$P > 0.05$）。

（2）阅读障碍组被试的前测与后测之间的得分差异显著[$F(1,45) = 8.02$，$P = 0.007$]；阅读匹配组被试的前测与后测之间的得分差异不显著（$F < 1$，$P > 0.05$）。

由于字类、前后测和被试分类之间的三重交互效应显著（$P=0.036$），因此需要进一步做简单简单效应分析。

（1）在前测阶段的阅读障碍组被试中，字类主效应差异不显著（$F < 1$，$P > 0.05$），在前测阶段的阅读匹配组被试中，字类主效应差异极其显著[$F(3,135) = 8.19$，$P < 0.001$]；在后测阶段的阅读障碍组和阅读匹配组被试中，字类主效应差异均不显著（$F < 1$，$P > 0.05$）。

（2）阅读障碍组被试在字类一致水平中，前后测主效应差异显著[$F(1,45) = 8.36$，$P = 0.006$]，阅读匹配组被试在字类一致水平中，前后测主效应差异不显著（$F < 1$，$P > 0.05$）；阅读障碍组被试在字类音同水平中，前后测主效应差异极其显著[$F(1,45) = 6.14$，$P = 0.017$]，阅读匹配组被试在字类音同水平中，前后测主效应差异不显著（$F < 1$，$P > 0.05$）；阅读障碍组被试在字类形似水平中，前后测主效应差异显著[$F(1,45) = 7.60$，$P = 0.008$]，阅读匹配组被试在字类形似水平

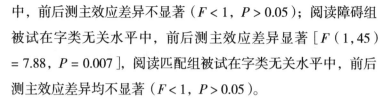

中，前后测主效应差异不显著（$F < 1$，$P > 0.05$）；阅读障碍组被试在字类无关水平中，前后测主效应差异显著 [$F_{(1, 45)}$ = 7.88，P = 0.007]，阅读匹配组被试在字类无关水平中，前后测主效应差异均不显著（$F < 1$，$P > 0.05$）。

（3）在字类一致水平中的前测阶段，被试类型主效应差异显著 [$F_{(1, 45)}$ = 7.29，P = 0.010]，在字类一致水平中的后测阶段，被试类型主效应差异不显著（$F < 1$，$P > 0.05$）；在字类音同水平中的前测阶段，被试类型主效应差异显著 [$F_{(1, 45)}$ = 6.77，P = 0.012]，在字类音同水平的后测阶段，被试类型主效应差异不显著（$F < 1$，$P > 0.05$）；在字类形似水平的前测阶段，被试类型主效应差异显著 [$F_{(1, 45)}$ = 6.62，P = 0.013]，在字类形似水平的后测阶段，被试类型主效应差异不显著（$F < 1$，$P > 0.05$）；在字类无关水平的前测阶段，被试类型主效应差异边缘显著 [$F_{(1, 45)}$ = 3.49，P = 0.068]，在字类无关水平的后测阶段，被试类型主效应差异不显著（$F < 1$，$P > 0.05$）。

5. 访问次数

由表 5-35 的数据结果可知：字类一致的控制条件下，两组被试的访问次数前测（2.691 ± 2.301）高于访问次数后测（2.362 ± 1.373）；字类音同的控制条件下，两组被试的访问次数前测（2.627 ± 2.000）高于访问次数后测（2.433 ± 1.495）；字类形似的控制条件下，两组被试的访问次数前测（2.683 ± 2.164）高于访问次数后测（2.540 ± 1.557）；字类无关的控制条件下，两组被试的访问次数前测（2.726 ± 2.207）高于访问次数后测（2.376 ± 1.232）。

表 5–35　高频低限制语境中访问次数的描述性统计（M ± SD）

测试阶段	分组	一致	音同	形似	无关
前测	阅读匹配组（n=22）	3.390 ± 2.746	3.101 ± 2.211	3.280 ± 2.475	3.340 ± 2.315
	阅读障碍组（n=25）	2.077 ± 1.646	2.210 ± 1.734	2.157 ± 1.733	2.187 ± 2.000
	两组总计（n=47）	2.691 ± 2.301	2.627 ± 2.000	2.683 ± 2.164	2.726 ± 2.207
后测	阅读匹配组（n=22）	2.523 ± 1.329	2.593 ± 1.384	2.834 ± 1.581	2.629 ± 1.192
	阅读障碍组（n=25）	2.220 ± 1.421	2.293 ± 1.600	2.282 ± 1.521	2.155 ± 1.248
	两组总计（1=47）	2.362 ± 1.373	2.433 ± 1.495	2.540 ± 1.557	2.376 ± 1.232

由表 5–36 的方差结果得出：字类各水平之间主效应不显著 $[F(3,135) = 0.673, P > 0.05]$；前后测之间主效应不显著 $[F(1,45) = 0.663, P > 0.05]$；被试分类主效应边缘显著 $[F(1,45) = 3.945, P = 0.053]$；字类与被试分类之间的交互效应不显著 $[F(3,135) = 1.256, P > 0.05]$；字类与前后测之间的交互效应不显著 $[F(3,135) = 1.211, P > 0.05]$；前后测与被试分类之间的交互效应不显著 $[F(1,45) = 1.099, P > 0.05]$；字类、前后测和被试分类之间的三重交互效应不显著 $[F(3,$

135 ）$= 1.110$，$P > 0.05$]。

表 5–36　高频低限制语境中访问次数的方差分析

分项	Ⅲ类 平方和	df	均方	F	P
字类	0.478	3	0.159	0.673	0.570
前后测	7.157	1	7.157	0.663	0.420
被试分类	54.578	1	54.578	3.945	0.053
字类 × 被试分类	0.892	3	0.297	1.256	0.292
字类 × 前后测	0.792	3	0.264	1.211	0.308
前后测 × 被试分类	11.863	1	11.863	1.099	0.300
字类 × 前后测 × 被试分类	0.726	3	0.242	1.110	0.347

6. 访问时间

由表 5-37 的数据结果可知：字类一致的控制条件下，两组被试的访问时间前测（3.049 ± 1.386）高于访问时间后测（2.650 ± 1.257）；字类音同的控制条件下，两组被试的访问时间前测（2.843 ± 1.407）高于访问时间后测（2.598 ± 1.178）；字类形似的控制条件下，两组被试的访问时间前测（2.879 ± 1.308）高于访问时间后测（2.527 ± 1.180）；字类无关的控制条件下，两组被试的访问时间前测（3.039 ± 1.285）高于访问时间后测（2.580 ± 1.192）。

表 5-37　高频低限制语境中访问时间的描述性统计（$M \pm SD$）

测试阶段	分组	一致	音同	形似	无关
前测	阅读匹配组（n=22）	2.629 ± 1.541	2.456 ± 1.579	2.461 ± 1.440	2.652 ± 1.407
	阅读障碍组（n=25）	3.418 ± 1.140	3.184 ± 1.163	3.247 ± 1.079	3.380 ± 1.084
	两组总计（n=47）	3.049 ± 1.386	2.843 ± 1.407	2.879 ± 1.308	3.039 ± 1.285
后测	阅读匹配组（n=22）	2.592 ± 1.275	2.641 ± 1.153	2.437 ± 1.070	2.479 ± 1.135
	阅读障碍组（n=25）	2.701 ± 1.265	2.560 ± 1.221	2.607 ± 1.286	2.669 ± 1.257
	两组总计（n=47）	2.650 ± 1.257	2.598 ± 1.178	2.527 ± 1.180	2.580 ± 1.192

由表 5-38 的方差结果得出：字类各水平之间主效应边缘显著 $[F(3,135) = 2.307，P < 0.1]$；前后测之间主效应不显著 $[F(1,45) = 2.133，P > 0.05]$；被试分类主效应不显著 $[F(1,45) = 2.620，P > 0.05]$；字类与被试分类之间的交互效应不显著 $[F(3,135) = 0.588，P > 0.05]$；字类与前后测之间的交互效应不显著 $[F(3,135) = 1.375，P > 0.05]$；前后测与被试分类之间的交互效应不显著 $[F(1,45) = 1.980，P > 0.05)]$；字类、前后测和被试分类之间的三重交互效应不显著 $[F(3,135) = 0.505，P > 0.05]$。

表 5–38 高频低限制语境中访问时间的方差分析

分项	Ⅲ类平方和	df	均方	F	P
字类	1.358	3	0.453	2.307	0.079
前后测	10.999	1	10.999	2.133	0.151
被试分类	17.083	1	17.083	2.620	0.113
字类 × 被试分类	0.346	3	0.115	0.588	0.624
字类 × 前后测	0.618	3	0.206	1.375	0.253
前后测 × 被试分类	10.208	1	10.208	1.980	0.166
字类 × 前后测 × 被试分类	0.227	3	0.076	0.505	0.680

由于字类各水平之间主效应边缘显著（$P = 0.079$），因此要继续对其做事后检验，两两比较不同字类水平在总访问时间眼动指标上的差异。其中，一致与音同两种字类水平之间差异边缘显著，字类一致的均值（2.835 ± 0.146）高于字类音同均值（2.710 ± 0.141），$P < 0.1$；一致与形似两种字类水平之间差异显著，字类一致的均值（2.835 ± 0.146）高于字类形似均值（2.688 ± 0.128），$P < 0.05$，详见表 5–39。

表 5–39 访问时间眼动指标不同字类水平之间差异的事后检验

字类	字类	均值差值	P
一致	音同	0.125	0.059
	形似	0.147	0.024
	无关	0.040	0.555

字类	字类	均值差值	P
音同	一致	−0.125	0.059
	形似	0.022	0.675
	无关	−0.085	0.275
形似	一致	−0.147	0.024
	音同	−0.022	0.675
	无关	−0.107	0.090
无关	一致	−0.040	0.555
	音同	0.085	0.275
	形似	0.107	0.090

（八）讨论

本实验采用音乐训练的方式，对 3—6 年级小学生实施音乐干预训练，探究音乐对语音的影响，并从汉语语言认知加工的整体角度，来深入分析高频低限制语境条件对语音的作用及影响因素。利用眼动法来呈现材料，以注视时间、总注视时间、总注视次数、总访问时间、访问次数以及访问时间为指标，考察阅读障碍儿童在阅读字词加工过程中的眼动轨迹特点。结果表明，阅读障碍儿童在低限制语境阅读中音、形、义加工存在差异，在音乐学习前后的测试得分差异显著。下面对这些结果进行具体的解释和讨论。

1.阅读障碍儿童在低限制语境条件下汉字阅读中音、形、义加工的差异

本研究结果发现，阅读障碍儿童在注视时间、总注视时间、总注视次数、总访问时间眼动指标上都存在音、形、义之间的差异。在总注视时间、总访问时间、总注视次数上具有相同的数据特点，阅读障碍儿童在音同条件下的得分最低，在语义条件下的得分最高；语义条件分别与音同条件、形似条件之间差异显著。该结果说明，阅读障碍儿童对音同条件类型的字词阅读效率最高，回视和重复阅读加工的次数少，所花费的时间也最短；而对语义条件字词加工所用的阅读时间较长，注视次数增多。可以看出，阅读障碍儿童主要依赖汉字的语音信息来获取语义，语音在其字词识别过程中发挥着极大的作用，符合语音中介理论。语音中介理论认为，在提取词汇信息的路径中是由语音信息来获得词汇语义的。❶鲁本斯坦（Rubenstein）的实验研究发现，被试对于同音词判断的反应时要少于非同音词，并且错误率更低，验证了语音对字词的理解和阅读有重要的影响。❷

从注视时间上看，字形条件的得分要高于其他三类条件，阅读障碍儿童对形似类型词汇判断的注视时间过长，在字形加工上存在困难。塔夫脱（Taft）等采用拼音文字作为阅读任务，

---

❶ MAJERES, R L. Phonological and orthographic coding skills in adult readers［J］. Journal of General Psychology, 2005, 132（3）: 267–280.

❷ RUBENSTEIN H. Evidence for phonemic recoding in visual word reagnition［J］. Journal of Verbal Learing Verbal Behavia, 1971, 10（6）: 645–657.

研究肯定了字形在词汇识别和加工中的重要性。[1]汉字是将音、形、义合为一体的文字，由形来表达义是其独有的特点，所以字形的作用在汉语阅读中也十分重要。字形加工即正字法加工，是指阅读者是否能对汉字的结构、书写做出正确的剖析和判别。邹艳春采用阅读匹配组和阅读障碍组的对照实验研究，对小学三年级学生进行正字法加工判断任务，最后得出阅读障碍组得分明显低于阅读匹配组，表现出阅读障碍组儿童的正字法加工存在显著不足。[2]舒华等研究发现，阅读障碍儿童之所以会出现汉字结构把握上的错误，可能是因为他们的正字法表征能力较低，对汉字的认知能力落后，从而导致信息输出的困难。[3]本研究在注视时间眼动指标上也反映出阅读障碍儿童的正字法缺陷，这与以往研究一致。

2.音乐训练对阅读障碍儿童在低限制语境条件下阅读的影响

简单简单效应分析结果发现，阅读障碍儿童在总注视时间、总访问时间上的音、形、义阅读加工中前后测差异显著。经过音乐训练后，阅读障碍儿童在字词的阅读速度上有显著的增强，尽管并未达到普通儿童的水平，但对所阅读材料的加工时间更短、正确率提高，说明本研究设计的节奏视唱、声势律

[1] TAFT M, GRAAN F V. Lack of phonological mediation in a semantic categorization task [J]. Journal of Memory & Language, 1998, 38（2）：203-224.

[2] 邹艳春. 汉语学生发展性阅读障碍的信息加工特点研究 [D]. 广州：华南师范大学，2003.

[3] 舒华，孟祥芝. 汉语儿童阅读困难初探：来自阅读困难儿童的统计数据 [J]. 语言文字应用，2000（3）：63-69.

动、情景表演、团体合唱等音乐学习模式与语言的节奏和感知相匹配，音乐学习活动达到了预想的效果。道格拉斯等所创设的结构化音乐活动可以对小学四年级阅读困难学生的阅读能力有积极的影响。❶戈斯瓦米等研究指出，音乐节奏任务可能对8—14岁儿童的阅读能力有预测作用。❷赫斯（Huss）等在音乐实验中发现，音乐的敏感度会促进儿童语言方面的语音意识和阅读的发展。❸因此，学校和教师要更加注重音乐教育，使音乐教学与语言阅读教学交融，渗透音乐元素来加强学生阅读的趣味性，方能达到事半功倍的效果。

综上所述，本研究证实了音乐训练可以使阅读障碍儿童在获取语言信息较少的低限制语境中的音、形、义阅读加工得到一定程度的提升。

❶ DOUGLAS S, WILLATTS P. The relationship between musical ability and literacy skills［J］. Journal of Research in Reading, 1994, 17（2）: 99–107.
❷ GOSWAMI U, HUSS M, MEAD N. Perception of patterns of musical beat distribution in phonological developmental dyslexia: significant longitudinal relations with word reading and reading comprehension［J］. Cortex, 2013, 49（5）: 1363–1376.
❸ HUSS M, VERNEY J P, FOSKER T, et al. Music, rhythm, rise time perception and developmental dyslexia: perception of musical meter predicts reading and phonology［J］. Cortex, 2011, 47（6）: 674–689.

附 录

附录 1　阅读理解的阅读材料（部分）

济南的冬天

对于一个在北平住惯的人，像我，冬天要是不刮大风，便觉得是奇迹；济南的冬天是没有风声的。对于一个刚由伦敦回来的人，像我，冬天要能看得见日光，便觉得是怪事。济南的冬天是响晴的。自然，在热带的地方，日光是永远那么毒，响亮的天气反有点儿叫人害怕。可是，在北中国的冬天，而能有温晴的天气，济南真得算个宝地。

设若单单是有阳光，那也算不了出奇。请闭上眼想：一个老城，有山有水，全在蓝天下很暖和安适地睡着，只等春风来把他们唤醒，这是不是个理想的境界？

小山整把济南围了个圈儿，只有北边缺着点儿口儿。这一圈小山在冬天特别可爱，好像是把济南放在一个小摇篮里，他们全安静不动地低声地说："你们放心吧，这儿准保暖和。"真的，济南的人们在冬天是面上含笑的。他们一看那些小山，心中便觉得有了着落，有了依靠。他们由天上看到山上，便不觉地想起："明天也许就是春天了吧？这样的温暖，今天夜里山草也许就绿起来了吧？"就是这点儿幻想不能一时实现，他们也并不着急，因为有这样慈善的冬天，干啥还希望别的呢！

最妙的是下点小雪呀。看吧，山上的矮松越发的青黑，树尖儿上顶着一髻儿白花，好像日本看护妇。山尖全白了，给蓝天镶上一道银边。山坡上有的地方雪厚点儿，有的地方草色还露着；这样，一道儿白，一道儿暗黄，给山们穿上一件带水纹的花衣；看着看着，这件花衣好像被风儿吹动，叫你希望看见一点儿更美的山的肌肤。等到快日落的时候，微黄的阳光斜射在山腰上，那点儿薄雪好像忽然害了羞，微微露出点儿粉色。就是下小雪吧，济南是受不住大雪的，那些小山太秀气！

古老的济南，城内那么狭窄，城外又那么宽敞，山坡上卧着些小村庄，小村庄的房顶上卧着点儿雪，对，这是张小水墨画，也许是唐代的名手画的吧。

那水呢，不但不结冰，反倒在绿萍上冒着点儿热气。水藻真绿，把终年贮蓄的绿色全拿出来了。天儿越晴，水藻越绿，就凭这些绿的精神，水也不忍得冻上；况且那长枝的垂柳还要在水里照个影儿呢。看吧，由澄清的河水慢慢往上看吧，空中，半空中，天上，自上而下全是那么清亮，那么蓝汪汪的，整个的是块空灵的蓝水晶。这块水晶里，包着红屋顶、黄草山，像地毯上的小团花的灰色树影。

这就是冬天的济南。

1. 济南的冬天是（ ）

A. 没有日光的 　　　　B. 没有风声的

C. 寒冷刺骨的　　　　D. 荒凉凄惨的

2. 下点小雪后的山，人们总体的印象是（　　）

A. 一道儿白，一道儿暗黄　B. 好像穿上一件带水纹的花衣

C. 好像日本看护妇　　　　D. 实在是太秀气了

3. "山坡上有的地方雪厚点儿，有的地方草色还露着；这样，一道儿白，一道儿暗黄，给山们穿上一件带水纹的花衣；看着看着，这件花衣好像被风儿吹动，叫你希望看见一点儿更美的山的肌肤。"理解正确的一项是（　　）

A. 描写黄白相间的山坡，春风化雪，不久人们就会见到山坡原有的颜色。

B. 表现济南冬天的温和，雪化了，有水在山坡流动；"山的肌肤"指山坡草地。

C. 表现济南冬天的温和，有水蒸汽蒸发升腾的美景，不久雪就会全化了，山坡上原有颜色更美。

D. 描绘了雪色与草色相间的美景，像穿着好看的衣服；"山的肌肤"指春天来临后满山的花草。

4. "这是张小水墨画"的"小水墨画"是指（　　）

A. 古老的济南　　　　　　B. 作者想象出来的画

C. 雪后济南山坡上的小村庄　D. 唐代某一名画

5. "整个的是块空灵的蓝水晶"中的"空灵"一词的准确解释是（　　）

A. 灵活而不可捉摸　　　　B. 空洞、不可捉摸、神秘

C. 空旷而有灵气　　　　　D. 玲珑剔透

附录2　手写字迹加工的实验材料

表1　形似字对、音同字对、义近字对、无关字对

形似字对		音同字对		义近字对		无关字对	
启动字	目标字	启动字	目标字	启动字	目标字	启动字	目标字
始	如	邻	林	游	玩	直	评
体	休	留	流	楼	房	吃	伟
住	往	演	眼	春	夏	更	总
处	外	到	道	真	假	运	位
料	科	合	何	画	写	机	希
足	是	时	实	车	船	条	相
办	为	园	员	寒	冷	边	净
江	红	物	务	钟	表	做	次
谈	淡	应	英	帅	美	所	彩
话	活	布	步	肥	胖	给	打
银	很	克	客	奇	怪	经	都
故	放	备	被	迟	晚	志	阳
学	字	视	试	喜	爱	加	词
我	找	是	室	阻	拦	每	让
功	切	结	节	雪	冬	李	种
他	地	连	联	帮	助	全	传
各	名	行	形	死	亡	岁	拍
间	问	利	丽	读	念	沙	灯
观	欢	但	单	少	多	把	别
发	友	页	业	明	亮	等	改

表2　填充材料

信	人	包	牛	坐	爷	诗	叔
团	鹿	主	猴	秋	鹰	进	婶
拉	鼠	床	龙	校	熊	同	哥
沿	龟	田	象	治	奶	前	蚕
夜	男	回	鹅	品	凤	果	莺
动	姨	优	狗	军	蜂	早	爹
其	姑	查	鸟	刚	妈	高	鸦
南	蛇	参	鸡	怕	燕	后	狮
满	女	层	羊	穷	犬	忘	娘
件	姐	分	鸭	脸	爸	低	鸽
左	弟	成	猪	紧	蛾	有	鹊
非	豹	店	狼	洗	雀	记	蝶
般	狐	从	兔	响	妹	没	马
班	蛙	杯	虫	青	猫	快	虎
类	蝉	本	鱼	利	驴	佳	虾

诗　　　　　蝶

图1　打印字举例 　　　图2　手写字举例

附录 3　阅读能力测试

表 1　一分钟读词任务

我们	爸妈	朋友	同学	火车	白兔	下雨	孩子	唱歌	红色
太阳	月亮	冬天	大家	一起	猫狗	春天	生果	走路	光明
老师	皮球	鱼肉	再见	白云	兄弟	文具	穿衣	回家	儿童
鸡鸭	邻居	研究	高兴	有趣	牛奶	刷牙	容易	小心	凉快
早晨	山洞	空地	玩耍	开始	母鸡	马上	风景	读书	吃饭
衣服	眼睛	休息	合作	可爱	黑板	电视	成绩	清洁	外婆
新年	功课	工作	上学	容易	星期	绿灯	写字	健康	快乐
学校	害怕	操场	伙伴	食物	危险	世界	昨天	摇头	暑假
尾巴	游泳	帮助	成绩	开始	礼貌	带领	美术	垃圾	团结

总分：

(1) 一分钟内读完，正确数/读完 90 个词语所需的时间 × 60

(2) 一分钟内未读完，正确数(最高分 90)

表 2　三分钟句子阅读任务（部分）

1	一分钟有 60 秒
2	橘子树上长着香蕉
3	上课时可以随意说话
4	一年有四个季节
5	体育课上要穿运动鞋
6	飞机可以潜入大海
……	……

附录 4　高频低限制性语境实验材料

1. 工厂人们正在装货。（货或贷备）

2. 我买了两米布。（布步币丙）

3. 货物约重 7 斤。（斤金斥贝）

4. 这个包里有很多线。（线县栈捕）

5. 车上装满了泥沙。（沙杀抄伯）

6. 我家离学校很近。（近劲返层）

7. 这位老人会织网。（网往冈赤）

8. 他经常回老家过冬。（冬东务仇）

9. 这道菜很甜。（甜填乱蚕）

10. 文中的那个地方写得不对。（队对邓处）

11. 我喜欢朗诵诗。（诗湿详垂）

12. 他是一位老教员。（员原损担）

13. 我没见过这个字。（字自宁灯）

14. 他不熟悉那里的情形。（形行彤纯）

15. 请记下相关的事项。（项象巩串）

附录 5　高频高限制性语境实验材料

1. 库房里还有一些货。（货或贷届）

2. 行动之前请三思。（思斯畏桌）

3. 这条鱼重 2 斤。（斤金斥半）

4. 漂亮的衣服花了她很多钱。（钱前栈保）

5. 打印稿件一律使用纸。（纸指抵闭）

6. 书到期了，我需要续借。（借界惜倍）

7. 蜘蛛能织网。（网往冈赤）

8. 燕子飞到南方过冬。（冬东务仇）

9. 我们相向而行，越来越近。（近进返传）

10. 敌人已经被活捉。（捉桌促穿）

11. 气温不断上升。（升生开订）

12. 我喜欢李白的诗。（诗湿详垂）

13. 这是一个陈述句。（句巨勾夺）

14. 请找出所有的三角形。（形行彤纯）

15. 跳高是他的强项。（项象巩串）

16. 导游拿着一面三角旗。（旗骑族策）

参考文献

1. 中文类

［1］陈丹，隋雪，王小东，等.音乐对大学生阅读影响的眼动研究［J］.
心理科学，2008，31（2）：385-388.

［2］陈洁佳，周蛟，陈杰.音乐训练与抑制控制的关系：来自ERPs的
证据［J］.心理学报，2020，52（12）：1365-1376.

［3］黄海伟.阅读障碍学生语义加工的事件相关电位研究［D］.开封：
河南大学，2012.

*［4］李胜楠，杨伟平.音乐训练和美术训练对大学生字母－语音视听整
合的影响［J］.中华行为医学与脑科学杂志，2020，29（3）：266-
270.

*［5］李文辉，索长清，但菲，等.音乐训练对5—6岁幼儿语音意识的
影响［J］.中国儿童保健杂志，2016，24（6）：668-669，672.

*［6］李文辉，余婷婷，郭黎岩.幼儿语音加工中莫扎特效应的实验研究
［J］.沈阳师范大学学报（社会科学版），2017，41（3）：132-135.

［7］刘翔平，杜文仲，王滨，等.汉语发展性阅读障碍儿童视觉短时记
忆特点研究［J］.中国特殊教育，2005，78（12）：48-55.

［8］李虹，饶夏，董琼，等.语音意识、语素意识和快速命名在儿童
言语发展中的作用［J］.心理发展与教育，2011，27（2）：158-

163.

[9] 南云. 音乐学习对语言加工的促进作用 [J]. 心理科学进展, 2017, 25 (11): 1844–1853.

[10] 彭君, 莫雷, 黄平, 等. 工作记忆训练提升幼儿流体智力表现 [J]. 心理学报, 2014, 46 (10): 1498–1508.

[11] 王翠萍. 执行功能训练对儿童早期认知发展和学业成绩的影响 [D]. 杭州: 浙江大学, 2019.

[12] 王孝玲, 陶保平, 等. 小学生识字量测试题库及评价量表 [M]. 上海: 上海教育出版社, 1996.

[13] 王超群, 易阳, 董选, 等. 汉语发展性阅读困难儿童的语义启动加工研究 [J]. 中华行为医学与脑科学杂志, 2021, 30 (2): 150–156.

[14] 王成, 尤文平, 张清芳. 书写产生过程的认知机制 [J]. 心理科学进展, 2012, 20 (10): 1560.

[15] 吴寒, 张林军, 舒华. 音乐经验对言语加工能力的促进作用 [J]. 心理与行为研究, 2012, 10 (4): 284–288.

*[16] 姚尧, 陈晓湘. 音乐训练对4—5岁幼儿普通话声调范畴感知能力的影响 [J]. 心理学报, 2020, 52 (4): 456–468.

[17] 杨青, 谢悦悦. 背景音乐对幼儿工作记忆及任务转换的影响 [J]. 学前教育研究, 2017 (4): 48–55.

*[18] 张辉, 常辉. 音乐训练对中国学习者英语超音段感知能力的影响研究 [C] // 第二语言学习研究. 上海天岸文化传播有限公司, 2015: 77–87, 108.

*[19] 张政华, 韩梅, 张放, 等. 音乐训练促进诗句韵律整合加工的神经过程 [J]. 心理学报, 2020, 52 (7): 847–860.

[20] 周临舒, 蒋存梅. 音乐传达哲理性概念的认知神经机制 [J]. 心理科学进展, 2016 (6): 855–862.

［21］朱永泽，毛伟宾，赵浩远，等．有意遗忘的脑机制［J］．心理科学，2015，38（3）：580-585.

2. 英文类

* ［1］ANVARI S H, TRAINOR L J, WOODSIDE J, et al. Relations among musical skills, phonological processing, and early reading ability in pre-school children［J］. Journal of Experimental Child Psychology, 2002, 83（2）：111-130.

* ［2］BOLDUC J. Effects of a music programme on kindergartners' phonological awareness skills 1［J］. International Journal of Music Education, 2009, 27（1）：37-47.

［3］BORENSTEIN M, HEDGES L, HIGGINS J. Effect sizes based on means. Introduction to meta-analysis［M］. New York：John Wiley & Sons, Ltd, 2009.

［4］BERNINGER V W, NIELSEN K H, ABBOTT R D, et al. Writing problems in developmental dyslexia：under-recognized and under-treated［J］. Journal of School Psychology, 2008, 46（1）：1-21.

* ［5］BOLDUC J, LEFEBVRE P. Using nursery rhymes to foster phonological and musical processing skills in kindergarteners［J］. Creative Education, 2012, 3（4）；495-502.

* ［6］CATHERINE M, SSAHA Y, GEORGIOS P, et al. Links between early rhythm skills, musical training, and phonological awareness［J］. Reading and Writing, 2013, 26（5）：739-769.

［7］DEGÉ F, KUBICEK C, SCHWARZER G. Associations between musical abilities and precursors of reading in preschool aged children［J］.

Frontiers in Psychology, 2015, 6: 1220.

* [8] DAVID D, WADE-WOOLLEY L, KIRBY J R, et al. Rhythm and reading development in school-age children: a longitudinal study [J] . Journal of Research in Reading, 2007, 30 (2): 169-183.

* [9] DEGÉ F, SCHWARZER G. The effect of a music program on phonological awareness in preschoolers [J] . Frontiers in Psychology, 2011, 2: 124.

  [10] DOUGLAS S, WILLATTS P. The relationship between musical ability and literacy skills [J] . Journal of Research in Reading, 1994, 17 (2): 99-107.

* [11] DELOGU F, LAMPIS G, BELARDINELLI M O. Music to language transfer effect: may melodic ability improve learning of tonal languages by nativenontonal speakers? [J] . Cognitive Processing, 2006, 7 (3): 203-207.

* [12] ECCLES R, LINDE J V D, ROUX M L, et al. Effect of music instruction on phonological awareness and early literacy skills of five-to seven-year-old children [J] . Early Child Development and Care, 2020 (1): 1-15.

* [13] ELENA F, LUISA L, CHIARA T, et al. Music training increases phonological awareness and reading skills in developmental dyslexia: a randomized control trial [J] . PloS one, 2017, 10 (9): e0138715.

* [14] ESCALDA J, LEMOS S M A, FRANÇA C C. Auditory processing and phonological awareness skills of five-year-old children with and without musical experience [J] . Jornal Da Sociedade Brasilra De Fonoaudiologia, 2010, 23 (3): 258-263.

  [15] FACOETTI A, TRUSSARDI A N, RUFFINO M, et al. Multisensory spatial attention deficits are predictive of phonological decoding skills

in developmental dyslexia [J] . Journal of Cognitive Neuroscience,
2010, 22 (5): 1011–1025.

* [16] GROMKO J E. The effect of music instruction on phonemic awareness
in beginning readers [J] . Journal of Research in Music Education,
2005, 53 (3): 199–209.

[17] GOSWAMI U, HUSS M, MEAD N. Perception of patterns of musical
beat distribution in phonological developmental dyslexia: significant
longitudinal relations with word reading and reading comprehension
[J] . Cortex, 2013, 49 (5): 1363–1376.

[18] GUAN C Q, PERFETTI C A, MENG W. Writing quality predicts Chi-
nese learning [J] . Reading and Writing, 2015, 28 (6): 763–795.

[19] HUSS M , VERNEY J P, FOSKER T. Music, rhythm, rise time per-
ception and developmental dyslexia: perception of musical meter pre-
dicts reading and phonology [J] . Cortex, 2011, 47 (6): 674–689.

* [20] HERREEA L. Effects of phonological and musical training on the read-
ing readiness of native- and foreign-Spanish-speaking children [J] .
Psychology of Music, 2011, 39 (1): 68–81.

* [21] HUTCHINS S. Early childhood music training and associated improve-
ments in music and language abilities [J] . Music Perception: An In-
terdisciplinary Journal, 2018, 35 (5): 579–593.

* [22] KATIE O. Dyslexia and music: from timing deficits to musical inter-
vention [J] . Annals of the New York Academy of Sciences, 2003,
999: 497–505.

[23] LYU B, LAI C, LIN C H, et al. Comparison studies of typing and
handwriting in Chinese language learning: a synthetic review [J] .
International Journal of Educational Research, 2021, 106: 101740.

* [24] LAMB S J, GREGORY A H. The relationship between music and read-

ing in beginning readers〔J〕. Educational Psychology, 1993, 13
（1）: 19–27.

* 〔25〕MARA E C. The relationship between phonological awareness and music aptitude〔J〕. Journal of Research in Music Education, 2017, 65
（3）: 328–346.

* 〔26〕MARIE F. The relation between music and phonological processing in normal–reading and children with dyslexia〔J〕. Music Perception, 2008, 25（4）: 383–390.

〔27〕MORENO S, BIDELMAN G M. Examining neural plasticity and cognitive benefit through the unique lens of musical training〔J〕. Hearing Research, 2014, 308: 84–97.

* 〔28〕MILOVANOV R, PIETILÄP, TERVANIEMI M, et al. Foreign language pronunciation skills and musical aptitude: a study of Finnish adults with higher education〔J〕. Learning & Individual Differences, 2009, 20（1）: 56–60.

〔29〕MENG S C, et al. Behavioral and neural rhythm sensitivities predict phonological awareness and word reading development in Chinese〔J〕. Brain and Language, 2022, 230: 105126.

〔30〕NORMAN D A, SHALLICE T. Attention to action〔M〕//Consciousness and self–regulation. Boston, MA : Springer, 1986: 1–18.

* 〔31〕PATSCHEKE H, DEGÉ F, SCHWARZER G. The effects of training in music and phonological skills on phonological awareness in 4–to 6–year–old children of immigrant families〔J〕. Frontiers in Psychology, 2016, 7: 1647.

* 〔32〕PATSCHEKE H, DEGÉ F, SCHWARZER G. The effects of training in rhythm and pitch on phonological awareness in four– to six–year–old children〔J〕. Psychology of Music, 2019, 47（3）: 376–391.

* [33] PSYCHE L, KENNETH K, JENNIFER Z, et al. Relating pitch aware-
ness to phonemic awareness in children: implications for tone-deafness
and dyslexia [J] . Frontiers in Psychology, 2011, 2: 112.

[34] PATEL A D. Why would musical training benefit the neural encoding of
speech? The OPERA hypothesis [J] . Frontiers in Psychology, 2011,
2: 142.

[35] PATSCHEKE H, DEGÉ F, SCHWARZER G. The effects of training
in music and phonological skills on phonological awareness in 4- to
6-year-old children of immigrant families [J] . Front Psychol, 2016,
7: 1647.

* [36] PEI Z, WU Y D, XIANG X C, et al. The effects of musical aptitude
and musical training on phonological production in foreign languages
[J] . English Language Teaching, 2016, 9 (6): 19-29.

[37] RAUSCHER F H, SHAW G L, KY K N. Music and spatial task perfor-
mance [J] . Nature, 1993 , 365 (6447): 611.

[38] RAYNER K, et al. The effect of clause wrap-up on eye movements
during reading [J] . Quarterly Journal of Experimental Psychology A
Human Experimental Psychology, 2000, 53 (4): 1061-1080.

[39] SLEVC L R, DAVEY N S, BUSCHKUEHL M, et al. Tuning the mind:
exploring the connections between musical ability and executive func-
tions [J] . Cognition, 2016, 152: 199-211.

[40] SCHELLENBERG E G, WEISS M W. Music and cognitive abilities [M]
//DEUTSCH D. The psychology of music. San Diego: Academic Press,
2013: 499-550.

[41] STEIN J. The current status of the magnocellular theory of developmen-
tal dyslexia [J] . Neuropsychologia, 2019, 130, 66-77.

[42] STANOVICH K E. Explaining the differences between the dyslexic and

the garden-variety poor reader: the phonological-core variable-difference model [J]. Journal of Learning Disabilities, 1988 (21): 590-604.

[43] SCHON D, MAGNE C, BESSON M. The music of speech: music training facilitates pitch processing in both music and language [J]. Psychophysiology, 2004, 41 (3): 341-349.

[44] SLEVC L R, OKADA B M. Processing structure in language and music: a case for shared reliance on cognitive control [J]. Psychonomic Bulletin & Review, 2015, 22 (3), 637-652.

*[45] TSANG C D, CONRAD N J. Music training and reading readiness [J]. Music Perception: An Interdisciplinary Journal, 2011, 29 (2): 157-163.

*[46] VIDAL M M, LOUSADA M, VIGÁRIO M. Music effects on phonological awareness development in 3-year-old children [J]. Applied Psycholinguistics, 2020, 41 (2): 299-318.

[47] ZHANG Q, DAMIAN M F. Impact of phonology on the generation of handwritten responses: evidence from picture-word interference tasks [J]. Memory & Cognition, 2010, 38 (4): 519-528.

＊表示第三章第二节元分析使用的文献

后　记

发展性阅读障碍这个话题其实并不新鲜，已经有很多研究者在这一领域取得了非常富有成效的科研成果。我们所做的工作只不过是在前人的基础上继续深挖的一次尝试，很庆幸这次尝试得到了全国教育科学规划课题的支持，也是由于课题的鞭策，激发我们一路向前。课题的研究有终点，科研的道路却没有。从上一次的教育部人文社科课题，再到这次全国教育科学规划课题，我们深感作为一名研究者要将个人的兴趣爱好与国家需要相结合，服务于国家和社会的需要，这样的研究才有价值和意义。

现在课题已经完成，开始撰写书稿的后记，不禁让我回想起博士论文完成时候的样子。其实这次国家课题的研究经历，真是不亚于读博。至少读博的时候是专心于自己的研究，而工作后完成课题则需要平衡各种事情，算是另一种磨砺了。当年博士论文完成的时候，本来是要写致谢/后记的，但是由于当时各种事情的打扰，最后也就不了了之了。未能完成博士论文的致谢/后记，也算是一个小小的遗憾。如今正好借这本著作的出版，弥补未写后记的遗憾，同时更是要表达对长期帮助和支持我的老师、领导、朋友、同学、同事和学生的感谢之情。

首先要感谢引领我入实验之门的蒋重清老师。蒋老师教会我如何做研究，如何做人，如何做事。在读书期间，蒋老师关心我的学习与生活，在工作之后，他也时常提点我不要落下科研。这次也劳烦蒋老师拨冗写序，希望自己能够以蒋老师为榜样，像他那样做真学问。还要感谢引领我入语言研究之门的刘颖老师。刘老师常年在国外，我们常常通过邮件进行联系，其实这样也是博士阶段培养独立研究能力的一个重要经历。从博士期间开始做语言研究，到现在也有十余年了，无论未来的研究方向在哪，这段研究经历总会是宝贵又难忘的。此外，还要感谢沈阳师范大学学前与初等教育学院的但菲院长。千里马常有，而伯乐不常有，有多少人自诩千里马，但终究难遇其伯乐。我很庆幸，因为但菲院长就是我的伯乐，从引进我来沈师，到帮助我建设脑电和眼动实验室，再到工作中的提携和点拨，都显示着她独到的眼光与高尚的情怀。还要感谢参与研究的各个学校，以及帮助我们的校领导和各班班主任老师，尤其是因为疫情的影响，下学校的机会变得格外珍贵，学校的领导和老师们一面要防控疫情，一面又为我们的研究开绿灯。希望我们的研究可以为一线教育实践有所帮助！最后，还要感谢我的研究生们，他们每个人都很积极向上，在这项课题中都做出了巨大的贡献。希望老师相对比较严苛的科研训练，为你们未来的发展提供坚实的力量！

这本书凝聚了很多人的心血和力量，但是我也知道，能认真读这本书的人并不多，因为这毕竟是一本学术专著，只有同领域的研究者才会静下心来读吧。但是那又能怎样呢？只要眼中有光，心中有梦，脚下有路，我们终究会成为那个想要的自己。

以此书，总结这段过往！以此书，勉励自己前进！

李文辉

2022 年 12 月 30 日